Ludger M. Hermanns (Hrsg.)

Psychoanalyse in Selbstdarstellungen
Band XI

Das Buch stellt fünf Autobiographien von renommierten Psychoanalytikerinnen und Psychoanalytikern aus Deutschland, Israel und USA und ihre Wege zur Psychoanalyse vor. In ihren Lebensläufen spiegeln sich antisemitische Verfolgung, Flucht- und Kriegserfahrungen sowie deren Verarbeitung. Die Texte sind spannende Zeugnisse für die vielfältigen Impulse, Anwendungen und Weiterentwicklungen der Psychoanalyse in unterschiedlichen Ländern.

Ludger M. Hermanns, Psychoanalytiker und Gruppenanalytiker in Berlin, Facharzt für psychosomatische Medizin und Psychotherapie. Publikationen zur Geschichte der Psychoanalyse, unter anderem Editionen von J. Rittmeister, E. Simmel und E. Simenauer. 2009 zusammen mit E. Falzeder Herausgeber des vollständigen Briefwechsels S. Freud-Karl Abraham. Dozent und Archivar am Berliner Psychoanalytischen Institut, Karl-Abraham-Institut. Vorsitzender des Archivs zur Geschichte der Psychoanalyse. Mitherausgeber von *Luzifer-Amor. Zeitschrift zur Geschichte der Psychoanalyse*.

Ludger M. Hermanns (Hrsg.)

Psychoanalyse in Selbstdarstellungen

Band XI

Beiträge von
Menachem Amitai, Shmuel Erlich,
Thomas B. Kirsch, Dieter Ohlmeier,
Barbara Vogt

Brandes & Apsel

Auf Wunsch informieren wir Sie regelmäßig über *Neuerscheinungen*
in dem Bereich Psychoanalyse/Psychotherapie.

Bitte senden Sie uns dafür eine E-Mail an *info@brandes-apsel.de*
mit Ihrem entsprechenden Interessenschwerpunkt.

Gerne können Sie uns auch Ihre Postadresse übermitteln,
wenn Sie die Zusendung des *Psychoanalyse-Katalogs* wünschen.

Außerdem finden Sie unser *Gesamtverzeichnis* mit aktuellen
Informationen sowie E-Books und E-Journals im Internet unter:
www.brandes-apsel.de

1. Auflage 2017

© Brandes & Apsel Verlag GmbH, Frankfurt am Main
Alle Rechte vorbehalten, insbesondere das Recht der Vervielfältigung und
Verbreitung sowie der Übersetzung, Mikroverfilmung, Einspeicherung und
Verarbeitung in elektronischen oder optischen Systemen, der öffentlichen
Wiedergabe durch Hörfunk-, Fernsehsendungen und Multimedia sowie der
Bereithaltung in einer Online-Datenbank oder im Internet zur Nutzung durch
Dritte.
Cover: Lukas Apsel, Brandes & Apsel, Frankfurt a. M.
unter Verwendung von Fotos aus Privatbesitz
DTP: Caroline Ebinger, Brandes & Apsel Verlag, Frankfurt a. M.
Druck: STEGA TISAK d.o.o., Printed in Croatia
Gedruckt auf säurefreiem, alterungsbeständigem und chlorfrei gebleichtem
Papier.

Bibliografische Information Der Deutschen Nationalbibliothek:
Die Deutsche Nationalbibliothek verzeichnet diese Publikation in der Deutschen Nationalbibliografie; detaillierte bibliografische Daten sind im Internet
über http://dnb.ddb.de abrufbar.

ISBN 978-3-95558-195-4

Inhalt

Ludger M. Hermanns
Vorwort   7

Menachem Amitai
Hier fühl' ich mich zu Hause   11

Shmuel Erlich
Migration und Heimkehr – eine psychoanalytische Autobiographie   61

Thomas B. Kirsch
Meine Auseinandersetzung mit der Welt   105

Dieter Ohlmeier
Auf meinem Weg als Psychoanalytiker   149

Barbara Vogt
Psychoanalyse findet dort statt, wo es einen Dialog gibt   193

Personenregister   223

Vorwort

Vor 25 Jahren ist der erste Band dieser Buchreihe erschienen, jetzt lege ich mit großer Freude den elften Band vor, der wiederum fünf Autobiographien von bekannten Psychoanalytikerinnen und Psychoanalytikern aus mehreren Ländern enthält. Alle stammen mit ihren Familien ursprünglich aus dem deutschsprachigen Raum und sind zwischen 1933 und 1938 in Deutschland, England und Israel geboren. Da die akademische Forschung zunehmend an Professionsautobiographien wissenschaftliches Interesse zeigt, konnte ich auf einer Tagung des Lehrstuhls für Theorie und Geschichte von Architektur, Kunst und Design an der TU München (Prof. Dr. Dietrich Erben) über »Das eigene Leben als ästhetische Funktion. Autobiographie und Professionsgeschichte« im April 2016 meine Buchreihe *Psychoanalyse in Selbstdarstellungen* als work in progress vorstellen. In der Diskussion wurde mit einiger Berechtigung angemerkt, es handele sich um ein Versöhnungswerk zwischen jüdischen Emigranten und in Deutschland lebenden Psychoanalytikern.

Der aktuelle Band ist ein Beispiel für die Komplexität der deutschjüdischen Geschichte, die in allen Beiträgen zum Ausdruck kommt. Menachem Amitai kam als junger Israeli nach Deutschland, weil er nur hier Chancen für eine Laufbahn als Psychoanalytiker sah. Thomas Kirsch, Sohn des Berliner Psychotherapeuten und Jung-Schülers James Kirsch, wurde während der Emigration in London geboren und zog mit der Familie weiter nach Los Angeles. Shmuel Erlich aus Jerusalem wurde noch in Frankfurt a. M. geboren, bevor seine Eltern nach den Pogromen des 9. November 1938 mit den Kindern nach Palästina emigrierten. Alle drei haben Angehörige im Holocaust verloren und beschreiben differenziert ihre Schwierigkeiten bei der Annäherung an die Bundesrepublik Deutschland und die hiesigen Fachkollegen. Dieter Ohlmeier aus Kassel war Vorsitzender der Deutschen Psychoanalytischen Vereinigung (DPV), als die Internationale Psychoanalytische Vereinigung 1985 in Hamburg zum ersten Mal nach Hitler wieder in Deutschland tagte. Er stellt seine Sicht von Vorgeschichte und Verlauf des Kongresses dar. Barbara Vogt aus Heidelberg berichtet ebenfalls von diesem historischen Ereignis und ihren dortigen Aktivitäten sowie der Zusammenarbeit mit William Niederland, dem Erstbeschreiber des »survivor syndrome«, den sie in ihrem Beitrag eingehend würdigt.

Neben diesem alle Beiträge durchziehenden Thema werden viele andere Fragen und Projekte berührt. Shmuel Erlich und Tom Kirsch sind in der psychoanalytischen und jungianischen Welt bekannte internationale Protagonisten. Erlich widmete sich im Vorstand von IPA und EPF besonders den Fragen der Ausbildung. Außerdem hat er als Mitbegründer (mit Mira Erlich-Ginor und Hermann Beland) der sogenannten Nazareth-Konferenzen deutscher und israelischer Psychoanalytiker Gruppenkonzepte der englischen Schule kreativ zur Bearbeitung des unbewältigten Konfliktgeschehens zwischen Juden und Nicht-Juden genutzt. Für die Ausbreitung der Analytischen Psychologie insbesondere in Osteuropa, Asien und Australien nahm Tom Kirsch als Präsident der Internationalen Vereinigung für Analytische Psychologie (IAAP) in den Fußstapfen seines Vaters jahrelang höchste Anstrengungen auf sich. Menachem Amitai ist von München aus den Weg durch die deutsche »Provinz« gegangen: über die ehrwürdigen Universitätsstädte Tübingen und Gießen bis nach Freiburg im Breisgau, wo er sich seit Jahrzehnten mit seiner Familie heimisch fühlt, worauf er in der Überschrift seines Beitrags anspielt – in bewusstem Gegensatz zu Hans Keilson im ersten Band unserer Reihe. Barbara Vogt hat eine ostdeutsche Sozialisation und sah in der DDR für sich keine Chance, Medizin zu studieren, weshalb sie Anfang der 1950er Jahre nach Westdeutschland flüchtete. Sie ist ihr Leben lang eine Kämpfernatur geblieben. Ihr Tod im Dezember 2014 verhinderte den Abschluss ihres Beitrags. Dieter Ohlmeier hat sehr präzise Erinnerungen an seine Kriegskindheit in Hamburg. Er suchte im Rahmen seiner fachärztlichen Ausbildung schon früh Anregungen in England für seine gruppenanalytischen Aktivitäten, die ihm später bei seinen diversen institutionellen Leitungsfunktionen zugute kamen.

Bei der Lektüre der einzelnen Texte erschließen sich viele Querverbindungen, Ähnlichkeiten und Parallelen in den Lebensläufen wie in der beruflichen Selbstverwirklichung. Besonders berührend erscheinen mir die erst spät erfolgten Wiederbegegnungen von Shmuel Erlich und Tom Kirsch mit früheren Wohnhäusern und Arbeitsstätten der Familien in Frankfurt, Berlin und Krakau. Von dramatischen Kriegserfahrungen in unterschiedlichen Lebensaltern und unter sehr verschiedenen Konstellationen legen alle Berichte ein eindrucksvolles Zeugnis ab.

Für die Übersetzung der englisch geschriebenen Beiträge von Tom Kirsch und Shmuel Erlich ist Ursula Egli (San Francisco) und Dorothee C. von Tippelskirch-Eissing und Christoph Eissing (beide Berlin) herzlich zu danken. Für Vermittlung und Anregungen danke ich meinen Berliner Freunden Beate Kortendieck-Rasche, Jörg Rasche und Regine Lockot sowie Angela Graf-Nold in Zürich. Jean Kirsch hat mich in der Endphase der

Arbeit am Beitrag ihres Mannes jederzeit unterstützt, als es ihrem Mann krankheitsbedingt schwerfiel, meinen redaktionellen Wünschen nachzukommen. Eine besonders intensive Bearbeitung und Ergänzung erfuhr Barbara Vogts Autobiographie, zu deren Vervollständigung umfangreiches Interviewmaterial herangezogen werden konnte, das mir Christian Pross (Berlin) dankenswerterweise zur Verfügung stellte. Es stammt aus seinem Forschungsprojekt zum Sozialistischen Patientenkollektiv Heidelberg, das Ende 2016 in einer Monographie dokumentiert worden ist.[1] Insbesondere die Abschnitte zur Heidelberger Universitätspsychiatrie, zum SPK und zu Ulrike Meinhof haben diesen Interviews viel zu verdanken und sind daher im originalen Erzählton belassen worden. Kleinere Stücke konnte ich meinem auf einer Heidelberger Festveranstaltung im März 2014 aufgenommenen Interview entnehmen. Trotz des dadurch bedingten fragmentarischen Charakters scheint mir dieser Beitrag gut in den vorliegenden Band zu passen. Vor allem möchte ich die Zusammenarbeit mit Barbara Vogts Ehemann und Kollegen Rolf Vogt und ihrem Sohn Mario-Felix Vogt würdigen, die die endgültige Fassung autorisierten und dadurch diese Nachlasspublikation ermöglichen.

Bei der Durchsicht der Beiträge unterstützte mich dankenswerterweise wieder Magdalena Frank. Mein besonderer Dank gilt der Verlagslektorin Caroline Ebinger für ihre kompetente und zuverlässige Unterstützung. Zehn Jahre erfolgreicher Zusammenarbeit gehen mit diesem Band zu Ende.

Berlin im Februar 2017
Ludger M. Hermanns

---

[1] Christian Pross (2016): »Wir wollten ins Verderben rennen.« Die Geschichte des Sozialistischen Patientenkollektivs Heidelberg 1970–1971. Köln (Psychiatrie Verlag) (unter Mitarbeit von Sonja Schweitzer und Julia Wagner).

Menachem Amitai

Hier fühl' ich mich zu Hause

Im Nachhinein habe ich verstanden, dass mein Weg zur Psychoanalyse vorgezeichnet war. Ich wurde als Menachem (hebräisch »Tröster«) Amitai (hebräisch »wahrhaftig«) im Dr. Freud Hospital[1] in Tel Aviv, Jehuda Halevy Str. 9, geboren. Als wahrhaftigen Tröster sah ich mich eigentlich lange nicht, und natürlich wusste ich nicht, wer Freud war. In der Realität war der Weg natürlich sehr viel länger und komplizierter. Ich wurde am 10. Januar 1938 als drittes Kind und zweiter Sohn meiner Eltern geboren. Das Besondere daran war, dass ich nicht nur der zweite Sohn war, sondern auch der Zweite von Zwillingen: Mein Zwillingsbruder war angeblich acht Minuten älter als ich, aber die Tatsache, dass er schon immer vor mir da war, spielte eine große Rolle in meinem Leben.

Wie bei vielen Israelis stammt meine Familie aus verschiedenen Provenienzen. Abraham Winkler, der Großvater meiner Mutter, kam aus Österreich nach Palästina am Anfang des 19. Jahrhunderts und kaufte mit Hilfe des Barons Rothschild viele Grundstücke, die später als Orangenhaine und städtisches Bauland das Vielfache des Kaufpreises einbrachten. Er war offensichtlich sehr vermögend, seine Kinder verloren das Vermögen durch ewigen Streit um das Erbe aber wieder.

Mein Großvater Ephraim Halperin, der Vater meiner Mutter, kam aus Odessa und heiratete in die Familie Winkler ein, sicherlich aus finanziellen Überlegungen. Er investierte das Geld in Verkehrsunternehmen: Zuerst waren es Diligences (Pferdekutschen), später kaufte er Autobusse und gründete Busunternehmen, die bis heute hunderte Busfahrer beschäftigen. Er war aber auch ein Lebemann und verspielte sein Geld und seine Gesundheit mit Glücksspielen in gewissen Etablissements in Beirut – damals das Paris des Mittleren Ostens. Dort infizierte er sich mit Syphilis. Zu dieser Zeit gab es noch keine Antibiotika, und Syphilis wurde mit einem

---

[1] Mein Geburtskrankenhaus war eine Privatklinik, die von 1928 bis 1949 existierte. Der Besitzer, Dr. Yitzchak Freud, war ein russischer Chirurg, der mit Sigmund Freud sicherlich nichts zu tun hatte.

quecksilberhaltigen Medikament namens Salvarsan behandelt, was vermutlich nicht viel geholfen hat; er starb mit 59 Jahren an einer Progressiven Paralyse. Ich war damals zwei Jahre alt. Die Familienlegende erzählt, dass er mich besonders geliebt habe und mich »beauftragte«, Hitler zu töten. Diese Aufgabe konnte ich nicht erfüllen. Stattdessen durchkreuzte ich mit meinem Leben in Deutschland Hitlers Traum vom judenreinen Deutschland und Europa. Außer diesen recht liebevollen Erinnerungen an meinen Großvater haben seine Lebensweise, Krankheit und Tod Spuren in meiner Erziehung hinterlassen: Wir Kinder durften nie mit Karten spielen, und bei uns zu Hause wurde nie über Sexualität gesprochen. Ich weiß noch bis heute, wie sehr ich mich schämte ob meiner Neugier und meines Interesses gerade auf diesem Gebiet. Als ich mit einem – recht harmlosen – Aufklärungsbuch in der Volksschulklasse erwischt worden war, musste ich nach Schulschluss dort warten, meine Eltern holten mich später ab und straften mich mit Klagen – welche Schande ich über sie gebracht hätte …

Meine Großmutter, Ephraims Frau, war eine liebe Frau, aber nicht sonderlich intelligent: Sie konnte keine Sprache fehlerfrei sprechen – weder Jiddisch noch Hebräisch. Sie konnte auch nicht fehlerfrei schreiben. Ich konnte mir nie vorstellen, wie sie mit ihrem Mann Ephraim leben konnte oder, genauer gesagt, was er an ihr schätzte. War da Liebe im Spiel? Oder war sie nur eine gute Partie? Damals hatte dies natürlich für mich keine Bedeutung. Sie war, wie alle Großmütter sein sollten, lieb, anhänglich, brachte uns immer Süßigkeiten und war stolz auf uns. Das zählte für mich am meisten, weil ich in meiner Kindheit – eigentlich bis zu meinem 19. Lebensjahr – nie wirklich das Gefühl hatte, dass meine Eltern je stolz auf mich waren. Die Gründe dafür waren sehr klar – und nah: Mein Zwillingsbruder war das Objekt des Stolzes meiner Eltern. Er war ein sehr guter Schüler, höflich und pflegeleicht. Ich war zwar auch ein guter Schüler, dafür aber nicht pflegeleicht. Ich hatte viel Unsinn im Kopf, war ungestüm, und das war »wild«. Mein Bruder war das, was man ein »Beispielkind« nannte. Es hieß für mich immer: »Nimm dir ein Beispiel an deinem Bruder.« Wenn es eine Rauferei oder Streit gab, wenn etwas nicht so funktionierte, wie meine Eltern es wollten, wenn etwas verloren ging oder zerbrach, war klar, dass es an mir liegen musste. Trotz allem war unsere Beziehung zueinander gut: In der Schule verteidigte ich ihn bei Streitigkeiten, da ich körperlich stärker war. Zu Hause wurde ich dafür nicht etwa gelobt, sondern beschuldigt, dass ich den Streit verursacht hätte (was manchmal sogar stimmte!).

Obwohl wir keine eineiigen Zwillinge waren, war unsere Beziehung doch eine andere als bei Einlingen. Ich glaube, der Kampf um Autonomie, zwischen Distanz und Nähe war sehr viel stärker als bei »normalen«

Geschwistern. Als wir ca. 15 Jahre alt waren, passierte Folgendes: Wie an jedem Shabbath gingen wir ans Mittelmeer, mit noch einigen anderen tausend Badenden am Strand von Herzliya. Ich lag am Strand und sonnte mich, als ich plötzlich den Drang verspürte, ins Wasser zu gehen. Dann hatte ich das Gefühl, ich muss dort meinen Bruder finden. Eine unmögliche Aufgabe, ohne jegliche Information, wo er sein könnte. Ich schwamm weiter und tiefer und fand meinen Bruder tatsächlich. Er hatte einen Muskelkrampf im Bein und drohte zu ertrinken. Obwohl ich kein besonders guter Schwimmer war, konnte ich ihn an den Strand ziehen. Da lag ich dann und war völlig entkräftet, aber natürlich stolz. Wir erzählten unseren Eltern diese Episode nicht, um sie nicht zu erschrecken. Auch befürchteten wir – zu Recht –, dass unsere Mutter uns verbieten würde, wieder ans Meer zu fahren.

Meine Mutter war der Inbegriff einer jüdischen Mutter, eine Mischung aus Schutzengel und Wachhund. Ihre Angst um uns vereitelte uns viele Möglichkeiten, mit gleichaltrigen Freunden zu spielen. Mein Vater war an sich ein liebevoller Mensch und Vater, der aber an einen biblischen Satz glaubte: »Derjenige, der an seinem Stock spart, hasst seinen Sohn.« Folglich wurde ich einige Male mit diesem »Zeichen seiner Liebe« bestraft, bis ich mit 13 Jahren zurückschlug. Das hat ihn tief getroffen, und unsere Beziehung war seitdem sehr unterkühlt.

Mit 14 Jahren kamen wir ins Gymnasium, und zwar wie immer in dieselbe Klasse. Hier musste ich immer wieder erleben, dass ich keine Chance gegen meinen »Beispiel-Bruder« hatte. Da er als Schreibtalent anerkannt war, wurde mir von unserem Hebräischlehrer vorgehalten, ich hätte einen – guten – Aufsatz von ihm kopiert. Das stimmte nicht, aber das konnte ich nicht beweisen. Nur eine Mitschülerin wagte es damals, diesem Lehrer Ungerechtigkeit vorzuwerfen – und zwar vor versammelter Klasse. Ich habe es ihr nie vergessen, und wir sind heute, über 60 Jahre danach, noch immer sehr befreundet. Es half aber nicht wirklich: Ich konnte von diesem Kummer nirgends erzählen, meine Eltern konnten mich auch nicht schützen.

Als ich eine ungenügende Note im Fach Englisch bekam, reichte es mir. Unsere Englischlehrerin erklärte, dass ich kein Sprachgefühl hätte und nie eine Fremdsprache lernen könnte. Ich finde diese Aussage heute nicht nur dumm (ich spreche heute vier Sprachen fließend und mit zwei weiteren Sprachen kann ich einigermaßen durchkommen und als Analytiker muss man ja ein feines Sprachgefühl haben), sondern auch extrem destruktiv: Als Schüler hatte man damals keine Chance. Das beschleunigte meine Entscheidung, dieses Gymnasium – und meinen Bruder – zu verlassen. Das war mein erster Schulabbruch. Es folgten weitere …

Ab September 1952 setzte ich meine Ausbildung in einer landwirtschaftlichen Oberschule im Negev fort. Diese Schule hatte einige Vorteile für mich. Sie war neu eröffnet, und wir waren damals nur zehn Schüler. Wir lernten, arbeiteten und wohnten bei Beer Sheva, im Negev, das heißt weit weg von Tel Aviv und von meinem Bruder. Der Lernstoff war nicht gerade anspruchsvoll, und da ich eigentlich eine Klasse wiederholen musste, war die Konkurrenz mit den anderen Schülern ein Kinderspiel für mich. Ich war von vorneherein der »Primus«. Das galt aber nur für den theoretischen Stoff. Was die landwirtschaftliche Arbeit auf den Feldern anbelangte, war ich nicht gerade ein Star – zumal ich lieber mit Kühen oder Geflügel gearbeitet hätte als Unkraut zu jäten.

Anfangs störte es mich nicht: Ich genoss meine Freiheit. Wir wurden als Pioniere gefeiert und kamen uns recht wichtig vor. Leider hielt diese Euphorie nicht allzu lang vor. Der Alltag im »Internat« – es waren vier oder fünf recht primitive, ärmliche Hütten – war ziemlich langweilig. Beer Sheva, der nächste Ort, war zu dieser Zeit eine kleine, langweilige, verstaubte Stadt mitten in der Wüste. Zudem gab es nur wenige Busverbindungen, sodass wir nicht einmal dorthin ins Kino fahren konnten. Ohnehin waren die Kosten dieser Schule – einschließlich Internat – für meine Eltern zu hoch, und sie suchten eine andere Lösung für mich.

Als meine Eltern vorschlugen, dass ich an die landwirtschaftliche Oberschule »Hakfar ha yarok« (»Das Grüne Dorf«) wechseln sollte, die sehr nah bei unserem Haus lag, war ich einverstanden. Das Jahr in der neuen Schule fing ebenfalls gut an und endete wieder mit einem Abbruch. Ich war zwar sehr gut in der Schule, aber ich weigerte mich, nur als Unkrautjäter auf den Feldern der Schule zu arbeiten – mit dem Erfolg, dass ich nach einem Jahr auch aus dieser Schule rausflog.

Mittlerweile war es 1955 geworden, und ich war 17 Jahre alt, ohne Schulabschluss und ohne Vorstellung, was ich machen wollte. Als ich Ende des Jahres versuchte, mein Abitur über externe Kurse zu absolvieren, kam mein Musterungsbefehl, und ich wurde zum Militärdienst einberufen. Die Israel Defence Forces (IDF) sind in Israel sehr beliebt und geschätzt, weil die Juden über Jahrtausende immer in Gefahr waren, ausgelöscht zu werden. Mit der Gründung des Staates konnten die Juden sich endlich selbst verteidigen und eine eigene Armee gründen.

Ich aber hasste meine Zeit in der Armee und erlebte sie als unfrei, unterdrückend, als Zwang. Mein Befinden besserte sich ein wenig, als ich an einer sechswöchigen Sanitäterausbildung teilnehmen konnte. Ich entdeckte meine Neigung, mit Menschen zu arbeiten, und begann, von einem Medizinstudium zu träumen – was angesichts meiner bisherigen Schulkarriere nur ein Traum bleiben konnte. Nach sechs Wochen musste ich zurück in die von mir gehasste Einheit als sogenannter Feldsanitäter. Ich sollte Verwundete pflegen. Meine Einheit gehörte jedoch zu den Engineering Forces, und es war unsere Aufgabe, Feld- und Tretminen zu entsorgen, die von Palästinensern aus Gaza in den Feldern der Kibbuzim im Negev eingegraben worden waren. Wenn ein Soldat mit dem Wagen auf eine Tretmine fuhr, hatte er noch Chancen zu überleben. Wenn er zu Fuß auf einer Tretmine stolperte, konnten wir nur seine Leiche wegräumen. Es war eine schlimme Zeit für mich.

Ich hatte aber nicht viel Zeit, meine negativen Gefühle zu pflegen, denn im Oktober 1956 begann der Suez-Krieg. Unsere Einheit war an der Front, allerdings nahmen wir wenig an Kämpfen teil. Wir mussten im Sinai ebenso wie im Negev Minen räumen und Verletzte pflegen. Am dritten Kriegstag gerieten wir unter Beschuss durch drei ägyptische Flugzeuge. In der Wüste hatten wir keine Möglichkeit, uns zu verstecken, und so lag ich da und hoffte, dass mir nichts passierte. Aber die Salven schlugen immer näher ein. Meine Pflegertasche – 30 cm entfernt von mir – war zerfetzt. Ich war überzeugt, dass ich sterben müsse. Da hörte ich die Stimme eines Verletzten, der um Hilfe rief. Ich lief sofort zu ihm hin, einige Sekunden bevor die Stelle getroffen wurde, wo ich vorher gelegen hatte. Er war in seiner Kniekehle getroffen worden und blutete heftig. Ich hatte kein Verbandszeug mehr bei mir, also band ich seine Beinarterie mit meinem Hemd ab, sodass die Blutung aufhörte. Ich dachte, dass ich diesen Krieg doch überleben und dass mein Leben doch einen Sinn haben könnte.

Wir blieben noch drei Monate nach Beendigung der Kampfhandlungen in der Wüste Sinai. Erst Anfang 1957 kehrten wir nach Israel zurück. Mir ging es immer schlechter. Ich hatte weder Lust, etwas zu unternehmen, noch eine Vorstellung, was ich tun sollte. Ich wusste, dass ich das Ende der Militärzeit abwarten musste, aber die schien endlos zu dauern. Ich wurde immer depressiver, das fiel auf. Der neue Kommandant, der menschlicher als sein Vorgänger war, versuchte mir zu helfen, indem er für mich eine frühere Entlassung aus der Armee bewirkte. Ende Januar 1957 war ich frei.

Mein Bruder

Im Jahre 1952 hatte ich das Gymnasium in Tel-Aviv verlassen und an der Landwirtschaftsoberschule im Negev angefangen. Damit gingen mein Bruder und ich getrennter Wege. Er machte sein Abitur ohne Schwierigkeiten mit besten Noten. Ich hatte mehrere Abbrüche und Schwierigkeiten.

Als ich zum Militärdienst berufen wurde, hatte er seine militärische Grundausbildung beendet und war mit den »Nahal« – einer landwirtschaftlich tätigen Einheit – in einen Kibbuz gezogen. Er wurde sehr schnell Mitglied in einer linksorientierten Partei (»Mapam«). Im Laufe der Zeit wurde er als Kandidat der Partei für das Parlament (»Knesset«) vorgeschlagen, hatte auch einen guten Platz, das heißt, seine Chancen, gewählt zu werden, waren ganz gut. Nach zwei Jahren verzichtete er auf seine parlamentarische Karriere. Er sagte mir später, dass es unmöglich wäre, politische Kariere zu machen, ohne korrupt zu werden. Ich respektiere diesen Standpunkt bis heute. Als ich nach Deutschland zum Studium ging, studierte er in Jerusalem Orientalistik. Er machte eine wissenschaftliche Karriere als Orientalist und wurde nach dem Friedensabkommen mit Ägypten 1978 zum Chef des israelischen Kulturzentrums in Kairo ernannt. Diese Funktion übte er fünf Jahre lang aus. Unsere Beziehung war relativ gut in dieser Zeit. Als ich meine Familie gründete, besuchten wir häufig seine Familie im Kibbuz, nicht zuletzt, weil der Kibbuz ein idealer Ort für Ferien mit Kindern war und ist. Als aber meine Kinder flügge wurden und ihre Ferien ohne uns verbringen wollten, wurde die Verbindung zwischen meinem Bruder und mir weniger intensiv. Wir besuchten dann eher Freunde und Familienangehörige in Tel Aviv und Nahariya. Meinen Bruder sahen wir bei Familienereignissen (Hochzeiten, Bar Mitzwas).

In den 1970er Jahren traf er einige palästinensische Politiker in Paris und Genf, und bei dieser Gelegenheit besuchte er uns in Freiburg. Einer dieser Politiker war Issam Sirtawy, damals ein bekannter Mann. Das Treffen war geheim, denn es war verboten, Palästinenser außerhalb Israels zu treffen. Dieses Gesetz war allerdings nicht sehr bedrohlich, denn mein Bruder wurde weder geahndet noch bestraft. Sirtawy jedoch wurde von Palästinensern in Europa im April 1983 erschossen.

Wenn mein Bruder uns besuchte, erzählten wir uns nach einer jüdischen Tradition stundenlang Witze. Die Verbindung zwischen uns bestand mehr und mehr aus E-Mails, meist weitergeleiteten Witzen. Diese alte Familientradition ist uns geblieben. Das ist natürlich wenig, verglichen mit den Abenden, die wir in den Jahren davor zusammen verbracht hatten. Inzwischen ist unsere Beziehung recht oberflächlich geworden, keineswegs das, was man bei Zwillingen vermuten würde. Ich bedaure es ein wenig, aber es ist, wie es ist, und ich habe meinen Frieden damit gemacht und es akzeptiert.

Theater

Ich wusste nicht wirklich, warum ich Theaterschauspieler werden wollte. Ich hatte damals – 1957 – mehrere hochtrabende Motive im Sinn gehabt, die nur teilweise stimmten. Heute glaube ich, dass ich mich damals als nicht liebenswert empfand und hoffte – bewusst oder unbewusst –, dass ich in der Rolle eines anderen Menschen, also auf der Bühne, eher geliebt werden könnte. Ich war sicher nicht ganz talentfrei, aber kein großes Licht und daher überrascht, wie leicht ich die Aufnahmeprüfung für die Schauspielschule des israelischen Nationaltheaters »Habima« bestand. Aber ich war noch in Uniform, kurz nach dem Krieg, trug ein furchtbar schwülstiges Gedicht vor, und die damalige Grande Dame des Israelischen Theaters, Hanna Rovina, muss mich gut gefunden haben, und ihre Meinung hatte damals großes Gewicht.

Leider (oder zum Glück) dauerte auch meine Schauspielschulkarriere nur kurz. Ich muss meine Lehrerin zur Weißglut gebracht haben, als ich erklärte, dass ich bei einer Übung »nach Stanislawski« gar nichts spürte. Stanislawski war – und ist – eine Theaterlegende, seine »Methode« war ein Muss, von Moskau damals bis zum Actors Studio in New York heute. Nach seiner Methode nichts zu spüren, war ein Sakrileg (ich bin sicher, die Hälfte der Mitschüler spürte ebenfalls nichts, hat es aber nicht gesagt). Nach drei Monaten war ich wieder der Versager. Aber nicht ganz: Ein anderes Theater, nicht so berühmt wie die »Habima«, bereitete *Candida* von George Bernard Shaw vor und wollte mich überraschenderweise für eine wichtige Rolle (die des Marchbanks) haben. *Candida* ist eine romantische Komödie mit recht ödipalem Inhalt. Eugene Marchbanks ist ein 19-jähriger Poet, der im Haus von Candida und ihrem Mann, dem Pfarrer Morell, lebt. Er ist in Candida verliebt und fleht sie an, ihren Mann zu verlassen. Wie nicht anders zu erwarten, entscheidet sie sich für Morell. Diese Komödie muss zu Shaws Zeiten sehr modern gewirkt haben. Heute kann man den Marchbanks als Naivling mit viel Humor spielen. Das konnte ich damals nicht, weil ich nur liebenswert sein wollte und nicht in der Lage war, über mich selbst zu lachen. Ich wollte den jugendlichen Liebhaber spielen, ohne zu wissen, was das heißt. Kurzum, die Vorstellung war ein Fiasko und wurde in kürzester Zeit abgesetzt. Es war mir danach klar, dass es sinnlos war, weiter zu versuchen, an einem Theater unterzukommen. Dieser Traum war ausgeträumt, und ich habe darauf verzichtet, allerdings nicht so leicht, wie ich hoffte. Somit hat das israelische Theater mit mir den schlechtesten Schauspieler seiner Geschichte verloren.

Nach der Theaterepisode folgten mehrere Wochen, in denen ich gar nichts machen wollte. Ich hatte keine Arbeit gefunden und war nicht wirklich motiviert zu arbeiten. Ich hatte keine Zukunftsvisionen, alles war sinnlos. Allerdings hatte meine Theaterepisode doch etwas Positives bewirkt: Ein Mitbewerber hatte mir etwas von einer Behandlungsmethode namens Psychoanalyse erzählt. Ich hatte natürlich keine Ahnung, was diese Methode sein sollte, phantasierte etwas wie Hypnose. Als es mir aber immer schlechter ging, beschloss ich, diese Hilfe in Anspruch zu nehmen.

Meine erste Psychoanalyse bei Dr. Gerda Barag

Gerda Barag war eine kleine, unscheinbare Frau. Ich konnte nicht glauben, dass sie eine Ärztin war. Eigentlich wurde ich zu ihrem Mann, Gershon Barag, überwiesen, der aber keine Behandlungsvakanzen hatte und mir daher seine Frau empfahl. Ich war verwirrt und fragte sie, ob sie eigentlich eine Psychoanalytikerin sei oder nur seine Ehefrau. Daraufhin musste sie furchtbar lachen, und so begann unser Erstinterview mit lautem Lachen. Daran kann ich mich noch genau erinnern.

Ein wichtiges Thema war natürlich die Frage, wie ich die Analyse bezahlen könnte, die die Riesensumme von acht Israeli Pounds (ca. zehn Euro) für die Stunde kosten sollte. Die Krankenkasse »Kupat Cholim« hätte 15 Sitzungen übernommen, aber mein Vater weigerte sich, einen Antrag zu stellen, weil er sich schämte, dass sein Sohn eine Psychotherapie brauchte. Er war bereit, diese Stunden für mich zu zahlen. Ich war dagegen bereit, endlich seinen Vorschlag anzunehmen und mir eine Arbeit in seiner Busgenossenschaft zu suchen. Also fing ich an, als Busschaffner zu arbeiten, um endlich Geld zu verdienen – damit ich die Analyse bezahlen konnte.

Wenn ich versuche, mich zu erinnern, was in der Analyse von besonderer Bedeutung für mich war, fällt mir die dritte Stunde ein. Ich fing wieder an, von meinem Bruder zu erzählen, aber Gerda Barag sagte mir: »Du, dein Bruder interessiert mich nicht!« Das hatte gesessen! Zum ersten Mal seit 19 Jahren hatte mir jemand gesagt, dass er sich nicht für meinen Bruder, sondern nur für mich interessierte. Ich kann heute sagen, dass dies ein Meilenstein in meinem Leben war.

Es folgte eine schwere Zeit, in der ich allnächtlich immer wieder von Flugzeugbeschuss träumte und schweißgebadet aufwachte. Es war mir klar, was die Ursache war, obwohl wir damals den Begriff »Trauma« nicht kannten. Es hieß »Helem« (hebräisch für Schock). Es gab auch keine speziellen Behandlungsmethoden dafür, wie wir sie heute haben. Es ging aber auch ohne sie. Nach drei Monaten hörten diese Träume auf. Meine Idealisierung von Gerda Barag war daraufhin riesengroß. Ich fand alles, was sie sagte, bedeutungsvoll und hatte die Vorstellung, dass ich am liebsten ihr Sohn gewesen wäre. Heute weiß ich natürlich, dass ich eine heftige positive Übertragung entwickelt hatte. Aber damals kannte ich nicht mal den Begriff. Heute, 55 Jahre später, kann ich mich nicht erinnern, welche Deutungen sie gab und welche für mich von Bedeutung gewesen sind. Vielmehr kann ich mich an Interventionen erinnern, die man in der analytischen Ausbildung hierzulande als »un-analytisch« bezeichnet. Ich meine einige Ratschläge (selten) oder Kritik über Äußerungen von mir, die bloß eitel und angeberisch waren. Sie nannte es »intellektuellen Schlamm«, und ich akzeptierte es, weil es stimmte. Als ich ihr erzählte, dass meine Mutter Briefe, die an mich adressiert waren, öffnete und las, wurde sie richtig böse. Sie konnte nicht glauben, dass ich das nicht abstellen konnte. Aber es war wirklich so. Es half keine Deutung. Schließlich sagte sie mir: »Sag deiner Mutter, dass, wenn sie noch einmal einen Brief an dich öffnet, du eine Vase oder ein Bild zerschlägst!« Ich hatte drei Bilder im Visier, die wir von einer Freundin meiner Mutter geschenkt bekommen hatten und die ich scheußlich fand – meine Mutter fand sie toll. Also warnte ich meine Mutter, dass ich bei jedem Brief an mich, den sie unberechtigt öffnen sollte, ein Bild zerschmettern würde – was sie anfangs nicht glauben wollte. Auf diese Weise sind zwei Bilder zu Bruch gegangen. Leider hörte sie dann auf, meine Briefe zu lesen, und das dritte Bild existiert heute noch …[2]

Ich entwickelte nun das Gefühl, viel mehr erreichen zu können, als ich bis dahin geglaubt hatte. Ich lernte die Traumdeutung kennen, verstand sie und assoziierte, es ging mir immer besser. Ich kam sehr gerne zur Analyse – natürlich viermal wöchentlich und immer um 15 Uhr. Gerda Barag war dann vom Mittagsschlaf aufgewacht, kam in den Behandlungsraum mit einer Tasse Kaffee und einer Zigarette. Auch ich rauchte während der Stunde. Es gab mir das Gefühl von Intimität und Gleichberechtigung. Ca. drei Monate nach Beginn meiner Analyse erzählte ich ihr von meinem Vorhaben, ebenfalls Analytiker zu werden. Ich erwartete eine ablehnende Deutung (Übertragung, Idealisierung, Identifizierung oder was auch immer), aber zu meinem großen Erstaunen sagte sie kurz: »Das glaube ich auch!«

---

[2] Gerda Barag hatte eine besondere Beziehung zum Briefgeheimnis: Der Name Barag – eigentlich B. R. G. – bedeutet: Bnei Rabbi Gershon. Rabbi Gershon war derjenige, der das Briefgeheimnis im Judentum eingeführt hatte.

Ich war so überrascht, dass ich mich umdrehte und fragte: »Meinen Sie das wirklich ernst?« Und sie sagte: »Warum nicht? Du kannst, wenn du willst.«

Ich fing an, Pläne zu schmieden. Zuerst musste ich mein Abitur schaffen. Das war leichter gesagt als getan. Ich meldete mich zu Abendkursen an. Dafür musste ich eine andere Arbeit finden, da ich als Schaffner Schichtdienst und somit keine konstant freien Abende hatte. Die Leitung der Buskooperative schlug mir vor, Nachtdienste zu übernehmen, das bedeutete, die Reisebusse zu reinigen, Kraftstoff nachzufüllen und evtl. als Nachtbusfahrer für erkrankte Kollegen einzuspringen. Ich nahm diesen Job an. Mein Tag sah so aus: um 15 Uhr Analyse, 17–22 Uhr Schule, 22–5.30 Uhr Arbeit. Es war nicht leicht, mich auf diesen Rhythmus einzustellen, aber es war machbar. Ich kann im Nachhinein sagen, das war mein schönstes Jahr bis dato.

Ende Dezember 1957 bestand ich die Abiturprüfungen. Das war für mich ein Meilenstein, den ich nicht geglaubt hatte zu schaffen. Ich musste mich nun entscheiden, ob und wo ich Medizin studieren wollte. Ich konnte nicht in Tel Aviv bleiben, deshalb musste ich meine Analyse beenden.

Der Abschied von der Analyse fiel mir schwer. Ich träumte viel und hatte nun keinen Zuhörer mehr, dem ich die Träume erzählen konnte. Im letzten Traum dieser Analyse träumte ich, dass alle Patienten von Gerda Barag (die ich natürlich in der Realität nicht kannte) und ich uns vor ihrem Balkon versammelten und ihr die »Kleine Nachtmusik« gespielt oder gesungen haben ... Ich wusste, dass ich viel in der Analyse erreicht hatte, und obwohl ich sehr unsicher war, wusste ich, dass sie sich gelohnt hatte. Was aber von besonderer Bedeutung für mich war, ist die Tatsache, dass ich den Weg zu meinem Vater gefunden hatte und wir Vertrauen zueinander fassten, was sehr sehr lange nicht der Fall gewesen war. Er sagte mir, zum ersten Mal in meinem Leben: »Wenn du das Abitur so geschafft hast, kannst du alles schaffen!« Das waren keine leeren Worte.

Nach Deutschland

Die Ziele aber, die ich mir nach den Abiprüfungen setzte, waren für mich noch unerreichbar. Ich konnte nicht hoffen, einen Studienplatz für Medizin in Israel zu bekommen. Die Uni in Tel Aviv hatte damals keine medizinische Fakultät. Es herrschte ein sehr strenger Numerus clausus für Medizin an der Universität von Jerusalem. Es gab jährlich 50 Studienplätze, wovon zehn für ausländische Studenten im Rahmen der Entwicklungshilfe reserviert waren, und jährlich 400 Studenten, die sich um diese Studienplätze bewarben. Es gab zusätzlich Prüfungen und Interviews. Ich fand, dass ich – mit meiner neurotischen Vergangenheit – keine Chance hatte, einen Studienplatz zu erhalten.

Ich informierte mich über Studienmöglichkeiten in England – wofür ich aber zusätzliche Prüfungen (London Matriculation) brauchte, die ich nicht glaubte schaffen zu können. Ein anderes Problem war, wie ich überhaupt im Ausland studieren könnte. Das israelische Geld hatte damals außerhalb Israels keinen Wert, man konnte zwar auf dem Schwarzmarkt Dollars kaufen, das war jedoch strafbar und im Übrigen teuer, und mein Vater konnte es sich – als Chauffeur – nicht leisten.

Im Mai 1958 kam ein Cousin meines Vaters aus München zu Besuch. Mein Vater erzählte ihm von meinem Dilemma, woraufhin Onkel Abraham großmäulig erklärte: Der Junge soll zu uns nach München kommen. Er kann bei uns wie ein Prinz leben – und studieren. Ich hatte kein gutes Gefühl bezüglich dieser Einladung, aber ich hatte keine Alternative. Am 19. Januar 1959 flog ich nach München. Es war ein stürmischer Flug – und es folgte eine stürmische Zeit. Mein Onkel Abraham hatte sich vorgenommen, mich umzuziehen, aus mir »einen Europäer« zu machen, wie er sich das vorstellte. Mein Name Menachem gefiel ihm nicht, weil »nicht europäisch«, und er versuchte, mich Melvin zu nennen – was für mich wenig Sinn machte.

Dann erklärte er mir, er erwarte absoluten Gehorsam von mir, zur Not könne er mich mit Prügeln bestrafen. Daraufhin antwortete ich, das könne er schnellstens vergessen, ich ließe das nicht mit mir machen. Er hatte einen Stoffladen im Zentrum von München und erwartete von mir, dass ich im Laden arbeitete. Das tat ich auch gerne. Die Arbeit bestand aus dem Schleppen von Stoffballen von einer Seite des Ladens zur anderen. Da nur wenige Kunden den Laden frequentierten, war die Arbeit recht langweilig, ich schuldete ihm aber Dank, dass er mich aufgenommen hatte, also tat ich meine Pflicht. Schlimmer war die Tatsache, dass ich kein Geld hatte, da ich kein Geld für meine Arbeit erhielt – außer natürlich Kost und Logis. Deshalb konnte ich nie ausgehen, es sei denn mit meinem Onkel und seiner Frau. Am schlimmsten aber war die Tatsache, dass ich nicht zur Uni kam, wo ich Deutsch lernen wollte, da ich nicht einmal die Straßenbahn bezahlen konnte. Mein Onkel war ohnehin der Meinung, dass ich im Laden und bei ihm meine Deutschkenntnisse erweitern könnte. Meine Unzufriedenheit wurde mir als Undankbarkeit vorgehalten.

Rosa, die Frau meines Onkels, hatte offensichtlich Angst, dass ich ein Konkurrent für ihren Sohn aus erster Ehe, Milan, sein könnte, zumal Milan kein Jude war.

Sie rückte mich ganz geschickt in ein schlechtes Licht. Heute nennt man das Mobbing, damals habe ich es nicht wirklich verstanden. So kam sie zum Beispiel zu Terminen, die sie mit mir wegen der Arbeit vereinbart hatte, zu früh und ging wieder, bevor ich – pünktlich – eintraf, um mir dann mitzuteilen, wie unpünktlich, unzuverlässig und faul ich wäre. Ich verstand das damals nicht und warf mir diese »Missverständnisse« selbst als Versagen vor. Da ich kein Taschengeld hatte, musste ich meine Post an meine Eltern oder Freunde über sein Geschäft senden. Anrufen konnte ich nicht – das wäre zu teuer gewesen …

Im Februar kam mein Onkel David – Vaters jüngster Bruder – aus Melbourne zu Besuch und war betroffen, zu sehen, dass es mir schlecht ging. Er fragte, ob er mir helfen könnte. Ich sagte ihm, dass ich ihm schreiben würde, da wir in Abrahams Haus darüber nicht sprechen konnten. Ich teilte ihm dann brieflich mit, dass ich unglücklich sei, nicht studieren und mich kaum bewegen könne. Außerdem bat ich ihn, mir mit 30 Dollar monatlich zu helfen, damit ich ausziehen und in München studieren könnte. Was ich nicht wusste: Abraham ließ meine Briefe öffnen und übersetzen, sodass er mich nach der Lektüre auch dieses Briefes als undankbar und als Lügner beschimpfte und zurück nach Israel schickte, wohin ich im März zurückkehrte. Das war aber noch nicht alles. Mein Onkel David lehnte meine Bitte ab. Er wollte mir nicht helfen, er meinte, mir wäre nicht zu helfen. »Wenn du bei Onkel Abraham nicht studieren konntest, wirst du nie ein Arzt!« Damit war ich wieder am Punkt null gelangt: abgebrochenes Studium, ohne Mittel, ohne Geld, ohne Chancen – dachte ich.

Dann meldete sich mein Vater: »Ich glaube an dich! Ich weiß nicht, wie wir es schaffen, aber wir werden es zusammen schaffen. Und ich hoffe, dass du eines Tages dem David sagen kannst, er habe gelogen.« Zu Beginn des Sommersemesters fuhr ich wieder nach München, diesmal mit Schiff und Bahn, was damals billiger als ein Flug war. Ich kann mich noch an die Bahnreise von Venedig nach München erinnern: In meinem Abteil saß ein junges Mädchen, das sich offensichtlich von ihrem italienischen Freund trennte. Sie heulte stundenlang und sang zwischendurch »Ciao, ciao bambina« – damals ein Weltschlager. Seither kann ich dieses Lied nicht mehr hören …

Ich weiß nicht, ob ich diese Reise heute noch einmal so machen würde. Ohne Bekannte, ohne Wohngelegenheit und mit nur 100 Dollar in der Tasche – wovon ich meine Immatrikulation an der Münchner Uni und meine Bleibe sowie die Universitätsgebühren und vor allem Essen bezahlen sollte. Ich musste über lange Strecken wirklich hungern, was ich vorher so nicht kannte. Es könnte besonders Analytiker interessieren, dass ich sehr häufig von Wienerwald-Hähnchen träumte. (Wienerwald war in den 1950er und 1960er Jahren eine Restaurantkette, die gegrillte Hähnchen für billiges Geld verkaufte – das ich aber nicht hatte). Meine Versuche, Arbeit über die jüdische Gemeinde in München zu finden, scheiterten daran, dass mein Onkel mich als »gefährlichen Verbrecher« (!) darstellte – um zu erklären, warum er mich vertrieben hatte. Ein Mitglied der jüdischen Gemeinde spendete aber anonym 100 DM für mich. Ich weiß nicht, ob die Anonymität dazu da war, mich nicht zu beschämen oder um nicht mit meinem Onkel in offenen Streit zu geraten. Aber ich war dem anonymen Spender sehr dankbar.

Ich kann mich an die Vorlesungen in den Hörsälen an der Uni erinnern. Es gab damals keinen Numerus clausus, sodass Hunderte von Studenten im Hörsaal saßen – oder standen. Danach fuhren wir zu den anderen Hörsälen mit der Straßenbahn (wenn man kein Fahrrad oder Auto hatte), da die verschiedenen Hörsäle in verschiedenen Stadtteilen Münchens lagen. So kam ich immer zu spät zur Vorlesung. Ich musste nicht nur Deutsch, sondern auch Latein lernen (für das kleine Latinum), das in Israel nicht gefordert wurde. Alles in allem: Ich weiß heute nicht mehr, wie ich damals alles geschafft habe – aber ich schaffte es.

Zu Beginn der Sommerferien bekam ich das Angebot, mit einer Schülergruppe aus Bad Salzdetfurth in Norddeutschland, als Sanitäter für drei Wochen nach Mallorca zu fahren. Ich bekam dafür nichts bezahlt, aber konnte ohne Bezahlung wohnen und essen – also die Ferien überleben. Zum ersten Mal brauchte ich mir keine Sorgen zu machen, was ich am nächsten Tag zu essen hätte. Ich genoss diese Zeit sehr – bis der nächste Schlag kam: Eines Tages brachte der Postbote einen Brief, in welchem die Universität mir mitteilte, dass ich bis Ende August mein Abiturzeugnis vorlegen sollte, andernfalls würde ich exmatrikuliert. Zu meinem Entsetzen erfuhr ich, dass meine Zeugnisse zurückgehalten wurden, da mein früherer Mathematiklehrer beschuldigt worden war, Prüfungsvorlagen zu entwenden und zu verkaufen. Ich sollte schnellstens in einem israelischen Konsulat an Eides statt erklären, dass ich von diesem Diebstahl weder Ahnung noch Nutzen hatte. Aber wo befand sich das nächste israelische Konsulat? Mallorca gehörte zu Spanien, aber Spanien hatte 1959 keine diplomatischen Beziehungen mit Israel, und im Übrigen konnte ich ohne Geld nicht nach Madrid kommen. Ich überlegte, per Anhalter nach Paris zu fahren, was aber sinnlos gewesen wäre. Ich wäre in Paris am Samstag angekommen, und die Botschaft war Samstag und Sonntag geschlossen. Ich gab die Idee auf, noch etwas vor August zu erreichen, fuhr nach Deutschland (Bad Salzdetfurth) zurück mit »meiner« Schulklasse und von dort aus per Anhalter nach Bonn, wo sich zu dieser Zeit die konsularische Vertretung Israels befand. Ich leistete meinen Schwur, bekam die Bescheinigung, sandte sie per Eilpost nach Israel und tatsächlich konnte mein Vater mein Abiturzeugnis – noch rechtzeitig – nach München senden.

Bad Salzdetfurth ist ein kleines Städtchen nahe Hildesheim, das von einer Kalimine lebte. Ich bekam durch den Leiter der Schülergruppe einen Job in dieser Mine, musste Säcke schleppen und leeren, die wohl mit Kali oder gemischten Metallen gefüllt waren. Die Säcke wurden auf kleine Zugwagen entladen und weitergeleitet.

Es war keine sehr interessante Arbeit, aber es war eine Arbeit. Ich konnte Geld verdienen und hatte keine Sorgen, was ich morgen essen und wo ich schlafen konnte. Im Übrigen verbesserten sich in dieser Zeit meine Deutschkenntnisse. Ich fing an, deutsche Literatur zu lesen: Mein erstes Buch war *Felix Krull* von Thomas Mann. Zugegebenerweise kein sehr leicht zu lesendes Buch für einen Ausländer. Nebenbei las ich eine deutsche Übersetzung von T. Williams' *A Streetcar named Desire*, das ich im Original schon kannte. Die deutsche Übersetzung hieß *Endstation Sehnsucht*, und die Lektüre half mir, neue, unbekannte Worte dadurch zu verstehen, dass ich den Inhalt des Stücks schon kannte. Ich hatte den Film 1952 gesehen, also konnte ich mir deren Bedeutung dem Sinn nach kombinieren. Ich wohnte bei einer Pfarrerswitwe mit ihren Eltern und mit ihrem Sohn, die sehr nett zu mir waren. Es ging mir dort gut, und ich denke bis heute gerne an diese Zeit. Es waren kaum zwei Monate, aber sie hatten eine große Bedeutung für meinen weiteren Weg. Ich hatte genug Zeit, um mir zu überlegen, was ich nach Ende der Semesterferien machen wollte und konnte. Eines war aber sicher: Ich wollte nicht mehr zurück nach München. Meine bisherigen Erfahrungen dort waren schlecht, und wenn man kaum Geld hat, lebt man besser in einer kleinen Stadt.

Tübingen

Ich suchte also nach einer kleinen Universitätsstadt und beschloss, nach Tübingen zu gehen (ich hatte damals keine Ahnung, was und wo Tübingen war, ich bezog meine Informationen aus Touristikbüchern, Internet gab es noch nicht).

Zum Wintersemester 1960/61 ging ich also nach Tübingen. Heute weiß ich, dass diese Entscheidung die richtige war. Damals war ich nicht so sicher, denn das neue Kapitel in meinem Leben stellte mich vor neue Probleme und Fragen. Die Jahre in Tübingen bewahre ich als sehr gut in meiner Erinnerung. Ich hatte das Gefühl, endlich meinen Platz gefunden zu haben, und erreichte in den sieben Semestern dort einiges. Natürlich war nicht alles leicht und problemlos. Aber das Wesentliche war vorhanden. Ich bekam Hilfe von der Deutsch-Israelischen Studentengruppe, fand eine Studentenbude – in Reutlingen bei netten Wirtsleuten, die freundlich und sorgend waren. Ich blieb ein Jahr bei ihnen, bis ich ein Zimmer in Tübingen fand. Der Abschied von meinen Wirtsleuten fiel mir schwer.

Zu meiner Überraschung waren die medizinischen Studienpläne in Bayern damals anders als in der übrigen Republik. Das, was man in München im Sommersemester studieren konnte, studierte man an den anderen Universitäten im Winter. Um alle Scheine zu erhalten, die man für die Prüfungen brauchte, hätte ich nun ein Semester wiederholen müssen. Mit andern Worten: »sitzenbleiben«. Diese Erfahrung hatte ich ja schon einmal gemacht – in Israel 1952 – und beschloss, stattdessen das zusätzliche Semester zu benutzen und parallel zur Medizin Psychologie zu studieren. Also schrieb ich mich für Psychologie ein, was ohne Weiteres ging. Diese Entscheidung erwies sich später als goldrichtig. Gleichzeitig suchte ich nach einer Möglichkeit, Geld zu verdienen, denn es waren keine Unsummen, die ich in Bad Salzdetfurth verdient hatte, und das Ersparte schmolz relativ schnell dahin. Ich hatte wieder Glück, bekam eine Hilfsstelle als Pflegehelfer in der psychiatrischen Klinik. Diese Stelle war eine »Springer«-Stelle – das bedeutete, dass ich angerufen wurde, wenn ein Pfleger krank war und/oder nicht arbeiten konnte, aber das kam mir sehr entgegen. Vor allem mochte ich die Nachtdienste, denn ich konnte – wenn keine Notfälle kamen – lernen und lesen.

Von größter Bedeutung für mich war die Tatsache, dass ich nun in einer kleinen Universitätsstadt studierte. Ich war nicht länger auf die Straßenbahn angewiesen und konnte von einem Institut zum anderen in kürzester Zeit zu Fuß gehen, sodass ich an allen Seminaren teilnehmen konnte. Tübingen war damals eine typische Universitätsstadt. Ich hatte den Eindruck, dass eine Hälfte der Einwohner Studenten waren und die andere Hälfte von der Universität lebte, Akademiker, aber vor allem Einwohner Tübingens, die an Studenten Zimmer vermieteten und davon lebten. Studenten und Einwohner hatten eine spezielle Beziehung zueinander: Die Studenten wurden als »feine Herrele« tituliert, die urschwäbischen Vermieter als »Goggen«. Ich weiß bis heute nicht, was dieser Name bedeutet.

27

Als ich ein Zimmer im Studentenhaus beziehen konnte, machte mir der Hausverwalter folgendes Angebot: Ich könnte in der Zeit vor den Prüfungen gegen eine kleine Bezahlung mit seiner Familie zu Mittag essen, sodass ich keine Zeit aufs Kochen verschwenden müsste (das Essen in der Mensa in Tübingen war damals nicht gerade sehr schmackhaft: »Kartoffelsuppe: Man nehme 2 Kilogramm Salz und eine Prise Kartoffel« ... – wir versuchten, anderswo zu essen oder selbst zu kochen). Dieses Angebot nahm ich dankbar an. Denn mit dem Doppelstudium waren die Termine für Prüfungen, Seminare, Übungen und Testate recht dicht. Nach zwei Semestern kam das Vorphysikum (Chemie, Physik, Zoologie und Botanik), eineinhalb Jahre später das Physikum, ein Semester später das psychologische Vordiplom.

Ich möchte hier einen Rückblick auf meinen Abiturkurs in Israel einschalten. Unser damaliger Chemielehrer war sehr zwanghaft, rigide und extrem langweilig. Die Folge davon war, dass wir eigentlich nur Formeln auswendig lernten. Ich war aber der Meinung, dass Chemie interessant sein könnte, wenn man verstünde, dass es sich hier um bestimmte Vorgänge handelte, die einer dynamischen Gesetzmäßigkeit unterliegen. Mit einem solchen Verständnis brauchte ich nicht alles stur auswendig zu lernen. Daraufhin hatte ich Nachhilfestunden bei einem Chemiestudenten genommen, der in der Lage war, mir seine Liebe zur Chemie zu vermitteln. Diese Investition erwies sich als richtig und lohnend. Ich hatte in meinem Medizinstudium sowohl in Chemie als auch später in Biochemie und Pharmakologie keine besonderen Schwierigkeiten beim Lernen, im Gegenteil, ich hatte viel Freude – und gute Noten. Dadurch wurde ich bei den Examensgruppen recht beliebt.

Nach dem Bestehen der medizinischen Vorexamen konzentrierte ich mich auf die kommenden Vorprüfungen in Psychologie. Das Studium der Psychologie war eigentlich ereignisarm und viel leichter als das Studium der Medizin, aber auch für die damalige Zeit (1960–62) ziemlich veraltet. Das lag wohl daran, dass in der Nazi-Zeit kaum eine Verbindung zu ausländischen Wissenschaftlern möglich gewesen war, zumal viele von ihnen Juden waren. Man legte deswegen in Tübingen großen Wert auf die Typologie nach Kretschmer, nicht zuletzt weil Kretschmer ein Tübinger war. Seine Bücher waren natürlich Pflichtliteratur für uns, und ich erinnere mich, wie ich eines Tages, als ich am schwarzen Brett die Liste der empfohlenen Bücher gesehen hatte, laut ausrief: »Das ist aber die Höhe!« »Was ist die Höhe?«, fragte mich ein Kommilitone. »Schau mal, was da steht: ›Bitte stehend lesen!‹« »Nein«, sagte er, »hier steht: ›Bitte stehen lassen!‹« Freud ließ grüßen.

Kretschmer war für die deutsche Psychotherapie, besonders in Tübingen, so etwas wie ein Ersatz-Freud bzw. Ersatz für andere Psychologiegrößen, die aus Deutschland rausgeekelt worden waren. Er war auch kein Nazi, und deswegen durfte man mit ihm angeben. In Tübingen begegnete ich aber auch zum ersten Mal der braunen Vergangenheit Deutschlands persönlich. Ein älterer Professor, G. Pfahler, war während der Nazi-Zeit Ordinarius in Gießen, war in der Partei und in der SA. Er war 1945 von der französischen Besatzung entlassen worden, hatte aber seit 1952 wieder eine Lehrfunktion in Tübingen erhalten. So kam es, dass wir in Tübingen 1960 noch Rassenlehre zu studieren hatten. Ich musste eine meiner Vordiplomprüfungen bei ihm ablegen. Freundlicherweise wurde ich von ihm nicht über Rassenlehre befragt. Es gab auch gegensätzliche, positive Erfahrungen. Von einem anderen Dozenten der Psychologie, Professor Witte, erhielt ich den Rat, mich um ein Stipendium zu bemühen. Er besorgte mir einige Adressen, und tatsächlich schaffte ich es, ab 1962 ein Stipendium bei der Friedrich-Ebert-Stiftung zu erhalten. Somit war mein Studium finanziell gesichert, und ich brauchte keine Existenzängste mehr zu haben, konnte dadurch meine Eltern beruhigen, die sich noch immer Sorgen um mich machten. Diese Stiftung finanzierte dann mein Studium bis zu den Staatsexamen, veranstaltete Seminare, Reisen, Tagungen. Jede Universität hatte einen Vertrauensdozenten, zu dem man gehen konnte, wenn man Probleme hatte. Ich bin ihr sehr zu Dank verpflichtet.

Ich hatte den Traum von der Psychoanalyse nicht aufgegeben, wusste aber nicht, wie das zu erreichen war. Unser Dozent für »Tiefenpsychologie« war Pfahler, der natürlich nichts für Psychoanalyse übrig hatte (auch wollte ich mit ihm möglichst wenig Kontakt haben). Ich glaube nicht, dass es damals (1960–62) eine psychoanalytische Gesellschaft oder Arbeitsgruppe in Tübingen gab. Ich stellte mich dann bei einem privat praktizierenden Psychiater, Dr. W. Petry, vor und fragte nach seiner Meinung. Er fand, dass Psychoanalyse Unfug wäre, ich solle die Idee aufgeben (und er verschrieb mir Miltown, einen damals recht populären Tranquilizer). Dann fragte ich bei Gerda Barag nach, was sie mir vorschlagen würde. Sie antwortete, dass sie eigentlich niemanden in Deutschland kenne, man höre aber in Israel Gutes über Alexander Mitscherlich. Ich solle Kontakt mit ihm aufnehmen. Auf meine Anfrage antwortete Mitscherlich – damals noch in Heidelberg –, dass er zeitlich nicht in der Lage sei, mich zur Ausbildung zu übernehmen, empfahl mir aber Professor Richter in Berlin. Richter antwortete, dass er just in dieser Zeit von Berlin nach Gießen umziehe und schlug vor, dass ich ihn in Gießen treffen sollte.

Gießen

Der Winter 1962/63 war besonders kalt. Die Temperaturen waren und blieben über Monate unter dem Nullpunkt. Als ich im Frühjahr 1963 nach Gießen fuhr, um Richter zu treffen, lag überall Schnee. In Gießen war der Schnee grauschwarz, der Weg vom Bahnhof zum Klinikviertel war glatt und schmutzig. Allerdings lag das Klinikviertel recht nah am Bahnhof, sodass ich mich pünktlich in dem kleinen Haus einfand, das sich großspurig »Psychosomatische Klinik« nannte. Ein junger Mann, der wie ein Student im ersten Semester aussah, öffnete mir die Tür, fragte mich, ob ich der Amitai sei, und sagte: »Ich bin Richter.« »Ach was, sag bloß!«, sagte ich. Das schien ihm zu gefallen, und er lachte erfreut. Unser Gespräch verlief kurz. Er sagte mir, dass ich noch zwei oder drei Interviews zu absolvieren hätte, und schlug zwei Kolleginnen in Berlin vor. Außerdem wäre es gut, wenn ich mich bei Professor Mitscherlich vorstellen würde, denn das Gießener Institut war noch eine Filiale des Frankfurter Sigmund-Freud-Instituts, dessen Chef Mitscherlich war.

Ich fuhr nach Berlin und traf dort Frau Dräger und Frau Werner, beide Pionierinnen der Deutschen Psychoanalytischen Vereinigung nach dem Zweiten Weltkrieg. Sie waren äußerst liebenswürdig und freundlich zu mir. Das Interview mit Alexander Mitscherlich war nicht ganz einfach. Er stellte mir Fragen, die offensichtlich die Ernsthaftigkeit meiner Wünsche prüfen sollten oder aber auch meine Geistesgegenwart.

»Sie sind 26 Jahre alt. In den USA nehmen sie jetzt Kandidaten zur Ausbildung erst nach dem 30. Lebensjahr. Ich weiß nicht, ob Sie schon reif genug sind für die Ausbildung.« – »Ich habe einiges auf mich genommen. Ich war im Krieg 1956. Ich habe eine Analyse abgeschlossen und weiß nun, was ich will. Aber wenn ich nicht reif genug bin, werde ich mich gerne in einer Lehranalyse weiterentwickeln.« – »Meinen Sie aber nicht, dass eine Analyse in Ihrer Muttersprache besser für Sie wäre?«

Auf diese Frage war ich schon vorbereitet: »Ach, wissen Sie, *alle* Psychoanalytiker in Israel sind aus Deutschland und sprechen sehr schlecht Hebräisch. Wenn ich dort in eine Analyse gehe, werde ich sicher Deutsch mit ihnen sprechen.«

Mitscherlich schaute mich scharf an, musste dann aber lachen und sagte: »Ich glaube, ich sehe schon, was Sie wollen. Dann ok. Ich glaube, dass Sie es schaffen.«[3]

---

[3] Erst 20 Jahre später habe ich Mitscherlich wieder getroffen. Er kam mit seiner Frau Margarete nach Freiburg zu einem Seminar, das sie hielt. Er war sehr

Das letzte Interview absolvierte ich bei Margarete Mitscherlich. Sie war in den 1960er Jahren nicht so bekannt wie Alexander Mitscherlich, der damals ein Idol für die neue deutsche Jugend war. Später wurde sie zur Galionsfigur für die feministische Frauenbewegung deklariert. Das stimmte so nicht: Sicherlich war sie eine Kämpferin für die Gleichberechtigung der Frauen, aber sie hatte nichts gegen Männer. Als ich sie im Interview traf, war sie Mitte 40, eine sehr attraktive Frau. Ich schaute sie sehr anerkennend an, und es schien ihr zu gefallen. Auch dieses Interview verlief sehr positiv für mich. Ich ging nach Tübingen zurück, um die letzten Prüfungen des Vordiploms zu absolvieren. Am 20. Mai 1963 feierte ich mit meinen Kommilitonen, danach ging es mit dem frühen Zug nach Gießen.

Gießen war damals eine hässliche Stadt. Die Kriegsschäden waren noch sichtbar, neue Siedlungen wurden sehr schnell und offensichtlich planlos gebaut. Die Beziehung der Studenten zur Stadtbevölkerung war anders, als ich es in Tübingen erlebt hatte. Man kam sich wie ein Parasit vor, der sich für was Besseres hielt, weil er studierte. Die Stadt definierte sich nicht als Universitätsstadt wie Tübingen, der Umgang war schroffer. Das Studium der Psychologie in Gießen war mein zweiter Kulturschock. Die Fakultät war – dank Pfahler – Jahrzehnte lang geschlossen, untätig, 1963 war ich einer von drei Psychologiestudenten in Gießen. Auch lernte ich dort kaum etwas über Psychologie, wie ich sie mir vorstellte: Der Institutschef, Professor Wewetzer, erklärte die Psychoanalyse für unwissenschaftlich. Wir lernten vor allem Statistik und Faktorenanalyse. Die Diagnostik sollte wissenschaftlich und objektiv sein, daher waren projektive Tests verpönt, ebenso das Wort Psyche oder gar Seele. Paradoxerweise wurde der Farbpyramiden-Test von Lüscher empfohlen, obwohl er noch »unwissenschaftlicher« als Rorschach oder TAT etc. ist. Im November 1964 schaffte ich mein Psychologiediplom in Gießen mit der schlechtestmöglichen Note. Daraufhin war ich einige Zeit deprimiert. Ich beschloss, etwas dagegen zu unternehmen, und einige Monate in einer Erziehungsberatungsstelle in Weilburg als Psychologe zu arbeiten, was mir sehr guttat.

Völlig anders war die Situation im Medizinstudium und die Ausbildung in der psychosomatischen Klinik. Dank des Numerus clausus waren wir nur 20 Studenten pro Semester, völlig anders als in Tübingen, da waren wir 200 (!). Die Dozenten hatten mehr Zeit für jeden Studenten. Das Studium war zwar intensiver als in Tübingen, aber viel interessanter. Ich hatte es

---

krank und abgebaut. Er schaute mich, mitten in einer Diskussion, an und sagte ganz laut: »Es kann sein, dass ich mich unsterblich blamiere, aber sind Sie nicht der Herr Amitai?« Ich musste mich sehr zurückhalten und gegen meine Tränen ankämpfen.

auch leichter als in Tübingen. Ich bekam ein Zimmer im Studentenhaus für 70 DM monatlich, von der Friedrich-Ebert-Stiftung erhielt ich 200 DM. Man konnte sich zwar nicht gerade Luxus leisten, aber man hungerte nicht. Während meiner Tübinger Zeit hatte mir Gerda Barag die Berliner Adresse einer langjährigen Freundin mitgeteilt. Regina Weiss war eine Juristin, die in Berlin die Wiedergutmachungsanträge bearbeitete und offensichtlich wohlhabend war. Ich lernte sie kennen, und wir blieben befreundet bis zu ihrem Tod 1981. Sie überwies mir regelmäßig Geldbeträge, die mein Vater ihrem in Israel lebenden Bruder auszahlte.

Richter tat viel für die Psychoanalyse in Deutschland und war auch politisch und sozial sehr engagiert, was wiederum ein Grund für manche Stundenausfälle war. Ich hatte damals kein Telefon, und daher konnte er mich nicht über den Ausfall von Terminen informieren, und so kam ich zur Sitzung, nur um zu hören, dass die Sitzung ausfallen müsse, da Richter unterwegs sei. Natürlich war ich frustriert und gekränkt, aber hier half keine Deutung, da diese Ausfälle real und nicht phantasiert waren und keine Deutung sie ungeschehen machen konnte. Ich versuchte, mit diesen Ausfällen zurechtzukommen, erlebte mich aber als klein und unbedeutend. Ein bitterer Nachgeschmack blieb zurück. 1965 teilte ich ihm mit, dass ich für eine Woche in die Toskana fahren wolle. Er fragte mich, wie ich die Reise finanzieren wolle – denn er wusste, dass ich nicht gerade viel Geld hatte. Ich sagte ihm, dass ich vorhabe, die Reise mit dem Geld zu finanzieren, das ich durch die ausgefallenen Stunden sparen würde. Ich war auf meine Antwort sehr stolz, da ich wusste, dass er kaum fordern konnte, dass ich die ausgefallenen Stunden bezahlen solle. Leider dauerte meine Schadenfreude nicht lang. Die Toskana-Reise war sehr schön, allerdings hatte ich fünf Tage lang massive Kopfschmerzen, die medikamentenresistent waren. Natürlich wusste ich ganz genau, warum und worauf ich mit diesen Schmerzen reagierte, aber das Wissen half mir auch nicht. Erst in den letzten zwei Tagen konnte ich die Reise einigermaßen genießen. Ich muss allerdings zugeben, dass Richter sehr freundlich und hilfsbereit war. Das hinderte mich, direkt aggressiv zu reagieren. Er legte Wert darauf, dass wir Kandidaten unsere Zwischenprüfungen möglichst schnell absolvieren sollten, sodass ich mein Vorkolloquium 1965 bestand, kaum einundhalb Jahre nach Beginn meiner psychoanalytischen Ausbildung.

Dänemark

Im Jahre 1963 fuhr ich mit der Friedrich-Ebert-Stiftung nach Skandinavien mit einer Zwischenstation in Kopenhagen. Ich ging mit zwei dänischen Freunden in den Tivoli, den Vergnügungspark, der mir damals riesig zu sein schien – vor allem deswegen, weil ich dort kaum etwas bezahlen konnte. So bewunderte ich alles nur und nahm mir vor, später zurückzukommen, wenn ich den Park wirklich – also auch pekuniär – genießen könnte.

1964 begann ich, Dänisch zu lernen, was ich bis heute als ein verrücktes Unternehmen betrachte. Die Sprache selbst ist nicht schwer, wenn man Deutsch und Englisch spricht. Aber die Aussprache der Dänen ist dermaßen merkwürdig, dass ich tatsächlich sagen kann: Ich kann Dänisch schreiben, lesen und sprechen, aber ich verstehe die Aussprache nicht! 1965 kam ich nach Frederiksværk (einen kleinen Ort in Seeland), um in dem Ortskrankenhaus zu famulieren. Ich erlebte dort sehr schöne Wochen. Die Kollegen und die Patienten waren sehr freundlich zu mir, zumal es nicht selbstverständlich für sie war, dass ich Dänisch gelernt hatte. Sie bewunderten mich dafür, dass ich nach relativ kurzer Zeit Anamnesen schreiben konnte, und hielten mich für ein Sprachgenie. Dabei war es gar keine Wunderleistung, Anamnesen zu verfassen. Man brauchte nur den Namen des Patienten zu schreiben, dann »foedt« (geboren) plus Datum, und dann die Namen und Daten der bisherigen Krankheiten, die natürlich fast identisch mit den deutschen oder englischen Bezeichnungen waren. Zusätzlich lernte ich folgenden Zaubersatz:. »Kann du vaer saa venlig at taele langsomt og tyddelig med mig, saa jeg kann forstaa dig« (»Kannst du so freundlich sein, langsam und deutlich mit mir zu sprechen, sodass ich dich verstehen kann«). Diesen Satz konnte ich nun schnell und richtig aussprechen, sodass meine Gesprächspartner sicher waren, dass ich die Sprache verstünde und nur sehr bescheiden wäre …

1966 absolvierte ich ein Praktikum im Regionalkrankenhaus Frederiksborg in Hillerød. Anders als in Unikliniken in Deutschland konnte ich eine Bescheinigung über mein Praktikum bekommen und wurde noch dazu für meine damaligen Verhältnisse gut bezahlt. Diese Klinik hatte einen sehr menschlichen Umgang mit moribunden Patienten. Es wurden Studenten zu »Faestvagt« (Wache) eingeteilt, um dort neben sterbenden Patienten zu sitzen, Puls und Blutdruck zu messen und sie nicht alleine sterben zu lassen. Eines Tages wurde ich gebeten, bei einer 83-jährigen Patientin zu wachen, die wohl nach einem Herzinfarkt im Sterben lag. Als ich neben ihr saß, hörte ich, dass sie, wenn sie Schmerzen hatte, auf Deutsch stöhnte. Ich fragte sie, wie es dazu käme, und sie antwortete, dass sie eigentlich Deutsche sei, aber seit ihrem siebten Lebensjahr in Dänemark lebe. Sie sagte mir, dass sie keine Angst vor dem Tode habe. Ihr Mann sei vor 20 Jahren gestorben, und sie freue sich, ihn wiederzutreffen, wovon sie überzeugt war. Sie hatte aber eine Bitte an mich: Sie habe fünf Töchter in Hillerød, aber einen Sohn, der auf dem Weg von Fünen nach Seeland sei. Er sollte um 23 Uhr eintreffen, und sie bitte mich, aufzupassen, dass sie nicht vorher stürbe. Das versprach ich ihr. Wir unterhielten uns gut, und wenn sie Schmerzen hatte, hielten wir unsere Hände und sagten laut: »Unkraut vergeht nicht!«, bis es ihr besser ging. Ihr Sohn kam um 2 Uhr früh, und sie lebte noch bis 5 Uhr morgens. Was ich nicht wusste, sie war die Witwe eines ehemaligen dänischen Premierministers und war als solche in der Kleinstadt Hillerød bekannt und respektiert. (Kein Wunder, dass ich es nicht wissen konnte: In Dänemark gibt es im Wesentlichen nur vier Namen: Andersen, Olsen, Petersen, Jacobsen …). Irgendwie sprach sich diese Geschichte in der Kleinstadt herum, und fortan wurde ich von vielen Menschen, die ich gar nicht kannte, herzlich begrüßt und überall eingeladen.

Die Zeit in Hillerød habe ich noch immer als sehr glücklich in Erinnerung. Ich liebte meine Arbeit dort und fühlte mich von Patienten und Kollegen gemocht und verliebte mich in eine dänische Medizinstudentin, die ebenfalls in der Klinik in Hillerød famulierte. Wir hatten eine wunderschöne Zeit zusammen. Ich wollte gerne weiter in Dänemark bleiben, aber das war unmöglich. Ich konnte meine Ausbildung dort nicht fortsetzen (es gab damals nur eine kleine psychoanalytische Arbeitsgruppe in Kopenhagen, in der ich meine Ausbildung nicht hätte fortsetzen können), und ich hätte meine finanzielle Förderung verloren – die Stiftung hätte mein Studium im Ausland nicht bezahlt. Ich wollte meine Hungererfahrungen der ersten Studienjahre nicht noch einmal erleben. Meine Freundin wollte aber nicht nach Deutschland mitkommen, da sie kein Deutsch sprach und ihrerseits ihr Studium nicht unterbrechen wollte. Also kehrte ich allein und traurig nach Gießen zurück und bereitete mich auf die Staatsexamina vor, die ab März 1967 beginnen sollten.

Die Prüfungsvorbereitungen liefen gut an. Ich hatte ein sehr gutes Gefühl, das Lernen fiel mir leicht. Ich hatte eine sehr freundliche Examensgruppe, es sah alles problemlos aus.

Der 6-Tage-Krieg

Im April 1967 kam es zu erhöhten Spannungen zwischen Ägypten und Israel. Nasser – der damalige ägyptische Herrscher – schloss die Tiran-Meerenge zwischen dem Golf von Aquaba und dem Roten Meer, wodurch die südliche Seefahrt und die Energiezufuhr von und nach Israel abgeschnitten wurden. Täglich gab es Meldungen, was die arabischen Staaten mit Israel vorhatten, nämlich das Land zu zerstören und seine Bewohner zu töten. Dieser Zustand dauerte vier Wochen, die man in Israel »Hamtana« – »Warten« – nannte, bevor Israel zuschlug. In diesen Wochen war es für mich kaum möglich, mich zu konzentrieren und auf die Examina vorzubereiten, aber ich schaffte es irgendwie doch – bis zum 5. Juni 1967, als der Krieg begann. An diesem Tag hatte ich eine Hygiene- und eine Virologieprüfung. Ich war nicht in der Lage, überhaupt etwas zu lernen, außer einem Thema in Virologie. Glücklicherweise befragte der Prüfer mich genau dazu. Unglücklicherweise stellte er auch noch andere Fragen, sodass ich die Prüfung zwar bestand, aber nicht mit Glanz und Gloria, was mir aber ziemlich egal war. Ab dem zweiten Kriegstag zeigte es sich, dass Israel siegreich sein würde, sodass ich ein klein wenig ruhiger wurde, ohne dass ich mich optimal auf die Examina konzentrieren konnte. Nach einer Woche war der Spuk vorbei, ich konnte mich wieder auf die Prüfungen vorbereiten und fieberte meiner Reise nach Israel – nach Beendigung der Examina – entgegen. Ich hatte vor, als Arzt mit Kriegsverletzten zu arbeiten. Allerdings hatte ich nicht mit der israelischen Bürokratie gerechnet. Als ich in Israel landete, fand ich das Land verändert vor. Alle waren – verständlicherweise – in Hochstimmung, man war optimistisch und hoffte, dass nach diesem Krieg ein Frieden erreicht werden konnte. Diese Illusion platzte sehr schnell, nachdem die arabischen Länder beschlossen hatten: »Keine Gespräche. Keine Anerkennung. Kein Frieden.« So begann der noch heute andauernde Krieg mit den Palästinensern.

Ich versuchte – wie ich vorher angekündigt hatte – in den drei Wochen meines Aufenthalts mit Verletzten zu arbeiten. Dafür musste ich eine Bescheinigung haben, die ich in der Kirya (einem Teil von Tel Aviv) von einem Beamten namens – sagen wir – Moshe Cohen erhalten sollte (der Name stimmt nicht, aber ich kann und will mich nach 47 Jahren nicht an den Namen erinnern). Als ich sein Büro fand, hieß es, er sei im Urlaub, ich solle im Nebenbüro anfragen, das aber Bescheinigungen für Veterinärmediziner bearbeitete. Dessen Nachbar bearbeitete Bescheinigungen für Apotheker etc. etc. Ein anderer Beamter erklärte mir, dass ich eine notarielle Bescheinigung für die Übersetzung meiner Papiere von Deutsch in Hebräisch vorlegen müsste, und es war eine via dolorosa, bis ich die notarielle Bescheinigung bekommen hatte. Als ich mit allen notwendigen Unterlagen wieder in die Kirya kam, war Moshe Cohen da. Er prüfte meine Papiere und erklärte mir, ich solle in sechs Wochen wiederkommen.

»Sorry, aber ich bin nur drei Wochen hier und will als Arzt mit Verletzten arbeiten, eine Woche habe ich schon verloren, weil Sie in Urlaub waren, nicht ich!«

»Ihr Pech!«

»Nein, das ist das Pech der Verletzten, die einen Arzt weniger haben, weil Sie mit deren Schicksal spielen!«

Da blähte er sich auf wie ein Frosch und sagte: »Für was halten Sie sich, für einen Nationalschatz?«

Ich sah nun rot und erwiderte: »Ich mag wohl kein Nationalschatz sein, aber ich sage Ihnen, wofür ich Sie halte: Für ein Stück Scheiße!«

Nun war es nicht mehr möglich, in Tel Aviv die Bescheinigung zu bekommen ...

Eine Woche später riet mir mein Vater: »Es wäre vielleicht vernünftig, im Gesundheitsministerium in Jerusalem zu versuchen, die Bescheinigung zu bekommen.« Das tat ich auch und kam zu meinem Erstaunen sehr schnell zu einer sehr freundlichen Beamtin, die mich – nach Prüfung meiner Zeugnisse – fragte, wofür ich eigentlich eine notarielle Bescheinigung brauchte: »Man versteht doch Deutsch in Israel! Für wann brauchen Sie die Bescheinigung? An sich brauchen wir zwei Tage dafür, aber wenn es dringend ist, können Sie sie in einer Stunde bekommen!« Ich war völlig verdutzt und sagte: »Aber in Tel Aviv sagte man mir ...«

»Ach, Tel Aviv! Die sind doch bescheuert«! Damit endete meine medizinische Karriere in Israel.

Medizinalpraktikant

Nun war ich ein »Jungarzt« – das bedeutete: Arzt, aber noch nicht so ganz ... Wir mussten erst zwei Jahre als Medizinalpraktikanten (MPs) verbringen, wovon ich je sechs Monate in der Chirugie und Gynäkologie und ein Jahr in der Inneren Medizin in der Tbc-Heilstätte Seltersberg ableistete. Diese Zeit war anstrengend, aber ich denke gerne an sie zurück. Da ich mein Studium beendet hatte, endete auch die finanzielle Hilfe seitens der Friedrich-Ebert-Stiftung. Ich verdiente nunmehr mein eigenes Geld, allerdings nur monatlich 450 DM brutto. Davon konnte ich meinen Lebensunterhalt plus Lehranalyse nicht bezahlen, so sehr mir Richter finanziell entgegenkam. Ich besserte also meinen Etat mit Blutspenden auf. Doch anstatt einmal in acht Wochen zu spenden, tat ich es sowohl in der Uniklinik als auch beim Roten Kreuz, also alle vier Wochen. In der Zwischenzeit schluckte ich fleißig Eisentabletten. Ich war damals gewarnt, dass das meiner Gesundheit schaden könnte, aber das war bei mir nicht der Fall, und 120 DM monatlich extra waren mehr als 60 ...

Nach der Medizinalpraktikantenzeit arbeitete ich ein weiteres Jahr als Stationsarzt in der Tuberkuloseheilstätte. Die Institution »Tbc-Heilstätte« existiert wohl nicht mehr, damals gab es viel mehr Tb-Patienten als heute. Meine Vorstellung von einer »Heilstätte« war aus Büchern von Thomas Mann und Erich Maria Remarque geprägt. In der Realität sah alles anders aus. Die meisten Patienten waren keineswegs schwindsüchtige Adelige oder Millionäre, sondern chronisch Kranke, die häufig ihre notwendigen Medikamente nicht einnahmen, da diese den Wein bitter schmecken ließen, das heißt, viele tranken, waren ohne Beschäftigung und daher gelangweilt. Die Arbeit für mich war ziemlich leicht. Ich hatte meine täglichen Dienstpflichten (Infusionen legen, Visite) schnell beendet und genug Zeit, mich auf meine analytische Ausbildung zu konzentrieren. Ich verdiente auch besser als in der Uniklinik, hatte zudem eine Miniwohnung auf dem Gelände der Heilstätte und konnte einen Gebrauchtwagen kaufen.

1968 – ein Jahr, das in Deutschland große Bedeutung hatte

Im Jahre 1968 kam es erst in Frankreich, dann in Deutschland zu gewaltigen Protesten gegen die jeweiligen Regierungen. Man nannte diese Bewegung zunächst die »Studentenrevolution«, Jahre später hieß sie die 68er-Zeit. Die damals jungen Leute nannten sich »die 68er«. Im Vordergrund stand anfangs die Forderung der Studenten, mehr über die Nazizeit zu erfahren, das Schweigen darüber zu brechen.

Die weitere Entwicklung ging aber in Richtung sozialer Forderungen. Es bildeten sich mehrere politische Gruppen, die meist links bis sehr links waren, damals von uns »K-Gruppen« genannt. Ich stand dieser Bewegung recht distanziert gegenüber. Obwohl ich mich – wie die meisten jungen Akademiker damals – links wähnte, waren die Wünsche und Forderungen der Studenten mir persönlich nicht so wichtig. Ich sympathisierte aber mit den Forderungen der Studenten, mit der Nazizeit aufzuräumen. Das war sehr wichtig, denn in Deutschland war damals ein ehemaliger Nazi (Kiesinger) Kanzler. Das Bearbeiten der Vergangenheit war meines Erachtens ein deutsches Problem. Ich war über diese Zeit ohnehin informiert, und es war nicht direkt mein Anliegen, diese Zeit zu bearbeiten. Viel beunruhigender für mich war die Erfahrung, dass die Linksgruppen eine politische Entwicklung nahmen, die immer mehr antiisraelisch, ja sogar antisemitisch wurde. Die besiegten Araber waren nun die Underdogs, die Israelis waren die blutrünstigen Unterdrücker. Ich war damals zu Vorträgen und Diskussionsabenden eingeladen, in deren Verlauf ich persönlich massiv attackiert wurde. Ich gehörte aber auch deswegen nicht dazu, weil ich »ein Arrivierter« war und 30 Jahre alt. Eine Parole der 68er hieß: »Traue keinem über 30.« Ich gehörte nicht dazu. Kurz, ich war ein Fremder. Anfangs war ich davon unangenehm überrascht. Es traf mich allerdings nicht wirklich. Ich ging einfach auf Distanz und hatte andere Interessen und Probleme, die mir näher und wichtiger waren: meine analytische Ausbildung und berufliche Entwicklung und die Erkrankung meines Vaters.

Ähnlich wie mir gegenüber gestaltete sich die Beziehung der 68er zur Psychoanalyse. Anfangs wurde die Psychoanalyse dort hofiert und hochgeschätzt, mit der ehrlichen Vorstellung, dass man mit der Psychoanalyse die Welt oder zumindest die Gesellschaft ändern könnte. Man konnte sich mit der Psychoanalyse, die damals noch nicht so salonfähig wie heute war, identifizieren. So wurde Freud, der seinerzeit ein Rebell gegen die arrivierte Psychiatrie gewesen war, auch idealisiert. Die großen Persönlichkeiten der deutschen Psychoanalyse dieser Zeit waren anfangs sehr begehrt, vor allem Mitscherlich, Richter und Cremerius. Sehr schnell aber wurde die Psychoanalyse als »bürgerliche Wissenschaft« abgelehnt. Idealisiert wurde nun Wilhelm Reich, nicht zuletzt weil er als »Rebell« von den Psychoanalytikern in der IPV unterdrückt worden sei. Seine Orgon-Therapie wurde empfohlen, obwohl niemand wirklich wusste, was diese Therapie bedeutete und wie sie tatsächlich wirkte. Eine der politischen K-Gruppen nannte sich MRI, »Marxistisch-Reichistische Initiative«, deren Mitglieder sich nicht bei einem IPA-Mitglied behandeln lassen durften. Es ist mir bis heute nicht bekannt, welche Therapeuten für die MRI eigentlich koscher waren. Eine ähnliche Entwicklung nahm die Frauenbewegung der 1970er Jahre um Alice Schwarzer. Eine Frauenzeitung namens *Courage* riet Frauen, keine Psychotherapie bei einem männlichen Analytiker zu machen. Die Freudianer wollten ja die Frauen wieder »anpassen« – an die männliche Herrschaft. Empfohlen war hingegen Margarete Mitscherlich. (Ich glaube, sie ahnte damals nichts von diesem ihrem »Glück«.)

Mein Vater

Im Frühjahr 1968 schrieb mir meine Mutter, dass mein Vater Darmblutungen habe. Der Arzt hatte bei ihm ein »gutartiges« Magengeschwür diagnostiziert. Sie aber glaube nicht daran und fürchte das Schlimmste. Leider behielt sie recht. Einige Monate später wurde ein größerer maligner Tumor in seinem Magen gefunden, der wahrscheinlich schon metastasiert hatte. Ich flog sofort nach Israel, um vor und nach der Operation bei ihm zu sein. Es berührte ihn sehr, und ich war froh darüber. Leider war die postoperative Entwicklung sehr schlecht. Er verlor schnell an Gewicht, und im Frühjahr 1969 entwickelte sich bei ihm eine Gelbsucht. Es war mir klar, dass er Lebermetastasen hatte und dass er nicht mehr lange leben würde. Ich fuhr dann mit dem Wagen und per Schiff nach Israel. Ich nahm mir drei Wochen Urlaub von der Klinik mit der Option, diese Urlaubszeit zur Not verlängern zu können. Ich betete zu Gott, dass ich noch rechtzeitig ankommen würde, dass er nicht in der Klinik sterben müsse und dass ich die Möglichkeit hätte, seine Schmerzen zu lindern. All diese Wünsche erfüllten sich.

Diese drei Wochen gehörten zu den intensivsten und wichtigsten Zeiten meines bisherigen Lebens. Ich war mit meinem Vater Tag und Nacht zusammen, konnte ihn pflegen und beruhigen. Wenn ich einkaufen ging, musste ich ihm sagen, wann ich genau zurückkommen würde. Wenn ich zehn Minuten zu spät kam, zitterte er vor Angst. Wir sprachen viel miteinander, aber viel wichtiger war die Nähe, auch die körperliche, denn er ließ sich wie ein Kleinkind von mir pflegen. Nur von mir.

Am Tag vor dem Pessach-Fest sagte er: »Ich muss bald sterben oder gesunden, damit du rechtzeitig zu deiner Klinik zurückfahren kannst!« Ich antwortete: »Mach dir keine Gedanken, es geht schon in Ordnung.« Dann sagte er mir: »Geh zu deiner Schwester Pessach feiern, ich kann es nicht mehr.« Kaum war ich bei ihr, rief meine Mutter an und sagte, es ginge ihm sehr schlecht. Ich fuhr sofort zurück. Er war bewusstlos, hatte massive Schmerzen und stöhnte laut. Ich gab ihm Morphin, und er schlief ein. Ich wachte die Nacht und den nächsten Morgen neben seinem Bett. Am Mittag wachte er auf und umarmte mich. Ich rief meine Mutter zu ihm, und er umarmte auch sie und dann meine Schwester. Dann starb er ruhig in meinen Armen.

Es ist traurig, seinen Vater zu verlieren, aber ich war nicht traurig. Ich war froh und dankbar, dass wir noch zueinander gefunden hatten und dass er sich von mir so hatte verabschieden können. Das ist eine der wichtigsten Erfahrungen in meinem Leben, die ich meiner Analyse verdanke und die ich nicht missen möchte.

Bad Nauheim

Im Juli 1970 war meine Stelle in der Heilstätte ausgelaufen. Ich suchte eine Stelle in der Psychiatrischen Landesklinik in Gießen, aber alle Stellen dort waren besetzt.

Meine psychologische und psychotherapeutische Ausbildung half mir dabei nicht. Ich vermute, dass meine psychoanalytische Ausbildung für die damalige Psychiatrie eher hinderlich war. Ich konnte meine Stelle in der Heilstätte letztmalig um weitere drei Monate verlängern, aber die Zeit danach drohte schwer zu werden. Ich musste eine Stelle in der Nähe von Gießen finden, denn dort hatte ich meine psychoanalytische Ausbildung und meine supervidierten Analysen, die ich für mein Colloquium brauchte. Ich fand dort keine Stelle. Die einzig noch mögliche Stelle gab es in einer Kleinstadt, ca. 120 km von Gießen entfernt. Das wäre mit meiner Ausbildung kaum zu vereinbaren gewesen. Im April 1969 musste ich endgültig meine Dienstwohnung in der Heilstätte verlassen und wusste nicht wohin. Am vorletzten Arbeitstag in der Heilstätte ging ich zum damaligen Oberarzt der Psychosomatischen Klinik in Gießen, Gerd Heising, und sagte: »Herr Heising, ich brauche eine Stelle!« Zu meinem Erstaunen sagte er: »Soeben hatte ich einen Anruf von einem Dr. Dickhaut, Chef einer psychotherapeutischen Klinik, Burghof-Klinik in Bad Nauheim, der einen Arzt braucht.« Eine halbe Stunde später war ich in Bad Nauheim – 30 km südlich von Gießen. Eine Stunde später hatte ich eine Stelle als Stationsarzt in der Burghof-Klinik. Ich blieb dort bis Herbst 1972

Als ich meine Arbeit in der Burghof-Klinik aufnahm, war sie eine Kurklinik für psychiatrische Patienten. Sie sah aus wie ein Sanatorium in älteren Fellini-Filmen: kaum Psychotherapie, dafür mehr Medikamente. Die 20 Patienten – es waren vorwiegend ältere Privatpatienten – hatten einen Kuraufenthalt, Visiten, aber kaum Psychotherapie, wie ich sie verstand. Dr. Dickhaut war ein Psychiater der alten Schule, ein freundlicher Mann, der sehr gerne die Arbeit an mich delegierte, wofür er aber mein Gehalt erhöhte. Ich verdiente erstmals sehr gut, bekam zudem eine Dienstwohnung ganz nah bei der Klinik, sodass ich die vielen Nachtdienste nicht in der Klinik verbringen musste. Als der damalige Oberarzt gleich darauf die Klinik verließ, wurde ich Funktionsoberarzt. Mein bester Freund Peter Hasenknopf wurde als Stationsarzt angestellt. Peter und seine damalige Frau Odrun waren gute Freunde seit der Studienzeit. Beide waren Bayern, also ebenfalls fremd im hessischen Gießen. Nach ihrer Praktikantenzeit hatten beide eine psychoanalytische Ausbildung in Gießen begonnen. Peter und ich standen uns besonders nah. Da er ein Jahr jünger als ich war, sah er mich als seinen großen Bruder an und nannte mich auch so, und so war ich zum ersten Mal der ältere Bruder. Die Freundschaft ist trotz späterer Entfernungen über Jahrzehnte eng geblieben. In den Klinikjahren waren wir ein ausgesprochen gutes Team. Neben der gemeinsamen Arbeit haben wir viel gefeiert, nicht zuletzt im Hause unseres Chefs Dickhaut und seiner

Frau, mit denen wir uns sehr schnell auch persönlich und privat befreundeten. Es war eine schöne, intensive Zeit.

Unsere Arbeit mit Drogen – der Apomorphin-Versuch

In der 68er-Zeit wurde der immer häufiger werdende Gebrauch von Drogen über die Medien bekannt. Wie viele andere, auch und vor allem Ärzte, hatte ich damals so gut wie keine Ahnung von Drogen, kannte die Unterschiede zwischen »weichen« und »harten« Drogen nicht, und das bedeutete, dass wir alle Konsumenten von Drogen in einen Topf warfen. Bis wir eines Tages den Schriftsteller Jörg Fauser kennenlernten. Jörg kam zu uns, weil er sich überlegte, bei mir eine Therapie zu machen. Er war aber sehr ambivalent und besuchte uns mehrmals in der Klinik und erzählte uns von seinen Erfahrungen mit seiner Opiatsucht. Er empfahl uns, das Buch *Naked Lunch* von William S. Burroughs zu lesen. Burroughs schildert dort seine Erfahrung mit Apomorphin[4] als Antidot bei Opiatentzug. Minimale Dosen von Apomorphin sollten die schlimmen Begleiterscheinungen des Entzugs, den sogenannten »Cold Turkey«, verhindern. Jörg berichtete von einem Dr. Feldmann, einem Psychiater in Genf, der seit Jahren mit Apomorphin bei Alkoholentzug arbeitete. Wir – es waren Dr. Dickhaut und Frau, Christoph von Gierke, ein junger Kandidat aus Frankfurt, und ich – fuhren nach Genf, um mit Dr. Feldmann über seine Erfahrungen zu sprechen. Wir waren von seinen Berichten so angetan, dass wir beschlossen, einen Versuch mit opiatsüchtigen Jugendlichen zu starten. Die ersten Erfahrungen waren begeisternd. Die Patienten – es waren damals vier Jugendliche – bestanden den Entzug ohne Komplikationen. Nach acht Tagen waren sie »clean« – oder so dachten wir. Es dauerte nicht lange, bis wir entdecken mussten, dass die Patienten nach dem Entzug keineswegs »geheilt« waren. Sie waren vielleicht nicht mehr körperlich abhängig. Die seelische Abhängigkeit war jedoch schwerwiegender. Unsere Patienten waren seelisch strukturell völlig unreif, in ihrer oralen Phase fixiert.

Wir versuchten, sie analytisch zu behandeln, wofür sie nicht geeignet waren. Ein wenig besser ging es mit Gruppentherapie. Mittlerweile kamen immer mehr Jugendliche zu uns, einige, die wirklich aufhören wollten, andere, weil sie zeitweise keinen Stoff kaufen konnten und den erzwungenen

---

[4] Apomorphin ist eine Methylform von Morphin, die keine rauscherzeugenden Eigenschaften hat und damals als Brechmittel bei der Bekämpfung von Vergiftungen diente.

Entzug ohne Cold Turkey überstehen wollten. Wir behandelten sie stationär, was der Klinik massive finanzielle Schäden verursachte. Die Stammpatienten der Klinik, die privat versichert waren, wollten nicht zusammen mit den »Hashishniks« wohnen. Die Kassen unterstützten uns nicht. Ich bewunderte den Mut und die Geduld von Dr. Dickhaut, der diese finanziellen Verluste erlitt und uns trotzdem erlaubte weiterzuwursteln.

Wir – es waren vor allem Peter und ich – versuchten, Informationen und Supervision zu erhalten, waren jedoch nicht sehr erfolgreich. Andererseits mussten wir Polizeikontrollen und Rauschgiftdezernatuntersuchungen über uns ergehen lassen, und obwohl wir uns als »Wegweiser« sahen, konnten wir nicht mehr lange so weitermachen, zumal die therapeutischen Erfolge minimal waren.

Ende 1971 entdeckte die Polizei, dass eine Reihe von Apothekeneinbrüchen in Bad Nauheim und Friedberg von unseren Patienten verübt worden waren. Diese leugneten zwar hartnäckig, aber die Polizei fand einige blutige Spritzen neben den Betten unserer Patienten. Wir konnten nicht mehr darüber hinwegsehen, dass die Klinik hinter unserem Rücken zum Ausgangspunkt der Einbrüche geworden war. Ich war enttäuscht, wütend und traurig. Es war mir aber klar, dass wir so nicht weitermachen konnten, dass ich so nicht weitermachen wollte. Ich sagte mir: »Du bist doch kein Masochist!« Ich fühlte mich auch verpflichtet, den finanziellen Schaden der Klinik einigermaßen zu begrenzen. Deshalb brachen wir unser Experiment schweren Herzens ab und nahmen wieder mehr Privatpatienten auf. Das Leben normalisierte sich wieder. Ich war erleichtert, aber nicht wirklich froh.

Das Colloquium

Während dieser Zeit setzte ich meine psychoanalytische Ausbildung fort. Das Vorcolloquium bestand ich 1965, begann aber erst nach dem Ende meines Medizinstudiums, Patienten unter Supervision zu behandeln. Wir damaligen Ausbildungskandidaten suchten am liebsten selbstzahlende »klassisch«-hysterische Patientinnen. Da ich nicht in der psychosomatischen Klinik arbeitete, musste ich mich mit dem ungeliebten Rest begnügen. So kam ich auf die Zwangsneurose. An sich wollte niemand mit zwanghaften Patienten arbeiten, auch ich nicht. Aber sie wurden von der psychosomatischen Ambulanz an mich weitergeleitet. Ich wollte sie ablehnen, aber das hätte bedeutet, dass meine Ausbildung unendlich lange dauern würde. Das wollte ich natürlich nicht. Ich ging mit meinem Dilemma zu Cremerius, der mein Supervisor und Freund werden sollte. Er hörte mich an und sagte: »Nehmen Sie diese Patienten. Sie werden Ihre Karriere mit ihnen machen!« So begann ich 1968 mit der Behandlung eines depressiven, zwanghaften Patienten und wurde von Cremerius supervidiert.

Die Anfangszeit war wirklich schwer. W., mein Patient, war sehr ambivalent, was die Behandlung bei mir anging. Ich war damals 29 Jahre alt und sah wirklich nicht wie ein erfahrener Therapeut aus. Ich war es auch nicht, und sicher war ich auch nicht. Ohne Cremerius hätte ich die Behandlung bestimmt abgebrochen. W. seinerseits drohte auch mit Abbruch. Ich verdankte es Cremerius, dass ich cool und ruhig blieb, weil ich verstanden hatte, dass W. diese Drohungen gegen sich selbst richtete. Ich deutete es, und er konnte es allmählich akzeptieren. So bin ich Herrn Cremerius und meinem Colloquiumpatienten W. bis heute dankbar, dass ich die Möglichkeit hatte, mit einer Zwangsneurose zu arbeiten, denn ich fand heraus, dass ich diese Arbeit gerne mache und dass ich in der Lage bin, meine Kenntnisse weiterzugeben. Am 13. April 1971 hatte ich meine letzte berufliche Prüfung, das psychoanalytische Colloquium, bestanden und war nun Mitglied der DPV, die damals noch klein und übersichtlich war. Ich richtete nun meine Anstrengungen gezielt darauf, die finanzielle Notlage der Klinik – nach den Verlusten mit den Suchtpatienten – auszugleichen und gleichzeitig eine weitere Supervision zu beginnen, dieses Mal bei Samir Stephanos.

Stephanos wurde in Ägypten in eine griechische Familie geboren. Er kam 1969 nach Gießen, seine Ausbildung hatte er – zumindest teilweise – in Frankreich gemacht.

Er war eine auffallende Erscheinung, passte nicht zum üblichen Therapeutenbild und wirkte auf viele Kollegen sehr arrogant. Ich sagte damals: »Wir sind uns beide einig, dass er ein Genie ist!« Der Meinung bin ich heute noch. Die Supervision bei ihm war nämlich wirklich genial. Es ist schwierig, dies in Worte zu fassen. Ich lernte bei ihm, Ahnungen und Gefühlen in der Arbeit zu trauen, auch wenn sie absolut unlogisch anmuten. Manchmal erlebte ich einige Situationen mit meiner Patientin, die ich bei ihm supervidierte, als psychotisch, was mir aber keine Angst machte, denn Stephanos kannte diese Situationen auch, und so konnte ich mich vergewissern, dass ich nicht verrückt war. Parallel dazu entdeckte ich, dass ich besser mit psychotischen Patienten umgehen konnte, weil ich deren Halluzinationen verstehen oder wiedererkennen konnte.

Freiburg

Nach Beendigung meiner psychoanalytischen Ausbildung verspürte ich den Wunsch, den Klinikbetrieb zu verlassen und eine eigene Praxis zu eröffnen. Auch wurde Bad Nauheim immer langweiliger für mich. Das Einzige, was mich noch in der Klinik hielt, war das Gefühl der Verantwortung Dickhaut gegenüber, denn es wurde immer sichtbarer, dass er überfordert war und meine Hilfe brauchte. Ich fühlte mich verpflichtet, denn er hatte mir ja geholfen, als ich arbeitslos war – und obdachlos zu werden drohte. Ich blieb also noch ein halbes Jahr in der Klinik und überließ die Leitung weitgehend der Verwaltung, wurde jedoch immer unzufriedener. Mein Dilemma besprach ich dann mit Cremerius. Er sagte mir, dass Dickhauts Notlage nicht mein Problem sei, dass mein Verbleiben in der Klinik ihm *on the long run* nicht helfe, sondern eher in eine Abhängigkeit von mir ausarten könnte.

Es war also Zeit, meine Zelte abzubrechen. Cremerius war Ende 1971 nach Freiburg umgezogen, und ich beschloss daraufhin, ebenfalls nach Freiburg zu gehen. Ich hatte eine Einladung vom Psychoanalytischen Seminar in Freiburg, im Ausbildungsausschuss mitzuarbeiten und später als Lehranalytiker zu fungieren. Gleichzeitig erhielt ich ein Angebot für eine Halbtagsstelle an einem »Wissenschaftlichen Institut des Jugendhilfswerks an der Universität Freiburg«, wo ich neben der Stelle meine Doktorarbeit machen könnte. Das Institut würde mir eine Wohnung besorgen. Ich sollte mir auch keine Sorgen um meine Arbeitserlaubnis machen, alles wird gut!, hieß es. So zog ich im Oktober 1972 mit fliegenden Fahnen nach Freiburg, um – wieder – eine Reihe von Enttäuschungen zu erleben.

Es fing damit an, dass das besagte Institut weder wissenschaftlich noch der Universität Freiburg angeschlossen war. Es bestand aus fünf Psychologen diverser Richtungen, die »wissenschaftlich« beweisen sollten, dass wir jugendliche Delinquenten psychologisch heilen könnten. Diese schöne Vorstellung hatte einen Schwachpunkt. Die Delinquenten, die wir in ihrer Untersuchungshaft kennenlernten, fühlten sich gar nicht krank, hatten keinen Leidensdruck und dementsprechend keinen Wunsch, von uns behandelt zu werden. Nach der Entlassung aus der U-Haft zeigten sie sich nie wieder bei uns. Selbstverständlich war es uns nicht möglich, Forschungen anzustellen, die für meine anvisierte Doktorarbeit von Nutzen gewesen wären. Hinzu kam, dass es Komplikationen mit der Arbeitserlaubnis gab. Ich konnte keine Arbeitserlaubnis bekommen, wenn ich keine »Aufenthaltsberechtigung« hatte, die aber konnte ich nicht bekommen, wenn ich keine Arbeitserlaubnis hatte. (Dieses bürokratische Labyrinth ließ sich nur dadurch überwinden, dass ein Rechtsanwalt einen Bekannten im Arbeitsamt anrief und schon klappte es. Es gibt nichts Besseres als eine Vitamin-B-Beziehung!) Das Institut fand auch weder eine Wohnung für mich noch Praxisräume. Deshalb musste ich meine Analysepatienten anfangs in der Psychosomatischen Klinik bei Cremerius behandeln.

Viel schlimmer war für mich das Alleinsein in Freiburg, weil ich dort keinen Menschen kannte. Zwar hatte ich im Seminar eine Reihe von Kollegen kennengelernt, mit denen ich aber so gut wie keine gemeinsamen Themen außerhalb der Analyse hatte. Es bestand die Gefahr, dass ich direkt oder indirekt vollständig von meinen Patienten abhängig geworden wäre, was ich als ungut ansah.

Ich musste erkennen, wie sehr ich die vielen Freunde in Gießen und Bad Nauheim vermisste. Meine Wochenenden verbrachte ich in Gießen, was der Nähe zur Freiburger Gruppe nicht gerade förderlich war. Die Freiburger Gruppe war in dieser Zeit noch klein und dem Begründer der Gruppe, Dr. Auchter, sehr verbunden. Ich fand mich in der Gruppe nicht zurecht und fühlte mich deprimiert und unglücklich.

Ich beschloss dann, eine Analysentranche bei Auchter zu versuchen. Der Versuch scheiterte: Wir waren uns viel zu unähnlich und verstanden einander kaum.

Ich erlebte, wie wichtig die Chemie zwischen Analytiker und Analysand ist, viel wichtiger als alle psychologischen Deutungen. Und die Chemie stimmte zwischen uns gar nicht. Diesen Versuch brach ich dann ab, wohl wissend, dass das Scheitern mir zu Last gelegt werden würde, was auch stimmte. Es hatte für mich aber kaum eine Bedeutung mehr, denn 1973 begann der Jom-Kippur-Krieg (auch Oktoberkrieg genannt); meine Unzufriedenheit mit dem Psychoanalytischen Seminar blieb zwar bestehen, sie verlor aber an Wichtigkeit.

Als ich mich als Arzt in Freiburg niederlassen wollte, kam der nächste Schlag. Die ärztliche Approbation wurde mir verweigert, weil ich »als Ausländer nicht die Lebensart und die Lebensweise des deutschen Volkes verstehen konnte« – so die Begründung des baden-württembergischen Innenministeriums. Als niedergelassener Psychologischer Psychotherapeut war ich offensichtlich in der Lage, das deutsche Volk zu verstehen, nicht jedoch als Arzt. Allerdings müsste ich als Psychologe eine Zulassung als Heilpraktiker beantragen, um Kassenpatienten behandeln zu können. Andererseits wurde mir vorgeschlagen, als Psychotherapeut in einem Gefängnis nahe Stuttgart – als Arzt – zu arbeiten. Offensichtlich konnte ich als Ausländer die inhaftierten Deutschen verstehen, nicht jedoch die entlassenen. Das leuchtete mir nicht ein, aber Bürokratie braucht offensichtlich keine Logik, und mein Antrag auf Approbation wurde immer wieder abgelehnt.

Ich verklagte das Innenministerium und bekam Recht. Es wurde dem Innenministerium verboten, seine Argumente gegen meine Approbation zu benutzen. Leider konnte das Gericht aber nicht die KV zwingen, mir die Niederlassung zu erlauben, und das bedeutete, dass ich keine Kassenzulassung bekam. Es blieb mir nichts anderes übrig, als die deutsche Staatsbürgerschaft zu beantragen, was nach vielem Hin und Her gelang, woraufhin ich meinen Stipendiumsbetrag an den deutschen Staat zurückzahlen musste. Das tat zwar weh, aber ich konnte es einsehen. Daraufhin wurde mir bescheinigt, dass ich nunmehr in der Lage sei, das deutsche Volk zu verstehen! Sollte ich die deutsche Bürokratie als ausländerfeindlich angesehen haben, so musste ich mich an die israelische Bürokratie 1967 erinnern. Beide stehen einander in nichts nach. Sankta Bürokratia!

Familienleben

Im Jahre 1975 lernte ich meine Frau kennen. Wir zogen 1976 zusammen und heirateten Ende desselben Jahres. Unsere Tochter Nurith wurde im September 1977 geboren, unser Sohn Jonathan im August 1980. Meine Praxis lag bis Ende 1979 in der oberen Etage eines Einkaufszentrums, ca. zehn Minuten von unserer Wohnung entfernt. Meine Tochter konnte ich während der Woche kaum sehen. Ich hatte nur eine Stunde Mittagspause, und wenn ich abends nach Hause kam, schlief sie schon. Ich war also ein Wochenendvater.

Mit diesem Zustand war ich ganz unzufrieden. Ich wollte meine Kinder länger und häufiger sehen, für sie da sein. Kurz vor Jonathans Geburt zogen wir in eine größere Wohnung um, und nun hatte ich die Möglichkeit, im Souterrain des Hauses direkt unter unserer Wohnung zu praktizieren. Natürlich wurde diese Entscheidung von wohlmeinenden Kollegen kritisiert: Man sollte den Patienten ermöglichen, auf uns zu übertragen, und das hieße, dass sie von unserem Privatleben nichts wissen oder gar sehen sollten. Das konnte ich nicht nachvollziehen. Ich hatte meine eigene Analyse in der Praxis von Gerda Barag gemacht, die in ihrer Wohnung lag. Ich sah ab und zu ihre Tochter zwischen Tür und Angel. Das störte mich nie dabei, meine Übertragung auf sie zu entwickeln. Auch mein väterlicher Freund Ulrich Ehebald praktizierte zeitlebens Analyse in seinem Hause. Wie wir alle wissen, machte Freud seine Analysen ebenfalls in seinem Hause in der Berggasse 19. Ich richtete meine analytische Praxis im Souterrain meiner Wohnung ein und erlebte nie, dass eine Behandlung daran scheiterte.

Diese Konstellation genoss ich geradezu. Auf dieser Weise hatte ich das Glück, meine Kinder tagtäglich zu sehen und ihr Aufwachsen begleiten zu können. Unsere Kinder haben also beide Eltern ständig zu Hause erlebt. Es spielte für sie keine Rolle, dass ich nur zehn Minuten in der Stunde – die berühmten zehn Minuten – für sie ansprechbar war. Ich war immer da! Meine Tochter sagte mir Jahre später: »Erst als ich in die Schule ging, habe ich begriffen, was ich für ein Glück hatte. Ich dachte vorher, dass alle Kinder beide Eltern immer zu Hause hätten!« Dieses Glück war und ist mir wichtiger als die Meinung meiner Kritiker.

Es wurde mir immer klarer, dass ich mit Hilfe des Freiburger Seminars nie Lehranalytiker werden würde. Ich war, glaube ich, das einzige Vollmitglied der DPV, das kein Lehranalytiker war. Ich kann meine Sichtweise dieser Entwicklung hier nicht niederschreiben, da alle meine damaligen Kontrahenten vom Vorstand des Freiburger Seminars nicht mehr am Leben sind, und es wäre unanständig, sie heute zu kritisieren. So kann ich hier nur kommentieren, dass sie von mir ebenso enttäuscht waren wie ich von ihnen.

Als mir das klar wurde, beantragte ich meine Ernennung zum Lehranalytiker bei der DGPT (Deutsche Gesellschaft für Psychoanalyse, Psychotherapie, Psychosomatik und Tiefenpsychologie). Der Antrag wurde positiv beschieden. Ich bin seit 1982 Lehranalytiker, allerdings nicht für die DPV, was mir absolut egal ist. Ich fragte mich dann, was ich eigentlich noch im Seminar suchte, wofür ich jährlich Mitgliedsbeiträge zahlte und meine freien Abende in fruchtlosen Sitzungen verbrachte. Ich entschloss mich, meine Mitgliedschaft im Freiburger Seminar (nicht in der DPV!) zu kündigen. Stattdessen trat ich in ein Orchester ein. Ich habe diese Entscheidung nie bereut.

Das Gutachterverfahren und ich

Im Jahre 1967 wurde ein Abkommen zwischen den Krankenkassen und der KBV (Kassenärztliche Bundesvereinigung) geschlossen, nach welchem die Krankenkassen die Kosten einer Psychotherapie unter bestimmten Umständen übernehmen. Eine dieser Voraussetzungen war eine Qualitätskontrolle, durchgeführt von erfahrenen Kollegen als Gutachtern. Dieses Abkommen, auch Psychotherapie-Richtlinien genannt, erweckte natürlich keine große Begeisterung bei den Psychotherapeuten. Viele sahen es als eine zusätzliche Belastung, sogar eine Kränkung, als fertige Ärzte (damals waren die meisten Psychotherapeuten Mediziner) wieder »geprüft« zu werden. Aber man nahm es eben hin, denn damit konnte man Psychotherapie oder sogar Psychoanalyse Bevölkerungsschichten anbieten, die dies nie selbst hätten bezahlen können. Das war und ist einzigartig in der Welt (vielleicht mit Ausnahme der Schweiz und Hollands).

Auch ich war anfangs nicht sehr begeistert von der Notwendigkeit, meine Zeit für diese Berichterstattung zu opfern. Allerdings reizte mich der Vorgang des Aufschreibens, zumal ich meine Phantasie für das Schreiben der Lebensgeschichten benutzen konnte, was mir wiederum beim Verstehen der Patienten half. Gewisse Ereignisse in den Therapien tauchten immer wieder auf, ich konnte meine Deutungen und deren Wirkung besser kontrollieren.

Im Laufe der Zeit baten mich viele Kollegen darum, sie beim Schreiben der Antragsberichte zu supervidieren, und ich erinnerte mich daran, wie unser Lehrer im Gymnasium mir vorgeworfen hatte, nur Plagiate meines Bruders zu produzieren, was mich damals sehr getroffen hatte. Jetzt schrieb ich für meine »Brüder« (oder besser: Ich brachte ihnen das Berichteschreiben bei).

Einige Jahre später bat mich ein bekannter Psychoanalytiker und Gutachter um eine Unterredung. Er kannte mich nur von meinen Kassenanträgen und fasste Vertrauen zu mir, obwohl wir uns nicht persönlich kannten. Er hatte persönliche Probleme, über die ich hier natürlich nichts schreiben möchte, aber unter anderem erzählte er mir von seiner Arbeit als Gutachter, was mich sehr interessierte.

Nach der Wiedervereinigung schossen viele neue Ausbildungsinstitute für Psychotherapie und Psychoanalyse wie Pilze aus dem Boden, Konkurrenz für die altehrwürdigen klassischen Ausbildungsinstitute (DPV, DPG, Jung- und Adler-Institut). Die KBV gründete eine Kommission, welche die Qualität der neuen Institute anhand von deren Ausbildungsprogrammen/ -plänen beurteilen sollte. Ich wurde 1999 mit der Empfehlung meines Freundes Dr. Ehebald gewählt, an dieser Kommission teilzunehmen (was im Freiburger Seminar großen Ärger verursachte).

1997 bewarb ich mich bei der KBV als Gutachter und war damit erfolgreich: 1998 wurde ich zum Gutachter ernannt, 2003 zum Obergutachter. Die Arbeit bereitete mir anfangs viel Spaß, sicherlich auch aus persönlichen Gründen, die mit meinem Bruder zu tun hatten. Da ich das wusste (und weiß), nahm ich mir vor, auf der persönlichen Ebene mit den Berichteschreibern fair zu verfahren und keine phantasierte (virtuelle) Macht auszuleben. Ich war und bin immer bereit, mich telefonisch mit den Kollegen zu unterhalten, was meistens gut geht. Natürlich gibt es Kollegen, die polemisch und aggressiv sind, aber wo gibt es die nicht.

Im Jahre 1999 wurde das Psychotherapeutengesetz verabschiedet, das den Psychologen einen leichteren Zugang zu Kassenleistungen ermöglicht. Die Zahl der Patienten nahm zu und in der Folge wiederum die Anzahl der Anträge. Ich sah diese Entwicklung mit einem lachenden und einem weinenden Auge. Einerseits ist es gut, dass es genügend Therapiemöglichkeiten für breitere Schichten der Bevölkerung gibt. Andererseits habe ich den Eindruck, dass einige Therapeuten Therapien anbieten, die eigentlich überflüssig sind.

Als Gutachter ist man da in einer virtuellen »Machtposition«, da der Gutachter den Patienten ja gar nicht kennt, sondern nur die Beschreibung des Therapeuten vor sich hat. Aber genau deshalb kann man einiges erahnen, was notwendig ist und was nicht. Im gewissen Sinne ist dies auch eine Arbeit mit dem Unbewussten.

Im Laufe der Jahre kamen Bücher und Software auf den Markt, die Standardberichte zum Nachschreiben anbieten. Nun kann man von einem Therapeuten nicht fordern, auch noch Schriftsteller zu sein, daher kann man nicht gegen diese »Hilfsmittel« stänkern. Was ich als Gutachter allerdings erwarte, ist, dass der Bericht – egal mit welchen stilistischen Hilfsmitteln geschrieben – persönlich ist, muss ich mir doch ein individuelles Bild vom Patienten machen können. Im Jahre 2003 habe ich eine Software-Form entdeckt, die in vielen Berichten über diverse Patienten auftauchte und die kaum eine Verbindung zu den jeweiligen Patienten hatte. Mittlerweile sind diese Plagiate raffinierter geworden, aber noch immer erkennbar. (Diese detektivische Arbeit ist manchmal aufregend – sicherlich auch für den jeweiligen Therapeuten.)

In den letzten Jahren kam es häufig zu Diskussionen über die Zukunft des Gutachterverfahrens. Da ich nicht in der Zukunft lesen kann, möchte ich hier keine Stellung dazu nehmen.

Die Geige

Ich war sechs Jahre alt, als ich beschloss, dass ich das Geigenspiel erlernen wollte. Meine Eltern waren nicht sehr begeistert, auch weil sie das nötige Kleingeld dafür nicht hatten. Ich übte massiven Druck aus, ich schrie und weinte, bis sie mich zu einem Geigenlehrer brachten, der mich testen sollte, ob ich genug Talent hätte und musikalisch wäre. Er war von mir sehr begeistert und schlug meinen Eltern vor, mich sechs Monate lang gratis zu unterrichten. Das überzeugte meine Eltern schlussendlich.

Ich war überglücklich und übte freiwillig Etüden. Vermutlich hatten unsere Nachbarn einiges zu ertragen. Wenn ich allein mit meiner Geige war, befand ich mich in einer anderen Realität, gleichsam auf einer goldenen Wolke, die für mich das Glück symbolisierte.

Ich wurde von meinen Eltern gelobt, was für mich von großer Bedeutung war. Hier war mein Bruder nicht das Beispielkind. Er hatte kein Interesse an Musik, und da musste ich nicht seine Konkurrenz befürchten. Meine Selbstsicherheit war jedoch nicht sehr stabil – wie sollte sie auch? Als ich 15 war, hatten wir – wie üblich – das Jahreskonzert der Musikschüler. In dem Alter verfolgte ich auch andere Interessen, und daher hatte ich nicht sehr viel geübt, zumal das Stück, das ich spielen sollte, eine relativ leichte Beethoven-Etüde war. Es kann sein, dass ich an diesem Nachmittag nicht besonders gut spielte. Meine Mutter im Publikum war von meinem Vorspiel sehr enttäuscht und erklärte anschließend, ich hätte furchtbar schlecht gespielt, schlechter als alle anderen. Daraufhin sagte ich meine Geigenstunden ab und beendete meinen Musikunterricht. Das war wohl der erste Abbruch meiner »Karriere«, die anderen sollten folgen. Ich geigte zwar später noch ab und zu, aber die ganz große Begeisterung war dahin.

Als ich 1959 nach Deutschland kam, nahm ich meine Geige mit. Als ich kein Geld hatte, verkaufte ich sie für 50 DM, damit ich etwas zu essen hatte. Ich versuchte zwar immer wieder, auf geliehenen Geigen zu üben, meine Intonation wurde aber im Laufe der Jahre immer schlechter. Den Traum gab ich aber nicht auf. 1985 unterstützte ich eine Kollegin bei den Vorbereitungen für ihr analytisches Colloquium. Sie lieh mir zum Dank die Geige ihrer Tochter. Ich fand eine Geigerin im Theaterorchester, die bereit war, mir bei der Klärung zu helfen, ob ich nach einer so langen Pause in der Lage wäre, wieder zu spielen. Es klappte offensichtlich. Nach meinem Austritt aus dem Freiburger Seminar fing ich an, als 2. Geiger in einem Freiburger Amateurorchester zu spielen. Es folgten andere Orchester. Das Musikmachen ist für mich ein Gegengewicht zu meiner Arbeit, eine Bereicherung und vor allem meine alte Liebe.

Meine Korrespondenz mit Georg Kreisler

Georg Kreisler war ein in Deutschland sehr populärer Künstler, Kabarettist, Liedermacher, Schriftsteller, Musiker, Pianist, Komponist und Sänger. 1922 in Wien geboren, musste er 1936 Österreich verlassen, weil er Sohn einer jüdischen Familie war. Nach Jahren des Asyls in den USA kam er zunächst als Angehöriger der amerikanischen Armee zurück nach Europa. Er lebte viele Jahre in Österreich, wo er langsam seine Karriere im deutschsprachigen Raum aufbaute. Er wurde vor allem durch seine Lieder bekannt, die zum Teil makaber waren (»böse alte Lieder«), zum Teil lustig, manche traurig oder romantisch (»seltsame Liebeslieder«), immer aber intelligent und humorvoll. Es waren, soweit ich weiß, ca. 600 Lieder. Außerdem schrieb er einige Opern, Musicals sowie einige Bücher, die kommerziell nicht sehr erfolgreich waren.

Ich hörte zum ersten Mal in den 1960er Jahren einige Songs von ihm. Seine ersten großen Erfolge in Deutschland waren damals die Gruselieder »Tauben vergiften im Park«, »Biddla Buh« (Massenmörder Rock 'n' Roll), »Zwei alte Tanten tanzen Tango«. Ich war begeistert und schickte sie auch an Gerda Barag. Damit trat ich aber massiv in einen Fettnapf. Sie fand schon den Titel, »Massenmörder Rock 'n' Roll« grauenvoll, den Inhalt nicht weniger. Ich hatte nämlich nicht daran gedacht, dass sie, als Überlebende der Nazizeit, keinen Spaß an Liedern über Massenmörder haben konnte. Trotzdem blieb ich sein Fan und sammelte die Schallplatten mit seinen Liedern. Insbesondere fand ich seine Alben *Seltsame Gesänge* und *Seltsame Liebeslieder* menschlich großartig und psychologisch sehr interessant.

Als meine Tochter Nurith mit vier Jahren sein »Lied über gar nichts« hörte, war sie ebenfalls begeistert. Wir schrieben an ihn und baten um den Text, den er uns postwendend schickte. Ab Ende 1996 nahm ich Gesangsstunden und singe seitdem in Krankenhäusern und Altersheimen, neben jiddischen Liedern auch viele seiner Lieder, mit Vorliebe die jüdischen (nicht yiddische!) Lieder (»Nichtarische Arien«). Als er 1998 ein Konzert in Neuenburg bei Müllheim im Markgräflerland gab, begegnete ich ihm zum ersten (und letzten) Mal persönlich. Wir wechselten einige höfliche Worte, und ich beschloss, Briefkontakt mit ihm zu halten. Ich wusste vorerst nicht, wie ich es anstellen sollte, herauszufinden, ob und wie kontaktfreudig er wäre. Also überlegte ich mir einen guten psychologischen Trick, um an ihn heranzukommen. Ich schrieb an ihn und fragte ihn nach der Bedeutung eines seiner Lieder, der »Tigerparty«. In dem Lied werden viele bekannte, berühmte und reiche Leute zu einem Abendessen eingeladen. Nach einem ausgiebigen Abend mit Essen, Musik und Tanz werden hungrige Tiger hereingelassen, die alle Gäste fressen. Die Gastgeberin hält die Party für sehr gelungen und bereitet eine weitere Tigerparty vor, zu welcher sicherlich viele Leute kommen werden. Natürlich stellte ich mir vor, es handelte sich um Künstler und die Kritik danach. Ich wusste ja, dass Kreisler Kritiker überhaupt nicht mochte und auch einige Spottlieder über sie geschrieben hatte.

Er freute sich über meinen Brief und antwortete: »Wie bei den meisten meiner Lieder – vielleicht auch wie bei den meisten Kunstwerken überhaupt – liegt die Interpretation im Auge des Publikums ... Aber man kann die Tiger auch anders interpretieren. Wesentlich ist die Verlockung, der die Leute erliegen und die dann zu ihrem Verderben wird. Das kann auch, wenn Sie wollen, die Psychoanalyse sein, von der sich manche mehr versprechen als gehalten werden kann« (13. August 2001).

Ab dann kam es zu einer Korrespondenz mit ihm, die gut zehn Jahre andauerte. Obwohl es kaum möglich ist, von dem Inhalt einer so ausführlichen Korrespondenz zu berichten, will ich einige Themen herausgreifen. Er erzählte einiges von sich, was ich aber bereits aus seinen diversen Biographien wusste. Er berichtete von seiner religiösen Erziehung, die nicht sehr orthodox war. Wir diskutierten über die Frage, was es heißt, Jude zu sein (und blieben verschiedener Meinung).

Seine Kenntnis von – und sein Verhältnis zur – Psychoanalyse kommt in folgenden Zitaten zum Ausdruck (die er mehrmals »Psychiatrie« nennt, wohl deswegen, weil seinerzeit sowohl in den USA als auch in Israel nur Psychiater zur psychoanalytischen Ausbildung zugelassen wurden):

> Mit der Psychiatrie und der Analyse kenne ich mich für einen Laien gut aus, habe viel gelernt und war mit einigen Psychiatern eng befreundet, z. B. mit dem Prof. Ringel in Wien, einem Selbstmordspezialisten mit vielen Büchern, und mit Max Lüscher, dem Farbpsychiater aus der Schweiz. Kennen Sie ihn? All das – Graphologie, Farben und das präsuizidale Syndrom – scheint mir oberflächlich hilfreich, aber nicht mehr. (21. Dezember 2007)

> Ich weiß nicht, ob man in der Psychiatrie in der letzten Zeit viele Fortschritte gemacht hat. Wahrscheinlich ist es so wie in den übrigen Naturwissenschaften: Je mehr Fortschritt man verzeichnet, umso mehr neue Fragen tun sich auf. (ebd.)

> Als ich Anfang zwanzig war, hat mich die Psychiatrie ungeheuer beeindruckt. Damals war Freud in New York in aller Munde, wurde überall diskutiert, und ich habe nicht nur ihn, sondern auch Adler und vor allem Karen Horney mit großer Begeisterung gelesen, habe mich allerdings nie einer Analyse unterzogen und trotzdem viel gelernt. ... Aber wenn man frei schaffender Künstler ist, führen Psychoanalysen wahrscheinlich nicht weiter, könnten vielleicht sogar schädlich sein. Man lebt und denkt einfach anders, und dieses Außenseitertum ist nicht wegzukriegen, ist wohl auch nicht zu beschreiben. (1. Juni 2009)

> Mit den heutigen Psychiatern kann ich nicht viel anfangen. Man hat Freud überholt und ist trotzdem steckengeblieben. Die in letzter Zeit sehr weit fort-

geschrittene Gehirnforschung oder die immer besser werdenden Psychopharmaka haben ja mit Psychiatrie, meiner Ansicht nach, nur am Rande zu tun. Man sticht in die Menschen hinein und findet nichts. (ebd.)

Seine Beziehung zum Staate Israel war ambivalent. Er hatte dort fast ein ganzes Jahr (1972) verbracht und Hebräisch gelernt, aber seine Hebräisch-Kenntnisse waren sicher nicht ausreichend, um dort Karriere zu machen. Er fuhr frustriert zurück und schrieb das Lied »Ich fühl' mich nicht zu Hause«. Bei Diskussionen während der Intifada nahm er stets eine Position für Israel ein. Dann schrieb er, dass er keine Angst vor Antisemitismus habe, er lebe immer damit, und das habe ihn nicht gestört. Anderseits spürte er sehr schnell antisemitische Regungen um sich und benannte sie als solche. Er schrieb, dass Antisemitismus immer schon da gewesen sei, auch in Ländern, in denen kaum Juden wohnten.

Im Laufe der Jahre merkte ich, wie er immer depressiver wurde. Als ich ihm zum 80. Geburtstag gratulierte, schrieb er mir: »Ich fühl mich gar nicht wie achtzig, aber die Leute sagen: ›Er ist schon …‹« Später kamen Altersgebrechen, kleinere und größere Erkrankungen. Parallel dazu enthielten seine Briefe immer häufiger Verbitterung über die heutigen Menschen, vor allem über den heutigen Kunstbetrieb. Er wollte auch nicht akzeptieren, dass die heutigen Jugendlichen völlig andere Vorstellungen von Kultur und Unterhaltung haben als er. Für ihn blieb die Kunst dasselbe, ob vor 50 Jahren oder heute. Einer seiner Briefe in dieser Zeit wirkte so deprimiert, dass ich alarmiert war und fragte, ob ich ihn besuchen könnte (er wohnte damals in Basel, ca. 60 km von Freiburg). Er antwortete nicht darauf, sodass ich es dabei bewenden ließ.

Zunehmend fühlte er sich alt und vergessen, obwohl er seine Leseabende (mit seiner Frau Barbara) immer vor vollen Sälen gab. Ich schrieb ihm, dass ich viele Klagen von Patienten höre oder lese, dass sie nur wegen ihrer Leistungen gemocht oder geliebt werden. »Sie werden geliebt, ohne leisten zu müssen.« Diese – ich gebe zu – schwache Deutung tröstete ihn nicht besonders. Er war enttäuscht, dass »nur« seine Lieder so erfolgreich waren. »Dabei sind sie fast 60 Jahre alt!« Ich weiß nicht, ob das der Grund dafür war, dass er 2010 beschloss, keine Leseabende mehr zu veranstalten.

In den letzten Jahren seines Lebens litt er zunehmend an einer Polyneuropathie, die ihn sehr einschränkte. Da diese Erkrankung altersbedingt war, konnten ihm die Ärzte keine Heilung oder wenigstens Besserung versprechen. Anfang 2010 schien es besser zu werden. Ein deutscher Arzt verschrieb ihm ein »Zaubermittel« (wahrscheinlich war es Gabapantin), und die Symptome besserten sich schlagartig. Er war begeistert, ich war skeptisch, behielt es aber für mich. In relativ kurzer Zeit kam es zu massiven Nebenwirkungen, die ihn zwangen, diese Kur abzusetzen. Die Symptome kamen zurück, diesmal schlimmer. Eine Besserung war nicht in Sicht.

Die Einschränkungen mit dem zunehmenden Alter verstärkten seine depressive Reaktion, die er aber zu verbergen suchte:

> Sie sehen, trotz meines hohen Alters, bleibe ich interessiert, ich lese, ich schreibe, ich äußere mich. Was ich allerdings ohne meine Frau täte, weiß ich nicht. Außerdem wird man im Alter immer mehr Zuschauer, statt Teilnehmer, das ist nicht zu ändern. Es ist ein Zustand, der Ihnen noch bevorsteht, lieber Herr Amitai, er ist schwer zu beschreiben. Aber es ist keineswegs Resignation. Man lernt abzuwarten. Man schaut sich und den anderen beim Sterben zu. Wie gesagt …
> (5. August 2010)

Dann beklagte er sich über das Alter: »Der Tod ist überall!« Ich dachte an ein Lied seiner *Seltsame(n) Gesänge*, »Unheilbar gesund«, das er vor 50 Jahren geschrieben hatte, über »einen sehr, sehr alten Portier, der bewegt sich so wenig wie möglich, weil die Füße tun ihm weh«: Der Portier sitzt vor seiner Tür und träumt davon, wie er seiner Nichte über sein Leben erzählt. Eine Geschichte voll Phantasie, Humor und Weisheit. Ich glaube aber, dass er jetzt, mit 88 Jahren und krank, dieses Lied nicht so schätzte wie ich.

Mitte 2011 informierte er mich begeistert über das Angebot eines deutschen Verlags:

> Ich weiß nicht, ob ich Ihnen schon geschrieben habe, dass der Schott Verlag alte Klavierwerke von mir veröffentlichen wird und eine amerikanische Pianistin Ende Oktober in Berlin ein Konzert damit geben wird. Jedenfalls komponiere ich wieder ernste Musik. Ich wiederhole meine Jugend. Es geht langsam, weil ich es nicht gewöhnt bin und – wie immer – streng mit mir bin. Aber es ist ein schönes Erlebnis: Wenn man komponiert, muss man nicht nach Worten suchen und ich finde keine Worte mehr für die heutige Zeit. (12. Oktober 2011)

Am Abend des 22. November 2011 (während meines alljährlichen Besuchs bei meiner Tochter in San Diego) erfuhr ich, dass Georg Kreisler gestorben war. Da er mir einmal geschrieben hatte, dass ein Thema seiner religiösen Erziehung die Todesbegleitung – genannt Kaddisch – war, und da ich wusste, dass niemand von seinen Kindern für ihn den Kaddisch sagen würde, beschloss ich, das für ihn zu tun. Ich nahm Kontakt mit seiner Frau Barbara auf und fragte nach einem eventuellen hebräischen Namen, den er aber nicht hatte. Sie schrieb mir, dass der Briefwechsel für ihn sehr wichtig gewesen war. Das hat mich sehr gefreut.

Mein Judentum

Ich bin in Tel Aviv geboren und aufgewachsen, der ersten jüdischen Stadt Israels, einer Stadt, die fast nur jüdische Einwohner hat. Da ich aus einem jüdischen Haus stamme, war es für mich nie eine Frage, welcher Religion ich angehöre. Ich war halt Jude, weil meine Familie es war. Mein Vater war sehr religiös, meine Mutter nicht. Das verursachte manchmal Auseinandersetzungen, die aber nie schwerwiegend waren. Meine Identität war jüdisch. Sie stand auch nie zur Debatte. Auch als ich in der Armee und im Krieg war, spielte die Religion für mich keine besondere Rolle. Ich fühlte mich als Israeli bekämpft, unsere Gegner waren für mich Araber, nicht Muslime. In Israel habe ich keine antisemitischen Äußerungen gehört – natürlich nicht. Erst in Deutschland hörte ich solche Äußerungen. Diese waren aber selten und machten auf mich keinen besonderen Eindruck.

Meine Eltern sprachen bis 1948 nicht über den Holocaust, obwohl die Familie meines Vaters im Holocaust vernichtet wurde. Als Kinder wussten wir zwar, dass zwei seiner Brüder in Australien lebten, nicht aber dass sie noch Brüder und Schwestern hatten, die in der Shoah umgekommen waren. Ich vermute, dass unsere Eltern uns damals nichts erzählten, weil sie uns schonen wollten. Erst 1948 hörten wir, als ein Neffe meines Vaters über Zypern nach Israel emigrierte, dass er als Partisan den Holocaust überlebt hatte. Erst in diesem Zusammenhang hörten wir das Wort »Shoah«. Trotz allem trug mein Vater nie einen Hass auf Deutschland in sich. Er lehrte uns, nie einen Menschen nach seiner Religion oder Volkszugehörigkeit zu beurteilen. Er hatte daher nichts gegen meine Studienpläne in Deutschland gesagt.

Als ich 1959 in Bad Salzdetfurth im Kalibergwerk arbeitete, sagte eine ältere Frau in meiner Gegenwart über mich: »Da kommen die Juden wieder! Wir müssen aufpassen!« Ich dachte nur: »Dumme Kuh!« Solche Äußerungen waren selten, und ich machte mir nichts daraus. Ich konnte mich ja zur Not verteidigen. Vielmehr beeindruckte mich die Tatsache, dass ich in Deutschland fremd war und blieb, nicht wirklich dazugehörte. Das Nicht-Dazugehören ist eine merkwürdige Sache. Dieselbe Erfahrung hatte ich schon in meiner Jugend in Israel gemacht. Diese Erfahrung war ja ein Bestandteil meiner Neurose. Es hatte kaum etwas mit Religion oder Staatsangehörigkeit zu tun. Damals litt ich sehr darunter.

Ich habe aber gelernt, diese Tatsache zu akzeptieren und gut mit ihr zu leben. Menschen sind eben verschieden, also auch ich. Ich will nicht um jeden Preis dazugehören. Es hat keinen Sinn, mich zu verleugnen, ich finde es gut so, wie es ist. Genauer gesagt: wie ich bin. Dies ist meine persönliche Meinung, meine persönliche Erfahrung. Das hat mit meiner Person und natürlich auch mit meinem Judentum zu tun. Aber ich beobachte dieses Gefühl, nicht dazuzugehören, bei vielen meiner Patienten. Das hat vielleicht nicht mit deren Religion zu tun, wohl aber mit ihrer persönlichen Entwicklung. Das Gefühl der Entfremdung ist aber gleich. Ich kann gut mit ihm arbeiten. Vielleicht kann es die relativ hohe Zahl an jüdischen Psychotherapeuten und Psychoanalytikern erklären.

1993 erhielt ich einen Anruf von einem mir bis dahin unbekannten jüdischen Analytiker. Er erzählte mir von der Existenz einer kleinen Gruppe jüdischer Psychoanalytiker, die sich jährlich treffe. Er fragte mich, ob ich teilnehmen möchte.

Das wollte ich, und ab dann machte ich mit. Die Gruppe besteht aus jüdischen Analytikern und Kinderanalytikern. Die Themen unserer Treffen sind verschieden. Alles in allem haben sie etwas mit der Frage zu tun, wie wir hier leben und arbeiten und was unsere Arbeit mit unserem Judentum zu tun hat. Die Gruppe existiert nunmehr seit 22 Jahren, ist größer geworden und trotz der Verschiedenheit der Charaktere blieb sie weitgehend stabil. Vielleicht weil sie keinen Vorstand und keinen Schatzmeister hat, das heißt, kein Verein ist. Die Gruppe hat für mich die Bedeutung, dass ich eine Adresse habe, um spezifische Themen zu besprechen. Sie war mir eine große Hilfe, als meine Schwester ermordet wurde.

Meine Schwester kam am 26. Juli 1995 bei einem Suizidanschlag in einem Autobus in Tel Aviv um. Der einzige Grund für diesen Mord war die Tatsache, dass sie eine Jüdin war. Weder hatte sie etwas gegen Araber, noch tat sie etwas gegen sie. Damit reiht sich dieser Mord in die Ermordung der Familienangehörigen meines Vaters ein. Sie wurden ermordet, weil sie Juden waren. Dieser brutale Mord hat mich sehr tief getroffen. Nicht nur deswegen, weil ich meine Schwester sehr geliebt habe. Hinzu kam, dass ich plötzlich völlig schutzlos gegen die Angst wurde. Vorher konnte ich mir nicht vorstellen, dass mir so etwas passieren würde. Es war so etwas wie eine narzisstische Schutzhaut, die es mir ermöglichte, Ängste zu verleugnen. Die Verleugnung ist eine uns bekannte Abwehrform gegen Ängste und Schmerzen, die einen zu überfluten drohen. So kann zum Beispiel ein Raucher angstfrei weiter rauchen oder ein Jugendlicher weiter ungeschützten Sex haben. Diese Schutzhaut war bei mir nun gerissen. Viele Jahre war ich nach jeder schlimmen Nachricht völlig fertig. Ich musste mich sehr konzentrieren, um analytisch arbeiten zu können, um die Angst so weit zu verdrängen, dass sie die Übertragung nicht in eine Richtung lenkte, mit der meine Patienten nichts zu tun hatten. Aber das Konzentrieren auf die Arbeit half mir wiederum, die Angst zu bewältigen. Ich merkte während der Sitzung, wie meine Unruhe allmählich wich, wie mein inneres Zittern langsam aufhörte. Ich dachte häufig an meinen Vater, der uns vor seiner Angst um seine Familie in Polen geschützt hatte, bis wir in der Lage waren, diese Angst zu ertragen.

Die Jahre danach

Außer diesem Verlust verliefen die Jahre nach meiner Approbation 1987 reibungslos. Ich arbeitete analytisch und supervidierte in diversen Kliniken, was mir viel Spaß machte. Meine Praxis boomte, ich war – und bin – sehr zufrieden. Vor allem aber bereiteten mir meine Kinder Freude. Ich hatte sie immer um mich, es tat mir – und ihnen – gut.

Ich konnte auch meiner ehemaligen Analytikerin, Gerda Barag, meinen Dank indirekt abstatten, als sie in Nöten war. In den 1970er Jahren unterstützte ich meine Nichte, die Tochter meiner Schwester, während ihres Medizinstudiums finanziell. Als sie 1981 selbst Ärztin im Praktikum war, wurde sie zum Krankenbett von Gerda Barag gerufen, die an einem Pankreaskarzinom litt. Orna, meine Nichte, kannte Gerda durch meine Erzählungen und wusste, was sie für mich bedeutete und wie dankbar ich ihr war. Sie blieb Tag und Nacht bei Gerda und pflegte sie bis zuletzt. Gerda starb kurz danach an einem Herzinfarkt. Ich war – ähnlich wie bei meinem Vater – froh, dass ich, dieses Mal, indirekt, der Frau helfen konnte, die für mein Leben so eine große Bedeutung hatte.

Ende 1987 starb meine Mutter an einem Herzinfarkt. Sie war 85 Jahre alt. Kurz danach starb Marie Langer, eine analytische Mutterfigur und Freundin, an Lungenkrebs: Sie war jahrzehntelang eine passionierte Raucherin gewesen. »Im Übrigen«, sagte sie, »das Leben über 80 wäre zu lang weilig!« Sie war damals 79 Jahre alt. Marie war in Wien geboren, wo sie ihre psychoanalytische Ausbildung begann. 1933 flüchtete sie nach Spanien, dann nach Südamerika. Sie war bis zum »Putsch der Generäle« in Argentinien, dann flüchtete sie nach Mexiko. Von dort unternahm sie mehrere Reisen nach Nicaragua, wo sie nach der Revolution der Sandinisten gegen Somoza junge Ärzte psychoanalytisch ausbildete. Sie besuchte öfter Freiburg und Zürich, um mit Supervisionen harte Währung für die Sandinisten zu sammeln, und so lernte ich sie kennen. Sie war noch mit 78 eine wunderschöne Frau. Als es Ende 1987 klar war, dass sie nur noch kurz zu leben hatte, kehrte sie nach Argentinien zurück, um ihre letzten Monate bei ihren vier Söhnen zu verbringen. Wir telefonierten in dieser Zeit mehrmals miteinander, bis sie mir eines Tages sagte, dass sie zu müde sei, um zu telefonieren. Am nächsten Tag starb sie.

Es gehört zum Älterwerden, dass man Abschied nehmen muss, von Freunden, Wegbegleitern und Elternfiguren, die mir auf meinem analytischen Weg geholfen haben, deren Freundschaft mir viel bedeutete. Es sind mein Supervisor und Freund Johannes Cremerius, mein Lehranalytiker Horst-Eberhard Richter, mein Freund und Förderer Ulrich Ehebald, Hans Müller-Braunschweig sowie Margarete Mitscherlich und Joyce McDougall. Sie alle hatten auf ihre jeweils eigene Weise eine große Bedeutung für mich, wofür ich mich bedanken möchte.

Ich bin jetzt 79 Jahre alt und mir ist klar, dass ich nun in der ersten Reihe derer stehe, die irgendwann Abschied nehmen müssen. Es ist daher für mich an der Zeit, auf mein bisheriges Leben zurückzublicken, vor allem auf das, was mir die Psychoanalyse gegeben hat. Ich habe Schwierigkeiten mit dem Begriff »Analytischer Lebensweg«. Mein Lebensweg war an sich nicht analytisch, er war halt ein Lebensweg, der von der Psychoanalyse begleitet und manchmal gelenkt wurde. So gesehen spielte die Analyse eine große Rolle in meinem Leben – sie tut es noch immer. Ich beschäftige mich mit der Psychoanalyse seit meinem 19. Lebensjahr, also sechs Jahrzehnte lang. Anfangs als Patient, später als Kandidat, dann als Psychotherapeut, dann als Supervisor und Lehranalytiker, seit 1998 als Gutachter, seit 2003 als Obergutachter.

Als ich mit 19 Jahren aus der Armee entlassen wurde, war ich ein Loser. Ich hatte schon eine Reihe von Schulabbrüchen hinter mir und keine Vorstellung, was ich mit meinem Leben anfangen sollte. Es war mein Glück, dass ich von der Psychoanalyse hörte und die Behandlung bei Gerda Barag anfing. Die Analyse veränderte mein Leben völlig. Ich konnte meine berufliche, aber vor allem meine menschliche Orientierung finden und realisieren, und es ist eine privilegierte Arbeit. Nach über 47 Jahren finde ich meine Arbeit noch immer spannend. Ich weiß, dass es in dieser Arbeit Überraschungen gibt, und es ist immer anders, weil die Menschen verschieden sind.

Bibliographie

Amitai, M.; Dickhaut, H. H.; Hasenknopf, P. (1972): Behandlung des Entzugs-Syndroms bei »Fixern« (Rauschmittelmißbrauch Jugendlicher p. Inj.). *Nervenarzt*, 42: 157–160.

Amitai, M.; Dickhaut, H. H.; Hasenknopf, P. (1974): Behandlung des Entzugs-Syndroms bei »Fixern« mittels Apomorphin. In: vom Scheidt, J. (Hrsg.): *Die Behandlung Drogenabhängiger*. München (Nymphenburger).

Amitai, M. (1977): Die Zwangsneurose. Die Bedeutung der Objektdistanz für ihre Behandlung. *Psyche – Z Psychoanal.*, 31: 385–398.

Amitai, M. (1981): *Dr. med. Arthur Muthmann. Ein Vorläufer der Psychoanalyse im Lande Baden.* Med. Diss. Freiburg i. Brsg.

Amitai, M.; Cremerius, J. (1984): Dr. med. Arthur Muthmann. Ein Beitrag zur Frühgeschichte der Psychoanalyse. *Psyche – Z Psychoanal.*, 38: 738–753.

Bauer, J.; Amitai, M. (2010): Spiegelneuronen – neurobiologische Basis therapeutischen Verstehens. Ein Brückenschlag von der modernen Neurobiologie zu Sigmund Freud. In: Dammann, G.; Meng, T. (Hrsg.): *Spiegelprozesse in Psychotherapie und Kunsttherapie. Das Progressive Therapeutische Spiegelbild – eine Methode im Dialog.* Göttingen (Vandenhoeck & Ruprecht), 2. Aufl. 2013: 152–167.

Literatur

Harre, S. (2013): *Vom Glück in Freiburg.* Köln (emons).

Kreisler, G. (2014): *Doch gefunden hat man mich nicht.* Zürich (Atrium); darin zehn Briefe an M. A.

Penzel, M.; Waibel, A. (2004): *Rebell im Cola-Hinterland – Jörg Fauser.* Berlin (Edition Tiamat). 2. Aufl. 2014, CulturBooks minimore, Longplayer.

Shmuel Erlich

Migration und Heimkehr – eine psychoanalytische Autobiographie

Zu Beginn möchte ich meine Dankbarkeit gegenüber Ludger Hermanns zum Ausdruck bringen. Er hat mich zum Schreiben eingeladen und vor allem auch immer wieder geduldig und beharrlich ermutigt, das Begonnene zum Abschluss zu bringen. Es ist für mich eine Ehre, mich in die Reihe der hervorragenden Kollegen einzureihen, die er in diesem Band versammelt hat.

Meine gemischten Gefühle diesem Unternehmen gegenüber haben sich in der Zeitdauer niedergeschlagen, die ich benötigte, um mit dem Schreiben zu beginnen. Einen autobiographischen Beitrag zu schreiben, ist ein bitter-süßes Unterfangen: Erinnert es doch an das fortschreitende Alter, das die Gelegenheit bietet und die Verpflichtung zur Rückschau auf das eigene Leben mit sich bringt, bevor es zu spät ist. Gleichzeitig bedeutet es eine Herausforderung, die zu neuen Einsichten und Integration führen kann. Ich hoffe, dass die Erfüllung dieser Aufgabe vor allem Letzterem dienen wird.

Das Wort »Migration« kam mir in den Sinn, als ich mit dem Schreiben begann. Das ist natürlich kein Zufall. Denn mein Leben zerfällt in verschiedene Migrationsperioden, die sich zweifelsohne für alle meine weiteren Entwicklungsschritte als ein bestimmender Faktor herausstellen sollten. Das Wort Migration liefert ein Gerüst, um die verschiedenen Perioden und Lebensabschnitte, die ich in meinem Leben bis heute durchlaufen habe, zu ordnen und zu beschreiben. Darüber hinaus hat es noch eine andere, tiefergehende Bedeutung. Die mit der Migration verbundenen Ereignisse und Zeiten regten innere Prozesse an, die vor allem anderen zu dem beigetragen haben, was mich ausmacht, was mich zutiefst bewegt und betrifft, zu meinen Stärken und zu meinen Schwächen.

Mein frühes Leben in Deutschland –
Juli 1937 bis Dezember 1938 – Zerstörung und Flucht

An diese frühe Zeit habe ich keine eigenen bewussten Erinnerungen, abgesehen von den Erzählungen in meiner Familie. Dennoch ist sie auf vielerlei Weise der entscheidende bestimmende Faktor, die Matrix für alles Nachfolgende. Ich wurde in Frankfurt am Main als zweites Kind und einziger Sohn, nach meiner knapp neun Jahre älteren Schwester Sara, in eine jüdisch-orthodoxe Familie hineingeboren. Mir wurden bei der Geburt fünf Namen auferlegt: drei hebräische und zwei bürgerliche deutsche. Die hebräischen Namen waren: Chayim (das heißt »Leben«, nach meines Vaters Mutter, Chaya, die einen Monat vor meiner Geburt gestorben war), Shmuel (nach einem anderen Vorfahren), Menachem (dieser letzte Name wurde allen männlichen jüdischen Kindern gegeben, die in Frankfurt im hebräischen Monat Av geboren wurden, dessen voller Name ist »Menachem Av«, was wörtlich übersetzt »Tröster des Vaters« heißt und traditionell den Monat bedeutet, in dem einst der Messias geboren werden wird)[1]. Die deutschen oder bürgerlichen Namen in meiner Geburtsurkunde waren Herbert Samuel. Alle diese Namen können wohl als bedeutsam für vieles, was folgen sollte, gedeutet werden, und die verschiedenen Varianten ihres Gebrauchs im Laufe meines Lebens erzählen in gewisser Weise meine ganze Lebensgeschichte.

Mein Vater, Wolf Erlich, besaß ein Juweliergeschäft und war offenbar in der Zwischenkriegszeit auf Geschäftsreisen in verschiedenen europäischen Ländern unterwegs. Geboren war er in Proszowice, einer kleinen Stadt in der Nähe von Kraków in Polen, von wo er als sehr junger Mann nach Deutschland emigrierte. Er war der erstgeborene Sohn nach zwei Schwestern, dem noch drei weitere Geschwister folgten. Meine Mutter, Fanny, geborene Awerbuch, wurde in Darmstadt in Deutschland als älteste von sechs Kindern in eine Familie hineingeboren, die aus dem heutigen Weißrussland um die Jahrhundertwende nach Deutschland emigriert war. Mein familiärer Hintergrund war also bereits stark von Migrationen und dementsprechend vom Ethos der Migrantenfamilien geprägt. Unter anderem beinhaltete dieses Ethos ein starkes Streben nach Erfolg und erfolgreicher Anpassung an die neue Umgebung. Das galt besonders für meinen

---

[1] In den Monat Av fällt der jüdischen Tradition zufolge (am 9. Av) der Tag der Zerstörung des ersten und zweiten Tempels in Jerusalem ebenso die Schleifung der Stadt durch die Römer und weitere Katastrophen. Der Tag wird darum als Fastentag begangen [Anm. d. Übers.].

Großvater mütterlicherseits und seine Kinder, die sich rühmen konnten, in hohem Maß das deutsche Umfeld und seine Kultur aufgenommen zu haben, ohne dabei jedoch assimiliert worden zu sein. Diese Art der Integration hatte wenig mit den höheren Weihen deutscher Kultur zu tun, zumal niemand in meiner Familie irgendetwas einer akademischen Bildung Vergleichbares aufzuweisen hatte. Meine Tanten und Onkel verfügten lediglich über eine rudimentäre Schul- und Allgemeinbildung. Aber dieses Aufnehmen galt der deutschen Sprache, den deutschen Gewohnheiten und dem ganzen Spektrum dessen, was man Alltagskultur nennt.

Die religiöse Haltung der Familie war tief in der jüdischen Orthodoxie verwurzelt, und zwar in Gestalt ihrer seinerzeitigen zeitgenössischen »modernen« deutsch-jüdischen Ausprägung. Die Neo-Orthodoxie bestand darin, die Gewohnheiten der deutschen Umgebung in Kleidung, Sprache und Verhalten zu übernehmen und gleichzeitig die jüdische Religion wortwörtlich in allen Aspekten die jüdischen Feiertage, die Einhaltung des Schabbat und die Speisegesetze betreffend zu bewahren. Das bedeutete auch, dass ihr soziales Leben, obwohl sie nicht in einem Ghetto lebten, auf ihre jüdischen Freunde und Bekannten beschränkt war. Diese Lebensweise war in die grundlegenden Lehren eines berühmten Lehrers des 19. Jahrhunderts, Rabbi Samson Raphael Hirsch, eingebettet. Dieser war von seinem Posten als Oberrabbiner in Mähren nach Frankfurt berufen worden, um der Rabbiner der von der Frankfurter Gemeinde abgespaltenen Gruppe zu werden, nachdem diese sich der Reformbewegung angeschlossen hatte. Diese Gemeinde, die »Israelitische Religions-Gesellschaft« oder »Austrittsgemeinde«, wurde unter Hirschs Führung außerordentlich erfolgreich und einflussreich, bot sie doch ein Modell dafür, wie man ein jüdisch-orthodoxes Leben führen und zugleich einen engen Kontakt mit der allgemeinen Lebensumwelt halten konnte. Sowohl mein Großvater mütterlicherseits als auch meine Eltern waren treue Mitglieder dieser Frankfurter Gemeinde, die das Judentum unter dem Banner »*Torah im Derech Eretz*« (»Schön ist das Studium der Thora zusammen mit weltlicher Beschäftigung«) praktizierte. Es war eine orthodoxe jüdische Antwort auf und Anpassung an die Emanzipation und Liberalisierung, die seit dem 19. Jahrhundert die europäischen jüdischen Gemeinden überrollte und in Deutschland, wo die jüdische Reformbewegung sich durchsetzte, besonders ausgeprägt war. Diese zusammengesetzte und komplexe Identität wurde von mir aufgesogen. Ich werde darauf zurückkommen und mehr über die Bedeutung von Religion und Judentum in meinem Leben zu sagen haben.

Das erste einschneidende Ereignis in meinem Leben ist unzweifelhaft die *Kristallnacht* [Deutsch im Original, Anm. d. Übers.] am 9. November

1938. In der *Kristallnacht* wurde unsere Wohnung in der Uhlandstraße 11 geplündert, was zerbrechlich war, wurde zertrümmert, und was von Wert war, wurde geraubt. Meine Eltern erzählten mir, dass der Vermieter und sein Schwiegersohn, ein Offizier, im Eingang standen und versuchten, die Angreifer davon abzuhalten, aber sie wurden zur Seite gestoßen. Meine Mutter suchte mit meiner Schwester und mir Zuflucht jenseits der Brücke in Sachsenhausen. Mein Großvater, Joseph Awerbuch (ich beziehe mich immer auf meinen Großvater mütterlicherseits, da ich meinen Großvater väterlicherseits nie kennenlernte), und seine Familie, meine Großmutter und ihre fünf unverheirateten Kinder, verließen Deutschland 1933, wie es nahezu die Hälfte der deutschen jüdischen Gemeinde tat, und entschieden, nach Palästina, dem späteren Israel, zu emigrieren. Meine Familie blieb in Deutschland, vor allem weil mein Vater, der von der deutschen Kultur und Lebensweise völlig begeistert war, sich offensichtlich weigerte, die Warnzeichen an der Wand zu lesen, bis es fast zu spät war. Er wurde mit vielen polnischen Juden zusammengetrieben und zum Bahnhof geschickt, um nach Polen deportiert zu werden. Glücklicherweise hatte er eine Bescheinigung dabei, die es ihm wie durch ein Wunder gestattete, nach Hause zurückzukehren. Andernfalls hätten wir ihn nie wiedergesehen. Ich habe noch die Dokumente, in denen wir (meine Mutter und ihre zwei Kinder gemeinsam, mein Vater gesondert) von der Polizei aufgefordert wurden, Deutschland innerhalb von 24 Stunden zu verlassen. Obwohl diese Dokumente auf den 27. Oktober 1938 datiert sind, blieben wir mehr oder weniger versteckt, bis wir Deutschland am 28. Dezember 1938 verließen. Irgendwie überquerten wir die Grenze in die Schweiz, wo mein Vater eine Cousine hatte, und nach einem kurzen Aufenthalt fuhren wir per Schiff von Triest nach Palästina, wo wir am 10. Januar 1939 eintrafen.

Kindheit und Jugendzeit – die Gründung des Staates Israel – Gefahren und Freuden

Ich wuchs in Tel Aviv auf, damals eine ziemlich kleine, aber schon vibrierende Stadt mit aufstrebenden Geschäften, sich gut entwickelnder Industrie und sozialen Einrichtungen. Mein Großvater war als Partner in einer Kartonfabrik eingestiegen. In seinem Büro im alten Stadtzentrum, in dem ich mich häufig aufhielt, lernte ich auf einer tragbaren Schreibmaschine schreiben. Mein Vater war wiederum an einem anderen Unternehmen beteiligt, im neu eröffneten Diamantenhandel. Ich erinnere mich gut an die kleinen, mit Diamanten gefüllten Päckchen, die er nach Hause brachte und mir zeigte.

Ich wuchs in einem deutschsprachigen Haushalt auf. Die Familie dort und die mir in der Kindheit vertrauten Angehörigen kamen alle von der mütterlichen Seite, also mein Großvater und meine Großmutter, meine Tanten und Onkel. Bei den Familienzusammenkünften am Samstag bei den Großeltern wurde nahezu ausschließlich Deutsch gesprochen, und wenn die Erwachsenen Hebräisch sprachen, so war es ein sehr einfaches Hebräisch mit starkem deutschen Akzent. Für die große Mehrzahl der deutschen Juden war das typisch und bot Anlass für allerlei Heiterkeit und Witze auf ihre Kosten. Die polnischen und russischen Juden beherrschten die hebräische Sprache viel schneller und gaben deshalb im Kulturleben den Ton an. Ich erinnere, wie ich als ganz kleines Kind meine Mutter zu einem Abendkurs begleitete, in dem sie sich bemühte, Hebräisch zu lernen. Es gab damals eine Bewegung zur Ausbreitung des Gebrauchs der hebräischen Sprache, und ich erinnere mich, wie meine Schwester und ich für eine kurze Zeit die Regel aufstellten, derzufolge immer, wenn einer unserer Eltern ins Deutsche rutschte, eine Strafe zu zahlen war. So wuchs ich auf und sprach Deutsch in der Familie, vor allem mit den Älteren, und Hebräisch mit dem Rest der Welt und natürlich vor allem in der Schule. Meine Mutter brachte mir das lateinische Alphabet bei, als ich vier Jahre alt war, und ich übte Lesen an den Schildern der Geschäfte. Ich konnte also in gewisser Weise Deutsch lesen, bevor ich Hebräisch las. Ich erwähne das, weil es für spätere Ereignisse und Entwicklungen von Bedeutung ist.

Die Zeiten waren turbulent und voller Gefahren und Entbehrungen. Meine erste lebhafte Erinnerung sind weiße Körnchen (ich hielt sie für leicht getönte Samen, wie sie bis heute als eine Art Nüsse in Israel verbreitet sind). Sie regneten von der Decke, und mein Vater schnappte mich und rannte mit mir eine dunkle und zerstörte Treppe hinunter (es war früh am Nachmittag, und mein Vater war gerade von seiner *Schlafstunde* [Deutsch im Original, Anm. d. Übers.] aufgewacht. Unser Haus war von Bomben getroffen worden. Die Bomben hatten italienische Flugzeuge auf dem Rückweg von Abessinien (1941) über Tel Aviv abgeladen. Ich erinnere mich genau an einen toten Mann auf der Straße, der Kleidung nach ein Arbeiter, inmitten von Flammen und an die riesigen Bombenkrater dort.

Die Unruhen gingen weiter, als die Kämpfe gegen das britische Mandat zunahmen. Ich erinnere, wie ich mich auf der Flucht vor Kugeln, die in den Straßen abgefeuert wurden, in Hauseingänge drückte. Das vorherrschende Gefühl war das von großer Gefahr und einem Kampf auf Leben und Tod. Der V-Day markierte das herannahende Ende des Zweiten Weltkrieges, und vereinzelte Flüchtlinge und deren Horrorgeschichten kamen ins Land. Unter den Flüchtlingen war auch mein Onkel, der jüngste Bruder meines Vaters, der wie durch ein Wunder die Lager überlebt hatte. Mein Großvater väterlicherseits, Kalman Erlich, alle anderen Geschwister meines Vaters und ihre Familien und Kinder waren zusammen mit den anderen polnischen Juden ermordet worden. Ich erinnere den Sommerabend, an dem wir die tägliche Radiosendung »Wer erkennt? Wer weiß?« hörten, in der die Namen der Überlebenden verlesen wurden, sodass ihre Angehörigen erfuhren, dass sie lebten, und sie kontaktieren konnten. Ich erinnere, wie mein Vater aufsprang und schrie: »Chune! Das ist Chune!« [die jiddische Version seines hebräischen Namens *Chanan*], als plötzlich der Name meines Onkels genannt wurde. Mein Onkel war in Schweden in der Rehabilitation, da er im wahrsten Sinne des Wortes zu einem Skelett abgemagert war. Später kam er und lebte eine Weile bei uns. Zwei weitere Nichten meines Vaters waren ebenfalls nacheinander angekommen. So, wie es damals üblich war, nahm unsere kleine Drei-Zimmer-Wohnung alle drei auf.

Diese Zeit in Israel war durch den Strom der überlebenden Flüchtlinge, die bereitwillig aufgenommen wurden, gekennzeichnet. Die neuen israelischen Juden begegneten ihnen jedoch mit großer Ambivalenz, sie rühmten sich ihrer Kraft und ihres Mutes und schauten auf die runtergekommenen Diasporajuden herab, die sich »wie Schafe zur Schlachtbank« hatten führen lassen. Es dauerte Jahre, bis diese Ambivalenz anerkannt wurde und sich bis zu einem bestimmten Ausmaß wandelte.

Die Schulen, die ich besuchte, sowohl die Grundschule als auch das Gymnasium, gehörten zum orthodoxen Erziehungssystem. Dieses beinhaltete das Morgengebet und viel Zeit, die dem Studium von Bibel und Talmud gewidmet war. Ich mochte es gern und war fasziniert. Meine Gymnasiallehrer waren wirklich hervorragend, und bis heute verdanke ich ihnen viel. Viele von ihnen waren deutsche Juden, die an deutschen Universitäten promoviert hatten (einige sogar in mehreren Fächern!). Sie waren gelehrt, von großer Ernsthaftigkeit und kenntnisreich. Sie vertraten eine Haltung, die alle Arten von Wissen hochschätzt – Wissenschaft, Philosophie und jüdische Studien. Ich war ein sehr guter Schüler (für das Gymnasium hatte ich ein Stipendium gewonnen), und mir war sehr bewusst, dass es eine großartige Gelegenheit war, Teil dieser Welt zu sein, und welche Fähigkeiten ich auf diese Weise entwickeln durfte. Es ist keine Frage für mich, dass die Grundlagen, die ich damals erhielt, für meine weitere Entwicklung von unschätzbarem Wert waren.

Parallel zu meiner intensiven religiösen Erziehung, die gleichwohl ziemlich liberal war, engagierte ich mich stark für den Zionismus. Trotz der schwierigen Verhältnisse war der herrschende Zeitgeist voller großer Erwartungen und belebte jahrhundertealte Träume vom Überleben allen Widrigkeiten und Hindernissen zum Trotz. In der Rückschau, denke ich, kann man hier schon die zwei hervorstechenden Merkmale des israelischen Charakters und seiner Kultur sehen: einen omnipotenten Glauben, dass es nichts gibt, was nicht gelöst und überwunden werden könnte, und eine gewisse Art paranoider Opferhaltung, dass die ganze Welt gegen uns ist und man niemandem trauen kann. Obwohl die Zeiten objektiv hart waren, erinnere ich niemanden, der sich beklagt hätte. Die Tage waren vom Kampf gekennzeichnet – gegen die Briten, gegen gelegentliche arabische Angriffe (von Jaffa abgeschossene Kugeln schlugen in unseren Fenstern in Tel Aviv ein), gegen die Welt, die schwieg, als unsere Verwandten in Europa durch Nazi-Deutschland und seine Verbündeten verbrannt und abgeschlachtet wurden. Politisch war das Land tief gespalten zwischen Bewunderern und treuen Unterstützern des Kommunismus und der Sowjetunion und denen, die für den Westen, die europäische und (viel später) die amerikanische Kultur und Wirtschaft optierten. Die Entscheidung der Vereinten Nationen vom 29. November 1947, das Land in zwei Staaten aufzuteilen, einen jüdischen und einen arabischen, wurde mit überwältigenden Freudenausbrüchen und Tanz in den Straßen begrüßt, aber es folgte unmittelbar die Invasion durch sieben benachbarte arabische Armeen und Attacken durch die lokale arabische Bevölkerung (später anerkannt als Palästinenser). Als Junge sammelte ich Gewehre, Kugeln und Armeemesser.

Erneut waren wir ständigen Luftangriffen ausgesetzt, die unser Haus nur knapp verfehlten. Die Zeitungen waren voller Berichte über Angriffe auf Busse und die Konvois in das belagerte Jerusalem, das von der Jordanischen Legion erobert worden war. Täglich kamen Menschen ums Leben, darunter auch ein 18 Jahre alter Cousin von mir. Er war das einzige Kind einer Tante und eines Onkels mütterlicherseits. Die Todesnachricht kam am Pessach-Abend, als wir uns wie üblich darauf vorbereiteten, zum Seder mit der Familie zum Haus meines Großvaters zu gehen. Ich erinnere noch die herzzerreißenden Schreie und das Schluchzen seiner Mutter, als sich das Fest jäh in Schmerz und Trauer verwandelte. Ungefähr zur gleichen Zeit entschied sich meine Schwester, eine exzellente Studentin und Schriftstellerin (ihre Arbeit wurde in eine Anthologie israelischer Schriftsteller aufgenommen), eine vielversprechende Universitätskarriere aufzugeben und in einen Kibbutz einzutreten – sehr zum Bedauern unserer Eltern. Sie traf dort ihren späteren Ehemann, und während einer kurzen Zeit fanden wir dort eine Zuflucht vor den unaufhörlichen Luftangriffen.

Der Unabhängigkeitskrieg (1948–1949) ging weiter und forderte einen hohen Tribut, viele Tausende wurden getötet und verwundet, und täglich gab es Nachrichten von den Kämpfen und Verlusten. Wellen von Immigranten kamen an und wurden von dem im Aufbau begriffenen Staat aufgenommen, was zu großem ökonomischen Elend führte. Eine strikte Rationierung wurde von der Regierung verhängt, was wiederum die Verknappung von Gütern und Nahrungsmitteln zur Folge hatte und zur Bildung eines Schwarzmarkts führte. Die Aktivitäten meines Vaters im Diamantenhandel kamen vollständig zum Erliegen. Um unseren Lebensunterhalt zu verdienen, griff er auf die Uhrmacherei in Heimarbeit zurück, wobei ihm sein Bruder half, denn beide kamen aus einer Familie von Uhrmachern und Juwelieren.

Leben in Amerika (1954–1979) – Immigranten im Land der unbegrenzten Möglichkeiten

Vor diesem Hintergrund ökonomischer und allgemeiner Not entschieden sich meine Eltern, in die USA zu emigrieren. Das war ihrerseits eine gewagte, mutige, vielleicht sogar dumme Entscheidung. Sie waren schon in den Fünfzigern, ohne jegliche Sprachkenntnisse und ohne irgendein Vermögen oder spezielle Fertigkeiten, doch der amerikanische Traum übte eine machtvolle Anziehung aus. Wir kamen ohne Geld in den USA an, mit nur sehr wenigen Verbindungen und einer höchst ungewissen Aussicht. Ich weiß nicht, was sie zu diesem riskanten Schritt bewogen oder was sie möglicherweise darin bestärkt hatte. Ich glaube, obwohl das kaum je klar zum Ausdruck gebracht wurde, dass sie mir die Chance eines Zugangs zu einer freieren Welt und einer weltlicheren Erziehung eröffnen wollten, und in dieser Hinsicht waren sie zweifellos erfolgreich. Gleichwohl müssen die ersten 15 Jahre in den USA sehr schwierig für sie gewesen sein, weit entfernt von ihren Angehörigen und Freunden. Ihrem Traum, Reste der Frankfurter Gemeinde wiederzutreffen, die sich in der Gegend namens Washington Heights (scherzhaft »*Frankfurt am Hudson*« [Deutsch im Original, Anm. d. Übers.] genannt) niedergelassen hatten, war nur mäßiger Erfolg beschieden, da sie niemals wirklich Teil dieser Gemeinschaft wurden oder bedeutsame Freundschaften schlossen. So lebten wir drei in unserer neuen amerikanischen Heimat ein ziemlich isoliertes und beschränktes Leben.

Meine Eltern fanden in ihrer neuen Umgebung niemals wirklich Anschluss. Die Unterschiede zwischen den beiden wurden offensichtlich:

Obwohl mein Vater letztendlich einen Juwelier- und Geschenkeladen in der Hauptstraße von Washington Heights eröffnete, beherrschte er doch niemals die neue Sprache und griff auf die jüdische Zeitung zurück. Meine Mutter hingegen brachte sich selbst genügend Englisch bei, um das *TIME-Magazine* zu lesen. Sie wurde lebendiger, selbstbewusster und steckte voller Tatendrang. Deshalb wurde sie zur Einkäuferin für das Geschäft. Diese Ungleichheit zwischen den beiden, eine häufig anzutreffende Folge der Emigration, sorgte für viel Unfrieden in ihrer Beziehung, was ihre soziale Isolation noch verstärkte.

Diese Migration forderte auch von mir einen hohen Preis. Als Heranwachsender (ich war 16 Jahre alt, als wir Israel verließen) wurde ich von meinen nahen Freunden, meiner Sprache und meinem kulturellen Hintergrund abgeschnitten. Ein Teil meiner Reaktion bestand in wütenden Angriffen gegen meinen Vater. Ich beschuldigte ihn der Passivität und Dummheit, die wegen seines Zögerns und des verspäteten Verlassens Deutschlands beinahe unser Leben gekostet hatten. Das war vermutlich eine Verschiebung meines Ärgers über die Entwurzelung aus meinem Leben in Israel, obwohl ich sagen muss, dass ich der Emigration durchaus zugestimmt hatte. Israel zu verlassen, wurde als eine schändliche Tat angesehen, gleichbedeutend mit Fahnenflucht. Ich erinnere mich, wie ich mich schämte und zu verteidigen suchte, als ich meine nahen Freunde von der bevorstehenden Abreise informierte, und an meine Überraschung angesichts ihrer Reaktion: Sie waren neidisch. Gleichzeitig bedeutete das eine Ablehnung des deutschen Teils meiner Identität, der jetzt durch die neu angenommene amerikanische ersetzt wurde. Doch ich verdanke diesem deutschen Teil viel, er half mir, die englische Sprache zu lernen. Es wäre für mich auf vielfache Weise schwieriger geworden, wenn ich nur Hebräisch als Muttersprache gehabt hätte.

Als Neuankömmling ohne finanzielle Ressourcen begann ich sofort zu arbeiten. Ich antwortete auf eine Zeitungsannonce und bekam einen Job: aus Deutschland importierte Kuckucksuhren reparieren. Für einen Dollar die Stunde in einem New Yorker Betrieb neben Puerto Ricanern und anderen sozial schlechter Gestellten zu arbeiten, die U-Bahn zur schweißtreibenden Rushhour zu benutzen und mich als ein unendlich kleines Teilchen in dieser hektischen Millionenstadt zu fühlen, war eine neue und ernüchternde Erfahrung. Es lehrte mich, dass nur Eigenständigkeit das Überleben sichern kann und vielleicht zum Erfolg führt und dass nichts im Leben leicht daherkommt. Diese letzte Schlussfolgerung war vermutlich eine Übertreibung, denn ich brachte eine beträchtliche Mitgift in Form meiner inneren Fähigkeiten mit, aber ich wusste damals kaum etwas davon oder glaubte nicht daran. Dennoch war ich ein emsiger Schüler der amerikanischen (genauer der New Yorker) Szene und Kultur. Ich abonnierte und las gängige amerikanische Magazine mit Kurzgeschichten, die sich oft um Baseballspieler und andere Helden der amerikanischen Kultur drehten, und ging später zur Lektüre anspruchsvollerer Magazine über, wie *The New Republic* und *Commentary*, zwei der führenden sozio-politischen Sprachrohre der Intellektuellen, in denen sich ein erheblicher Anteil an jüdischen Untertönen und Autoren fand.

Ich absolvierte ein Jahr in der High School und zwei Jahre College an der Yeshiva University, gleichzeitig schloss ich das Hebrew Teachers College ab, was mich dazu befähigte, an jüdischen Tagesschulen zu unterrichten. Ich liebte das Fach Weltgeschichte, worin ich in meiner israelischen High School eine ausgezeichnete Grundlage erhalten hatte und das ich zunächst als Hauptfach studieren wollte. Aber die Aussicht, auf diesem Gebiet wissenschaftlich zu arbeiten, schien wenig verlockend und schreckte mich ab. Ungefähr zu dieser Zeit entdeckte ich zufällig die Psychoanalyse, und zwar durch ein Buch von Erich Fromm, in dem er warmherzig und wortgewandt vom Schabbat sprach, eine Synthese, die mir überaus verlockend schien und neue Horizonte eröffnete. Als ich meinem Vater von meiner Entdeckung Erich Fromms erzählte, stellte sich heraus, dass er ihn als Jungen in Frankfurt kennengelernt hatte, was mein Gefühl der Vertrautheit beförderte. Ich wechselte im Hauptfach zur Psychologie, und meine akademische Heimat wurde das City College of New York, das eine ausgezeichnete psychologische Abteilung besaß. Nach zwei lehrreichen Jahren graduierte ich dort mit dem Bachelor of Arts (1959) und schrieb mich für den Promotionsstudiengang (PhD) in Klinischer Psychologie an der New York University ein.

Der entsprechende Studiengang an der New York University war seinerzeit einer der drei besten unter den vielen Programmen an US-Universitäten. Darüber hinaus rühmte er sich seiner starken psychoanalytischen Ausrichtung. Ich hatte das Glück, ausgezeichnete Lehrer wie Robert Holt (einen renommierten Freud-Kenner) und George Klein (einen renommierten Theoretiker und Forscher der Psychoanalyse) vorzufinden. Meine Doktorarbeit ging aus George Kleins Forschungsseminar hervor und erhielt die Auszeichnung »Best Dissertation«, welche erstmals durch die New York Society of Clinical Psychologists verliehen wurde. Darin untersuchte ich die Faktoren, welche für die große individuelle Variationsbreite bei einem Phänomen, dem sogenannten »delayed auditory feedback« (DAF), zuständig waren. Methodisch folgte ich der damals weit verbreiteten »cognitive style and cognitive control« und wandte ihre entsprechenden Kontrollinstrumente an. Aufgrund meines aufkeimenden Interesses an der Psychoanalyse untersuchte ich in diesem Zusammenhang ebenso die Effekte traumatogener Inhalte und erklärte sie mit den stark überlasteten Ich-Funktionen.

Außer meiner intellektuellen folgte ich damals noch einer weiteren Leidenschaft: Ich entwickelte eine gute Tenorstimme und liebte es zu singen. Mehrere Jahre nahm ich Gesangsunterricht und sang Opernarien und Schubert-Lieder. So entstand eine neue Verbindung mit meiner Mutter, die in ihrer Jugend in Deutschland Klavierspielen gelernt hatte und mich nun begleiten konnte. Ich war sehr ehrgeizig und fasste ernsthaft eine Karriere an der Oper ins Auge. Mein Lehrer, ein ehemaliger Wiener Professor, unterstützte meine Absicht und unterrichtete mich das letzte Jahr meiner Ausbildung ohne Honorar in der gemeinsamen Hoffnung und Sehnsucht meiner Teilnahme am Vorsingen in der Metropolitan Opera. Zugleich war ich jedoch sehr in mein Studium der Klinischen Psychologie und meine Ausbildung vertieft. Ich fühlte mich buchstäblich zerrissen wie nie zuvor. Am Ende wählte ich den Weg der Psychologie und gab meine Sehnsucht, Opernsänger zu werden, endgültig auf.

Mein Gesang machte sich in anderer Hinsicht bezahlt: Ich erhielt eine Jahresstellung als Kantor in einer New Yorker Reformsynagoge, die es uns erlaubte, zu heiraten. Meine Frau Anita hatte ich einige Jahre zuvor in einem Sommercamp kennengelernt, und die Verlobung und Hochzeit folgten bald. Wir waren beide ziemlich jung und unerfahren und hatten einen ähnlichen jüdisch-orthodoxen Hintergrund mit starken zionistischen Neigungen. Unsere erste Tochter wurde im Mai 1965 geboren, als ich gerade meinen Doktortitel erwarb. Es war eine sich lang hinziehende Geburt im Krankenhaus an der Fifth Avenue in New York, wobei ich vor Beunruhigung und Angst schier verrückt wurde. Damals wurden Väter im Kreißsaal nicht zugelassen, und die Krankenschwestern waren nicht sehr mitteilsam. Schließlich kam die Geburt zu einem guten Ende, und wir wurden mit einer gesunden Tochter gesegnet. Dem Brauch für im Ausland geborene Kinder folgend gaben wir unserer Tochter den hebräischen Namen Tsafrira, der zudem mit Anitas kürzlich verstorbener Großmutter verbunden war, Tsipora (Vogel), zugleich der Name meiner Mutter (den wir, da sie noch am Leben war, nicht benutzen konnten), und den englischen Namen Robin Joy, wobei der mittlere Name unsere Gefühle zum Ausdruck brachte. Sie verkürzte ihn irgendwann und nennt sich heute Tsafi. Zwei Tage nach der Entbindung bekam Anita Schmerzen, es wurde eine Osteomyelitis diagnostiziert, was eine sofortige Operation erforderlich machte. Zehn Tage lang wurde ihr jeder Kontakt mit dem Baby untersagt, und ich übernahm einige der mütterlichen Aufgaben und Funktionen, so auch das Baden der Neugeborenen. Glücklicherweise hatten wir eine Schwester für die Zeit nach der Geburt engagiert, die mich gerne einwies und mir half. Ich erinnere noch, wie ich mich zutiefst belohnt fühlte, als meine Tochter mir ihr erstes Lächeln schenkte.

Der Studiengang in Klinischer Psychologie an der New York University beinhaltete die Behandlung von Patienten in der Ambulanz unter der Supervision von Psychoanalytikern. Parallel hierzu absolvierte ich außerdem ein zweijähriges Praktikum in verschiedenen Einrichtungen und Krankenhäusern. Hier sammelte ich Erfahrungen in der schwierigen Arbeit mit psychotischen und schizophrenen Patienten und lernte Teamwork in einer psychiatrischen Abteilung kennen. Aber von alldem war ich noch nicht wirklich überzeugt. Ich empfand das Bedürfnis nach einer besseren und sorgfältigeren Grundlage, und aufgrund der einhelligen Empfehlung von Bob Holt und George Klein bewarb ich mich um ein Post-Graduierten-Stipendium am Austen Riggs Center in Stockbridge, Massachusetts. In einer verschneiten Winternacht fuhr ich hinauf nach Stockbridge, das in den Berkshire Hills gelegen ist, und verbrachte den nächsten Tag dort mit Interviews. Ich sprach mit mehreren Mitarbeitern und dem medizinischen Direktor Robert Knight. Ich wusste nicht, dass er schon an einer Krebserkrankung litt, und war überrascht über sein gelegentliches Einnicken. Später las Robert Knight meine Fallvorstellungen und versah sie mit seinen Kommentaren und Korrekturen in roter Tinte, bis er im Mai 1966 am Ende meines ersten Jahres in Austen Riggs starb. Ich wurde als Post-Doktorand aufgenommen, und meine Frau und ich und unsere zwei Monate alte Tochter verließen im Juli 1965 unsere Wohnung in Manhattan, um nach Stockbridge zu ziehen.

Es gibt einiges über unser Leben in Stockbridge zu sagen. Es war ein bezauberndes Leben in einer wunderschönen Umgebung, mit dramatisch in allen Farben leuchtendem Laubwerk im Herbst, heftigen Schneefällen und Skifahren im Winter und prächtigen Seen und Landschaften im Frühling und im Sommer, alles durchtränkt von der Gastfreundlichkeit und Küche New Englands. Von diesem WASP-Hintergrund hoben wir uns mit unserem Judentum ab, denn meine Frau und ich hielten uns an die Speisegebote und den Schabbat, und das in einer Gemeinschaft, in der Juden selten waren und wenn, dort assimiliert lebten.

Die sechs Jahre in Austen Riggs (1965–1971) haben mich in entscheidender Weise beeinflusst und wurden zu einem fruchtbaren Boden für bedeutsames persönliches und professionelles Wachstum und Entwicklung. Klinisch war es eine großartige Lernerfahrung. In diesem kleinen,

42 Betten umfassenden, offenen psychiatrischen Krankenhaus hatte jeder Patient viermal die Woche eine intensive, individuelle psychoanalytische Psychotherapie. Die Supervision war individuell und auf den Einzelfall bezogen, sie wurde durch erfahrene Mitarbeiter angeboten, viele unter ihnen Lehranalytiker. Als Fellows übernahmen wir Rollen in der Therapeutischen Gemeinschaft und tauchten in die dazugehörige Denkweise und Welt ein. Es gab eine große Anzahl von Seminaren bei ausgezeichneten Lehrern, in denen man ein Verständnis von Schlüsselbegriffen der Psychoanalyse bekommen konnte, von der Therapeutischen Gemeinschaft, der Klinischen Diagnostik, Psychotherapie etc. Kurz, es war eine einzigartige Gelegenheit zu lernen. Darüber hinaus erwuchs daraus eine ungeheure Verpflichtung zum Einhalten höchster professioneller und klinischer Standards und das Bewusstsein einer führenden Position im Vergleich zu den meisten anderen psychiatrischen und sogar psychoanalytischen Einrichtungen. Man muss sich vor Augen halten, dass die Psychoanalyse in den USA zu dieser Zeit (in den späten 1960er Jahren) ihren Höhepunkt erreicht hatte und viele Direktoren von psychiatrischen Abteilungen und Krankenhäusern Psychoanalytiker waren. Zugleich war die Psychoanalyse formal auf die ärztlichen Berufe beschränkt, eine Situation, die sich erst 20 Jahre später ändern sollte.

Als ich in Austen Riggs eintraf, betrauerte das Institut den verfrühten Tod von David Rapaport im Jahr zuvor. Sein Geist und die tatsächliche oder symbolische Anwesenheit von anderen namhaften psychoanalytischen Persönlichkeiten prägten die Atmosphäre. Man fühlte sich in der Gegenwart einer epochalen, selbstbewussten und Geschichte schreibenden Einrichtung. Die genaue Kenntnis von Rapaports Schriften und der Umgang mit Merton Gill, Roy Schafer und anderen führten mich in die Feinheiten der damals vorherrschenden Ich-Psychologie ein. Hinzu kamen Seminare, die sich dem 7. Kapitel von Freuds *Traumdeutung* widmeten, Fairbairns und Guntrips Objektbeziehungsansatz, Bions Theorie der Gruppen, Talcott Parsons und Marshall Edelsons Konzeptualisierung Sozialer Systeme, um nur die herausragendsten und unvergesslichsten zu erwähnen. Irgendwann kehrte Erik Erikson aus Harvard nach Riggs zurück, die Seminare mit ihm waren eine einzige Freude. Ich entwickelte eine gewisse Beziehung zu ihm, die nicht eng war, aber Momente der Nähe umfasste. Er gab mir ein schwedisches Exemplar seines Buchs *Einsicht und Verantwortung*. Es enthielt ein Umschlagfoto, auf dem ich in einem seiner Seminare neben ihm sitze und ihn gedankenvoll oder auch bewundernd ansehe, mit der Widmung: »To my guardian angel.«

Obwohl das alles viel zu meinem theoretischen Verständnis und psychoanalytischen Denken beitrug, war mein Lernen keinesfalls bloß theoretisch.

Die Patienten, die ich in intensiver vierstündiger Psychotherapie behandelte, stellten eine erstaunliche Ansammlung von menschlichen Fähigkeiten und ihrer Pathologie dar. Sie umfassten die Spanne der späten Adoleszenz bis ins mittlere Lebensalter und reichten diagnostisch von Hysterie und Depression bis zu Borderline und Schizophrenie. Letztere mussten natürlich in der Lage sein, sich in diesem offenen Krankenhaus aufhalten zu können. Medikamente wurden sparsam eingesetzt, und die Medikation war relativ einfach entsprechend dem Stand der Psychopharmakotherapie der 1960er Jahre. Es gab eine nahezu komplette Gleichwertigkeit zwischen Psychologen und Psychiatern (abgesehen von der Durchführung ärztlicher Aufgaben) und eine insgesamt von gegenseitigem Respekt geprägte Haltung unter den Mitarbeitern verschiedener Ränge und Fachrichtungen.

Es gab einen weiteren Aspekt der Krankenhausroutine, der zweifellos ziemlich beängstigend war, aber zugleich einen großen Anreiz für das Lernen bedeutete. Die Patienten wurden für eine anfängliche Aufnahme und Probebehandlung von einem Monat Dauer eingewiesen. Am Ende dieser Zeit wurden sie von dem sie behandelnden Therapeuten anhand seines schriftlichen Berichts vorgestellt, gemeinsam mit den Berichten der psychologischen Tests, der Pflegekräfte und der Beschäftigungstherapeuten. Diese langen und ausführlichen Vorstellungen fanden in den Mittagspausen statt, in denen man gleichzeitig aß, zuhörte und den Bericht erstmals zu Gesicht bekam. Am Ende der Vorstellung fand eine Diskussion unter den Mitarbeitern statt, in der die psychologische Verfassung, Dynamik, Symptomatologie, Diagnose und Prognose diskutiert und evaluiert und eine Behandlung vorgeschlagen wurden (die auch beinhalten konnte, den Patienten nach Hause zu entlassen oder zu verlegen). Die Diskussion unter den Mitarbeitern begann jeweils mit vier Sprechern, deren Namen erst nach beendeter Vorstellung aufgerufen wurden, wobei die Aufeinanderfolge immer gleich blieb: Ein Fellow in seinem ersten Jahr machte den Anfang, darauf folgte ein Fellow in seinem zweiten Jahr, darauf ein Junior-Mitarbeiter und am Schluss ein Senior-Mitarbeiter. Ich war also des Öfteren der Erste, der die Besprechung eines Falls, den ich gerade erst gehört hatte, beginnen musste, mit jemandem wie Erik Erikson, Margaret Brenman oder einem anderen meiner Supervisoren, die am Schluss der Diskussion das Wort ergriffen. Selbstverständlich erinnere ich diese Mittagessen nicht der Mahlzeiten wegen, sondern ich lernte dort, unter Druck zu denken und zu formulieren, eines der Geschenke, die ich dort mitbekam.

Im Laufe der Zeit tauchte ich zunehmend in die Psychoanalyse ein und wurde von ihr angezogen. Damals war Riggs mit dem Western New England Psychoanalytic Institute in New Haven verbunden. Einige der Seminare für Kandidaten wurden in Riggs angeboten, und ich hatte die Gelegenheit, daran teilzunehmen. Eine Gelegenheit und eine Herausforderung boten sich mir im dritten Jahr, als mir eine Stelle an einem namhaften New Yorker Krankenhaus mit dem verführerischen Angebot einer voll subventionierten Ausbildung am New York Psychoanalytic Institute, dem angesehensten und verehrtesten Institut des ganzen Landes, offeriert wurde. Neben meiner Abneigung, unser Leben in Stockbridge aufzugeben, um nach New York zurückzuziehen, gab es eine weit problematischere Angelegenheit: In meinen Interviews wurde mir mitgeteilt, dass, auch wenn man mich gerne am New Yorker Institut zur Ausbildung zulassen wolle, sogar einschließlich des klinischen Teils (!), ich dennoch eine Bescheinigung unterzeichnen müsste, dass ich meine Ausbildung ausschließlich für Forschungszwecke nutzen würde. Damals akzeptierte die Amerikanische Psychoanalytische Vereinigung, die einzige Institution, welche die psychoanalytische Ausbildung für die IPA anbot, ausschließlich Mediziner. Nichtmedizinische Bewerber wurden manchmal als »Forschungskandidaten« angenommen und gewöhnlich nicht zu den klinischen Seminaren zugelassen. Man versicherte mir, das bedeute nichts und man würde mir gern Patienten überweisen. Dennoch rief es eine starke Reaktion in mir hervor: Nochmals würde ich der Jude und Außenseiter sein, toleriert und sogar respektiert, doch im Abseits und verschieden von den anderen. Ich lehnte das Angebot ab und fühlte mich erstmals hoch motiviert, eine Analyse zu beginnen. Dieses Erlebnis rührte unzweideutig an meine Schwierigkeiten mit Fragen der Identität und Zugehörigkeit.

In Riggs war es üblich und möglich, es wurde sogar finanziell gefördert, bei einem Senior-Mitarbeiter in Analyse zu sein. Ich entschied mich für eine Analyse bei dem kürzlich nach Riggs gekommenen Leslie Farber, den der neue medizinische Direktor und mein Supervisor Otto Will aus Washington DC geholt hatte. Meine Analyse mit Leslie Farber dauerte nur eineinhalb Jahre, da er sich entschied, Riggs zu verlassen und nach New York zu gehen. Dennoch war diese Erfahrung in verschiedener Hinsicht von tiefer Bedeutung. Leslie war ein Lehranalytiker des Washington Psychoanalytic Institute, doch er war ziemlich unkonventionell: Er benutzte nicht die Couch (er bot mir an, ein Feldbett bereitzustellen, als ich darauf zu sprechen kam), und er legte großen Wert auf Gegenseitigkeit, was dazu führte, dass er in Erwiderung auf einige meiner Angelegenheiten und Assoziationen ziemlich viel von sich selbst sprach. Als Direktor der Washington School of Psychiatry hatte er Martin Buber in die USA eingeladen, er war zutiefst beeinflusst von dessen existentialistischem Ansatz, den er sehr schätzte. Er selbst war ein begabter Schriftsteller, hatte für das

Intellektuellenmagazin *Commentary* Beiträge geliefert und einige sehr interessante und innovative Bücher geschrieben. Er war sehr weise, zugleich nüchtern, gänzlich unprätentiös und von großer persönlicher Integrität. Die Entdeckung unseres gleichen Geburtsdatums (11. Juli) war für uns beide bedeutsam und stand für die besondere Verbindung, die zwischen uns entstand. In diesen eineinhalb Jahren meiner analytischen Erfahrung mit ihm, möglicherweise auch weil ich erstmals eine bedeutungsvolle therapeutische Erfahrung machte, kam es zu einigen wirklichen Veränderungen in mir. Die bemerkenswerteste war meine langsame Bewegung weg von der religiösen Observanz. Interessanterweise war Leslie damit gar nicht glücklich, denn er betrachtete innere religiöse Gefühle, Kämpfe und Konflikte als wertvoll. Gleichwohl bedeutete das den Anfang meiner Distanzierung von der Religion zumindest in ihren äußeren Manifestationen in Form von Regeln und Gebräuchen, während ich eine Loyalität zur Tradition und ein Gefühl tiefer Verbundenheit mit dem jüdischen Volk und seiner Geschichte bewahre, wie sie bereits in meinen Kindheitserfahrungen und in meiner ziemlich umfassenden Bildung mit den daraus erwachsenen Kenntnissen der biblischen, talmudischen und historischen Quellen des Judentums angelegt sind.

Eine weitere hoch bedeutsame Entwicklung bestand in meiner Begegnung mit der Group Relations Arbeit, ein Gebiet, auf dem ich mich seitdem stark engagiere. Als Mitglied der Therapeutischen Gemeinschaft in Riggs wurde ich 1967 zu einer Group Relations Konferenz nach New London, Connecticut, geschickt. Das war das erste oder zweite Mal, dass Mitarbeiter des Tavistock Institute of Human Relations, welches diesen Ansatz und diese Methode entwickelt hatte, in die USA eingeladen worden waren, um sie dort bekannt zu machen. Ich ging zu der Group Relations Konferenz, ohne zu wissen, was mich dort erwartete, und wurde von der Erfahrung zutiefst bewegt und nachhaltig beeindruckt. Obwohl ich beträchtliche Erfahrungen mit Gruppentherapie und der Therapeutischen Gemeinschaft hatte, fühlte ich erstmals, dass ich verstand, was eine »Gruppe« ist und wie man sie erfahren und darüber nachdenken kann. Im folgenden Jahr nahm ich an einer zweiwöchigen Group Relations Konferenz in Mount Holyoke teil und entschied mich, diesen Ansatz bei meiner Rückkehr nach Israel mitzubringen. Ich werde später mehr dazu sagen.

Rückkehr nach und Leben in Israel (1971 – Gegenwart) – persönliche und institutionelle Weiterentwicklung

Das letzte Jahr in Riggs war durch meine Behandlungen von fünf sehr verschiedenen und schwierigen Patienten und durch institutionelle Spannungen und Kontroversen, welche sich auf diese Behandlungen auswirkten, geprägt. Die Quelle und der Kristallisationspunkt des Aufruhrs hatten mit den Veränderungen zu tun, die Otto Will, der neue medizinische Direktor, eingeführt hatte. Otto Will kam nach Riggs nach einer langen und herausragenden Karriere in Chestnut Lodge in Washington DC, wo er schwerkranke schizophrene Patienten in höchst individueller und hingebungsvoller Weise behandelt hatte. Obwohl er Psychoanalytiker war, bekannte er sich zu einer kritischen und sogar negativen Haltung gegenüber der Psychoanalyse insbesondere bezüglich ihrer Etabliertheit und konservativen politischen Ansichten. In Chestnut Lodge war er stark von Sullivan und Frieda Fromm-Reichmann, seiner Analytikerin, beeinflusst worden. Für die Offenheit und den damit verbundenen Gedanken der Therapeutischen Gemeinschaft in Riggs hatte er allerdings wenig Verständnis und erkannte nicht deren Nutzen. Die erfahrenen Mitarbeiter in Riggs fürchteten, er beabsichtige, mehr stark regredierte Patienten zuzulassen, was dazu geführt hätte, zumindest Teile der offenen Klinik in eine geschlossene Abteilung zu verwandeln. Otto supervidierte meine Arbeit mit einem besonders schwierigen schizophrenen Patienten, der unmittelbar nach seiner Aufnahme in einen schwer katatonen Zustand geriet, und ich lernte bei dieser Arbeit viel von ihm. Er war davon überzeugt, dass sich eine starke Verbindung oder Bindung ohne Worte herstellt, allein aufgrund des Aufrechterhaltens physischer Nähe und Konstanz. Hierin war er von der Arbeit eines Verhaltensforschers, John Paul Scott, der über die Bildung von Beziehungen mit Hunden und Wölfen geschrieben hat, beeinflusst, und er empfahl mir, vom Patienten als Wolf zu denken. Das war hier ziemlich leicht, da das Gesicht des Patienten immer finsterer wurde, mit grimmigen schwarzen Augen, die mich aus seinem sprachlosen Schweigen anstarrten. Er blieb in seinem Raum bei geschlossenen Fensterläden und stickiger Luft voller Schweißgeruch, sprach überhaupt nicht und war motorisch schwer eingeschränkt und (im Bleuler'schen Sinn) ambivalent. Ich ging viermal in der Woche in sein Zimmer und saß dort einfach bei ihm. Nach mehreren Monaten in diesem Sinne kam er langsam gemeinsam mit mir aus seinem Zimmer heraus, wobei er die Reichweite dieser »Expeditionen« äußerst zögerlich ausdehnte.

Diese bedeutsame therapeutische Arbeit geschah vor dem Hintergrund der institutionellen Spannungen zur Frage der Behandlung stark regredierter Patienten. Als es dem Patienten besser ging und er aus seiner Katatonie auftauchte, kam es zu einem eindrucksvollen Agieren in der Klinik und im Dorf. Wie ich es bei Beginn der Behandlung im Bewusstsein der in der Klinik tobenden Auseinandersetzung vorhergesagt hatte, wurde diese Behandlung vom Krankenhaus als unakzeptabel und unmöglich zu containen angesehen. Der Patient wurde in ein staatliches Krankenhaus mit einer geschlossenen Abteilung verlegt.

Für mich hat sich später bestätigt, dass Otto mit seiner These von der Stärke einer Verbindung, die auch ohne gesprochene Worte allein durch das Zusammensein entstehen kann, absolut richtig gelegen hatte: Jahre später nach meiner Rückkehr nach Israel, als ich auf Heimaturlaub nach dem Jom-Kippur-Krieg war, erreichte mich als Erstes sein Anruf, er rief aus den USA an, um zu hören, ob bei mir alles in Ordnung sei.

Unsere Familie wuchs mit der Ankunft unserer zweiten Tochter, Tamar (Palmenbaum), im März 1967. In Verbindung mit der wachsenden Spannung in der Klinik machte uns die Frage danach, wo wir unsere Kinder aufwachsen lassen wollten, klar, dass wir Riggs und unser Leben in den Berkshires würden verlassen müssen. Es war ein großer Zufall, dass Hillel Klein, Chefarzt eines Jerusalemer psychiatrischen Krankenhauses, der für ein Sabbatical in New York war, nach Riggs eingeladen wurde, um dort eine Vorlesung zu halten. Nachdem er mein Seminar über psychologische Testdiagnostik besucht hatte, bot er mir eine Position als leitender Psychologe in seinem Krankenhaus an. Nach seiner Rückkehr nach Israel wiederholte er sein Angebot und schlug vor, dass ich zusätzlich die Leitung für eine neu aufzubauende Abteilung für Jugendliche im Hause übernehmen sollte. Zur gleichen Zeit lud mich Ze'ev Klein (nicht mit Hillel Klein verwandt) von der Hebrew University an die von ihm geleitete Abteilung für Klinische Psychologie als Dozent ein. Die Verbindung einer klinischen mit einer akademischen Position war entschieden reizvoll und genau das, was mich interessierte. Wir kamen mit unseren beiden Töchtern für einen Monat auf Besuch nach Israel (wohin ich 16 Jahre lang nicht zurückgekehrt war!) und entschieden uns im Anschluss zum Umzug. Ich akzeptierte beide Stellungen und begab mich auf eine erneute Migration.

In unserem ersten Jahr in Jerusalem lebten wir in einem Aufnahmezentrum unter behelfsmäßigen Bedingungen, während das Haus, in dem wir eine Wohnung erworben hatten, langsam gebaut wurde. Es gab zahlreiche Herausforderungen und Hindernisse, zum Beispiel mussten wir uns an die neuen bürokratischen Regeln gewöhnen (von denen es viele gab), unsere Töchter mussten sich auf das Erziehungswesen einstellen, und ich musste beruflich und persönlich meinen Ort finden. Wir waren mit Familienmitgliedern, die ich 17 Jahre lang nicht gesehen hatte, insbesondere mit meiner Schwester und ihrer Familie mit drei Söhnen wiedervereinigt. Sara und ihre Familie waren von ihrer national-religiösen Identität und Einstellung niemals abgewichen, was einen offenen Austausch bisweilen erschwerte. Doch wir freuten uns, in ihrem dörflichen Heim den Schabbat zu verbringen, in einer Ruhe und einem Frieden, den die Befolgung der Regeln mit sich brachte. Zur gleichen Zeit wurde es uns aber unmöglich, unsere eigene religiöse Identität, die schon lang vor unserem Umzug verblasst war, beizubehalten, und wir ließen sie angesichts der politischen Bedeutung, die ihr in der israelischen sozialen Szene zukam, schnell hinter uns. Eine Wahl mussten wir unvermittelt treffen, als die Frage auf uns zu kam, welche Art Schule unsere Kinder besuchen sollten, da das israelische Erziehungswesen zwischen religiösen und säkularen Schulen unterschied. Wir wählten die letztere Schulform, was sofort unsere Position der Familie meiner Schwester gegenüber klarstellte, die sozial und politisch völlig mit der religiösen Welt identifiziert war. Es mag als eine geringfügige Krise betrachtet werden, aber es war ein entscheidender Schritt in Hinblick auf Identität, sozio-politische Zugehörigkeit und Familienbeziehungen. Es reflektierte gewiss auch die Atmosphäre in Israel, in der bis auf den heutigen Tag religiöse und politische Zugehörigkeiten miteinander verschmolzen sind, wobei eine scharfe Spaltung und gegenseitiger Ausschluss zwischen der religiös-konservativen und der säkular-liberalen Haltung zu erkennen ist. Diese Spaltung nahm nach dem Krieg von 1967 zu und wurde vorherrschend, als die religiösen politischen Parteien von einer mittleren zu einer immer stärker rechtsstehenden konservativen politischen Position wechselten.

Jetzt möchte ich die Geschichte meiner Vornamen und ihrer Varianten erzählen. Der Name, der in meiner Familie immer verwendet wurde, war Shmuel. Als wir in den USA ankamen, merkte ich, dass er für Amerikaner schwierig auszusprechen war, und nannte mich Sam. Da wir jedoch in einer vorwiegend deutschen Gemeinschaft in Washington Heights lebten, wurde Sam bald zu Sammy, was mir überhaupt nicht gefiel. Ich entschied mich, meinen förmlichen ersten Namen (in meinem Pass und anderen Dokumenten) »wiederaufleben« zu lassen, und begann, Herbert zu verwenden, was bald zu Herb abgekürzt wurde, und in der New York University und in Riggs war ich unter diesem Namen bekannt. Als ich nach Israel zurückkehrte, änderte ich meinen Namen förmlich zu Shmuel, womit sich in gewisser Weise ein Kreis schloss. Aus Respekt für meinen früheren Namen und meine (deutsche und amerikanische) Identität behielt ich den Anfangsbuchstaben »H« vor Shmuel in meinen Veröffentlichungen. Das war meine Art, die vielen Wechsel und Phasen, die ich durchlaufen habe, in Ehren zu halten und zu erinnern.

Ich begann meinen Militärdienst 1973, kurz vor Ausbruch des Jom-Kippur-Krieges, an dem ich aktiv als Soldat beteiligt war; ich bewachte eine städtische Einrichtung in der palästinensischen Stadt Ramallah. Einige Monate zuvor (im Februar 1973) war unser drittes Kind zur Welt gekommen – Oren (Nadelbaum), ein Junge und das erste in Israel geborene Mitglied unserer Familie. Nach meiner Entlassung aus der Armee diente ich mehrere Jahre (bis 1991) in der Reserve in verschiedenen Funktionen und mit dementsprechend unterschiedlichen Aufgabengebieten. In den letzten zehn Jahren supervidierte ich zum Beispiel die für die Offiziersauswahl verantwortlichen Psychologen.

1974 bewarb ich mich am Israelischen Psychoanalytischen Institut, die Bewerbungsgespräche machte ich bei Erich Gumbel und Nomi Weiss. Ich wurde sofort angenommen und konnte die ersten beiden Jahre überspringen, in denen die Kandidaten nur Seminare besuchen, da man meinte, ich könnte vermutlich einige dieser Seminare selbst unterrichten. Ich begann also damit, Seminare für einige der fortgeschrittenen Kandidaten durchzuführen. Dies hatte möglicherweise den Nachteil, dass ich niemals zu einem bestimmten Jahrgang gehörte, wie im letzten Jahr meiner High School in New York, als ich mit anderen aus verschiedenen Klassen lernte. Es wurde von mir verlangt, mich in Analyse zu begeben, was mir sehr recht war. Ich fühlte und wusste, dass es einiges gab, was in meiner vorangegangenen Analyse aufgrund der vorzeitigen Beendigung nicht berührt worden war. Ich begann die Analyse bei Eliezer Ilan, einem deutschen Juden, der eine renommierte Mutter-Kind-Einrichtung in Jerusalem leitete und mit dem ich auch in der Abteilung für Klinische Psychologie an der Universität zusammenarbeitete. Ich war durch Leslie Farber und von Riggs her daran gewöhnt, bei einem Psychoanalytiker in Analyse zu sein, mit dem ich eine Arbeitsbeziehung hatte (und Patienten in einer Therapeutischen Gemeinschaft behandelte, in der es unweigerlich zu Begegnungen außerhalb der Therapie kommen musste), und fand das daher nicht problematisch. Für mich kann ich es mit Gewissheit sagen, aber ich glaube, es traf für uns beide zu, dass diese außeranalytische Beziehung niemals die analytische Arbeit beeinträchtigte oder für einen von uns ein Problem darstellte. Ich schätzte seine Weisheit und seine besonnene, warmherzige, dabei doch reservierte Handhabung der Analyse. Die Richtung war ziemlich streng freudianisch mit einer Ausrichtung zur Objektbeziehung hin, was ich sehr hilfreich und befreiend für mich und meine Anliegen fand. Darüber hinaus diente es der zusätzlichen Konsolidierung meines »Nach-Hause-Kommens«: Sein Hebräisch mit starkem deutschen Akzent fühlte sich so an, als wäre ich wieder in meiner Familie, und gelegentlich konnte ich in deutsche Assoziationen und Ausdrücke verfallen und wusste, dass sie genau verstanden wurden.

1977 wurde ich eingeladen, ein einjähriges Sabbatical in Yale zu verbringen. Auf dem Weg dorthin unternahmen wir eine lange Campingreise durch verschiedene europäische Länder, und irgendwann kamen wir in Frankfurt an. Das war meine erste Rückkehr nach Deutschland und nach Frankfurt nach 40 Jahren. Ich war aufgeregt und bewegt, aber ich konnte meine Gefühle nicht gut verstehen, eine merkwürdige Mischung aus Hochstimmung und Traurigkeit. Ich erinnere mich, dass die Beamtin, die meinen Pass bei der Einreise an der Grenze kontrollierte, bemerkte, dass es beinahe mein Geburtstag war. Es war verwirrend und doch irgendwie wie eine Heimkehr. Dieses Gefühl der Heimkehr setzte sich fort: Ich fand das Haus, in dem ich in Frankfurt geboren war, und ließ mich mit meinem vier Jahre alten Sohn auf dem Arm fotografieren, so, wie ich mir vorstellte, dass mein Vater mich getragen hatte. Aber ich machte auch eine unerfreuliche Erfahrung. Ich klopfte an der Tür gegenüber unserer Wohnung, die verschlossen war, und als der Mann, der die Tür geöffnet hatte, hörte, wer ich war und warum ich da war, bekam ich die unvermeidliche Antwort: »Aber wir haben doch gar nichts gewusst!« [Deutsch im Original, Anm. d. Übers.] Ich erinnere, wie ich eine Mischung von Wut, Abscheu, Mitleid und Resignation empfand. Es war meine erste Begegnung mit einem wirklichen Deutschen und mit der schmerzhaften Schwierigkeit, mit den deutschen Schuldgefühlen, aber auch mit der Ablehnung und dem Hass, die sie in mir hervorrief, umzugehen.

Im Juli 1977 kamen wir in New Haven an, wo ich mein Sabbatical an der Yale University und am Yale Psychiatric Institute begann. Zum ersten Mal kehrte ich nach dem Umzug nach Israel in die USA zurück, und es half mir entschieden, mich von dem Vorzug und meiner Wahl, in Israel zu leben, zu überzeugen. Es war ein wichtiges und reichhaltig fruchtbringendes Jahr, in dem ich vor allem als Supervisor am Yale Psychiatric Institute arbeitete und psychoanalytische Seminare am Yale Child Study Center besuchte. Ich knüpfte enge persönliche Beziehungen zu einigen der herausragenden Psychoanalytiker in New Haven, wie zum Beispiel Al Solnit, Sam Ritvo, Donald Cohen und Sidney Blatt.

Obwohl wir als Familie unseren Aufenthalt in den USA und die vielen Vorteile und Vergnügungen des amerikanischen Lebensstils genossen, kam es in unserer Ehe zu wachsenden Spannungen, die letzten Endes (nach unserer Rückkehr nach Israel) zur Trennung und Scheidung führten. Als ich Mira kennenlernte, entstand einige Jahre später eine neue Beziehung, die sich nicht allein als dauerhaft und befriedigend erweisen sollte, sondern darüber hinaus als eine überaus produktive und inspirierende Partnerschaft. Wir initiierten und entwickelten gemeinsam viele der Projekte, in denen ich seither engagiert bin, wie die Gründung und Leitung von OFEK (der Mira sechs Jahre lang vorstand) oder unser Engagement in verschiedenen Rollen am Israelischen Psychoanalytischen Institut und in der Israelischen Psychoanalytischen Gesellschaft oder auch unser gemeinsames Entwickeln und Gestalten zahlreicher Gedanken, Veröffentlichungen und Projekte. Das denkwürdigste und wichtigste war vermutlich die Begründung und Entwicklung der deutsch-israelischen Group Relations Konferenzen, auf die ich später zurückkommen werde.

Mira und ich heirateten im Juni 1983, und unsere Tochter Hila (das bedeutet Lichtschein oder Licht) wurde im Mai 1984 geboren. Unsere Familie vergrößerte sich und umfasste meine drei Kinder, Miras zwei Söhne aus ihrer ersten Ehe und unsere gemeinsame Tochter. Das Haus war immer voller Leben mit sechs Kindern, ihren Tätigkeiten und Beziehungen. Es war sehr wichtig und bedeutsam, dass sie alle zum einen oder anderen Zeitpunkt mit uns lebten. Ich war besonders beeindruckt von meinem Sohn Oren, der zur Zeit der Scheidung bei seiner Mutter lebte, doch als seine Bar Mitzvah näherrückte, ihr seine Entscheidung ankündigte, dass er bei mir leben wollte, was einigen Mut erforderte. Er und Miras zwei Söhne, Yair und Omer, waren altersmäßig nah beieinander, und wir verbrachten einige Jahre in Angst, als die drei teilweise zeitgleich in der Armee waren, wobei die Dienstzeit sich für alle drei noch dadurch verlängerte, dass sie Offiziere wurden.

Krankenhaus (1971–1985) –
Entwicklungsmöglichkeiten für Mitarbeiter und Jugendliche

1971 trat ich meine Stelle als Leitender Psychologe in Eitanim an, einem in den malerischen Hügeln außerhalb Jerusalems gelegenen psychiatrischen Krankenhaus. Ich fand dort eine kleine Mitarbeitergruppe von fünf oder sechs jungen Psychologen vor. Als ich das Krankenhaus 1984 verließ, war die Gruppe auf über 30 angewachsen. Ich rief Seminare über psychoanalytische Konzepte und psychodiagnostische Testverfahren für die psychologischen Mitarbeiter der verschiedenen Krankenhausabteilungen ins Leben. Die Seminare erfüllten darüber hinaus das Bedürfnis aller, sich zu treffen und zusammenzukommen. Einige Monate nach meiner Ankunft nahm die neue Abteilung für Jugendliche Gestalt an. Ich wurde der erste Psychologe in Israel, der eine stationäre psychiatrische Abteilung leitete, was das medizinische Establishment bekämpfte, Hillel Klein jedoch unterstützte. Hillel und ich schrieben und veröffentlichten gemeinsam mehrere Aufsätze, unter anderem einen darüber, ob Demokratie im Krankenhaus möglich sei, und einen anderen über das Konzept eines »Familien-Ich«. Trotz der Tatsache, dass Hillels Persönlichkeit es manchmal nicht leicht machte, mit ihm zu arbeiten, ermöglichten seine Leitung und seine Unterstützung doch die Einführung innovativer Vorgehensweisen in der Abteilung für Jugendliche sowie ein Modell einer psychodynamisch ausgerichteten Therapeutischen Gemeinschaft. So konnte ich in einem staatlichen Krankenhaus mit begrenzten Möglichkeiten einige der Prinzipien und Ansätze, die ich in Riggs internalisiert hatte, zur Wirkung bringen. Die Arbeit mit den psychologischen Mitarbeitern half, ihr Niveau anzuheben, und machte aus dem Krankenhaus einen begehrten und angesehenen Ausbildungsplatz. Bei der Unterstützung dieser jungen Berufsanfänger in ihrer Entwicklung und ihrem Wachstum gab es eine gewisse Ähnlichkeit mit der Behandlung der hospitalisierten Jugendlichen. Tatsächlich hatte ich möglicherweise beides im Sinn, als ich einen Aufsatz veröffentlichte, in dem ich die Abteilung für Jugendliche unter dem Titel »Gelegenheiten zum Wachstum im Krankenhaus« beschrieb.

Universität (1972–2005) – Freud in Academia

Zeitgleich mit meiner Arbeit im Krankenhaus begann ich 1972 an der Hebrew University in Jerusalem zu lehren, eine Tätigkeit, die ich bis zu meiner Pensionierung 2005 ausübte. Ich unterrichtete und arbeitete im Graduiertenstudiengang (MA) in Klinischer Psychologie und hatte zugleich den Vorsitz in der Ethikkommission inne. Obwohl ich meine Universitätszugehörigkeit über weite Strecken genoss und schätzte, hat die akademische Politik, zum Beispiel die Zulassungspolitik und die akademische Hierarchie, viele meiner Arbeitsbereiche beeinflusst und gestaltet. In der Abteilung gab es eine ständige Spannung zwischen den akademischen und den klinischen Psychologen. Nahezu alle Anwärter auf den MA-Studiengang wählten den klinischen Kurs, was die akademische, auf Forschung ausgerichtete Abteilung nicht gerne sah, aber tolerieren musste. Umgekehrt, und da sie die politische Macht hatten, intervenierten sie im Zulassungsverfahren, das neben den akademischen Leistungen auch ein persönliches Interview umfasste. Das Interview galt als subjektiv und unzuverlässig, und der Kompromiss bestand darin, es allein im Blick auf seine negative Auswahlfunktion zuzulassen, das heißt, um diejenigen Bewerber auszuschließen, deren Persönlichkeit eine schwerwiegende Problematik aufwies und sie als ungeeignet erscheinen ließ.

Ein anderer Punkt hatte mit der Promotion und der akademischen Hierarchie zu tun. Die Universitätspolitik bestand darin, sich nahezu ausschließlich auf das Kriterium der wissenschaftlichen Publikationen zu verlassen, die nach Quantität und Qualität und in Abhängigkeit von Bekanntheitsgrad und Einfluss der Zeitschriften, in denen sie veröffentlicht waren, beurteilt wurden. Kontroversen darüber gab es in der ganzen Universität, aber sie betrafen insbesondere die Kliniker, die in der Psychologie berufen wurden. Schließlich konnte ein Kompromiss in Gestalt der Einrichtung eines parallelen klinischen Zweigs, der auf Teilzeitbeschäftigungsverhältnisse und die Hälfte der Privilegien, beispielsweise der Forschungssemester, beschränkt war, gefunden werden. Meine akademische Laufbahn vollzog sich in diesem Zweig. Neben dieser unvermeidbaren Universitätspolitik war hingegen die Arbeit mit den aufstrebenden jungen Psychologen überaus erfreulich und bedeutungsvoll, und es war besonders befriedigend, einigen von ihnen viele Jahre später als Kandidaten am Psychoanalytischen Institut wiederzubegegnen.

Der Freud-Lehrstuhl

1977 veranstaltete die Internationale Psychoanalytische Vereinigung ihren Kongress erstmalig außerhalb Europas in Jerusalem. Martin Wangh bemühte sich darum, den Bruch zwischen Sigmund Freud und der Hebrew University zu beheben. Freud und Eitingon hatten 1933 den Vorschlag gemacht, an der Hebrew University einen Lehrstuhl für Psychoanalyse einzurichten, der vom Senat der Universität abgewiesen worden war. Dies wiederum hatte zur Entfremdung Freuds von der Universität, deren Kuratoriumsmitglied er war, geführt. Martin Wangh schlug nun die Einrichtung eines Sigmund-Freud-Lehrstuhls vor, dem die Universität zustimmte. 1979 wurde der Lehrstuhl eingerichtet und etwas später das Freud Center for Psychoanalytic Study and Research mit einer Bibliothek und geeigneter Verwaltungsstruktur. Joseph Sandler aus London war der Erste, der auf den Lehrstuhl berufen wurde. Nach vier Jahren kehrte Sandler nach London zurück, wo er die neu geschaffene Freud Memorial Professur am University College London (UCL) erhielt. Ihm folgten auf dem Freud-Lehrstuhl an der Hebrew University verschiedene Psychoanalytiker aus den USA (Albert Solnit, Sidney Blatt und Bennett Simon) und ein Kollege aus Israel (Rafael Moses), die alle nur für die Dauer eines akademischen Jahres lehrten. Es wurde klar, dass es nahezu unmöglich war, einen herausragenden Psychoanalytiker aus dem Ausland zu gewinnen, der den universitären Standards einer akademischen Professur genügen würde und darüber hinaus bereit war, für längere Zeit in Israel zu bleiben. Nachdem nun auch Bennett Simon 1992 nur ein Jahr geblieben war, wurde ich gebeten, die Leitung des Freud Center zu übernehmen. 1995 wurde ich zudem nach einer offenen Ausschreibung auf den Freud-Lehrstuhl berufen und hielt fortan beide Positionen bis zu meiner Emeritierung 2005 inne.

Meine Tätigkeit als Professor auf dem Freud-Lehrstuhl und als Direktor des Freud Center umfasste verschiedene Gebiete: die Betreuung von Doktor- und Masterarbeiten, das Durchführen psychoanalytischer Seminare, die für Hörer aller Fakultäten offen waren, sowie die Förderung der Psychoanalyse innerhalb und außerhalb der Universität. Vor allem Letzteres verfolgte ich auf verschiedene Weise: Erstens lud ich namhafte Psychoanalytiker aus dem Ausland für kurze Aufenthalte ein, um sowohl an der Universität als auch an unserem Institut Vorlesungen zu halten. Zweitens organisierte ich Konferenzen unter der Schirmherrschaft des Freud Center, wie zum Beispiel: »Im besten Interesse des Kindes: Zeitgenössische Perspektiven« (November 1996) oder »Freud an der Schwelle des 21. Jahrhunderts« (Dezember 1999).

Entwicklung der Group Relations-Arbeit

Die dritte Art dieser Förderung der Psychoanalyse betraf die angewandte Psychoanalyse und bestand in der Unterstützung der Group Relations-Arbeit.

Wie schon oben erwähnt, hatte ich mich aufgrund meiner Erfahrungen in Riggs und als Staff-Mitglied in verschiedenen Konferenzen dafür entschieden, diesen Ansatz in Israel zu fördern. Ich musste mich bis 1984 gedulden, bis wir mit Rafael Moses und Jona Rosenfeld eine kleine Gruppe zusammenhatten, die dieses Ziel verfolgte. Im weiteren Verlauf kamen einige weitere hinzu: Yigal Ginat, Rena Moses-Hrushovski, Mira Erlich-Ginor und Avi Nutkevitch. Wir gründeten einen gemeinnützigen Verein, die Israel Association for the Study of Group and Organizational Processes

(IASGOP), die ihren Namen später änderte und sich OFEK – Organization, Person, Group nannte (das Akronym funktioniert im Hebräischen besser, wo es »Horizont« bedeutet). Mit Hilfe und in enger Zusammenarbeit mit unserem Mentor Eric Miller, dem Direktor des Group Relations Program am Tavistock Institute, begannen wir mit unserer ersten Israelischen Internationalen Konferenz in Arad 1987. Das bedeutete einen historischen Einschnitt und führte zur Gründung einer blühenden und international bedeutenden, anerkannten Group Relations-Organisation. Eric Miller war der Direktor der ersten beiden internationalen Konferenzen, und ich übernahm die Leitung der nächsten vier.

In der Group Relations-Theorie und ihrer Methode fand ich eine hoch bedeutsame und reichhaltige Form der angewandten Psychoanalyse. Ich sehe in ihr eine äußerst wirksame Methode, eingebettet in Bions Theorie der Gruppen und als eine ganz besondere Verbindung von psychoanalytischen Konzepten (zumeist kleinianischer Prägung) mit der Theorie offener Systeme: ein Lernen durch das Erfahren unbewusster Prozesse in einem selbst, in Gruppen und in Organisationen.

Aus unserer Group Relations-Erfahrung heraus entwickelten wir 1996 ein universitäres Studienprogramm, das wir »Organizational Consultation and Development (OCD) – A Psychoanalytic and Open Systems Perspective« nannten. Dieses Programm erstreckte sich über zwei Jahre und beinhaltete theoretische Seminare, Selbsterfahrung und die Supervision eines Praktikums in Organisationsberatung. Es wurde anfänglich gemeinsam gesponsert vom Sigmund-Freud-Center und vom Martin-Buber-Center der Hebrew University, vom William Alanson White Psychoanalytic Institute in New York und von der OFEK. Ungeachtet einiger Veränderungen ist es über die Jahre bis heute ein erfolgreiches Programm geblieben.

Dem oben genannten Programm und anderen Projekten bot das Sigmund-Freud-Center unter meiner Leitung eine wirkliche Heimat und versorgte sie darüber hinaus mit einer angemessenen Verwaltungsstruktur. Während ich die Arbeit von OCD, OFEK und ähnliche Aktivitäten als einen direkten, wichtigen und bedeutsamen Ausdruck der angewandten Psychoanalyse ansah und darum als legitimen und lobenswerten Arbeitsbereich des Freud Center, war der Aufsichtsrat des Zentrums weniger glücklich mit meinen Ideen. Es bestand ja überwiegend aus Mitgliedern der Psychologischen Abteilung, bei denen ich wenig oder gar kein Verständnis für diese Art von Aktivitäten fand, obwohl sie überdies noch Geld einbrachten und das budgetäre Defizit des Centers reichlich auszugleichen halfen.

Deutsche und Israelis – die »Nazareth Konferenzen«

Ein weiteres, höchst bemerkenswertes und lohnendes Vorhaben, das aus der Group Relations-Arbeit hervorging, war eine Serie von Konferenzen, die in Deutschland unter dem Namen »Nazareth Konferenzen« und in Israel als »Konferenzen von Israelis und Deutschen« (Israelis-Germans Conferences) bekannt wurde. 1987 veranstaltete der Freud-Professor Rafael Moses eine Konferenz unter dem Titel »Die Bedeutung des Holocaust für nicht direkt Betroffene« (»The Effects of the Holocaust on Those Not Directly Affected by it«). Einige deutsche Psychoanalytiker nahmen erstmals an einer Konferenz teil, die aus gemischten Gruppen von Israelis und deutschen Gästen bestand. Die emotionale Wirkung war auf beiden Seiten beträchtlich, doch die Art und Weise, wie die Konferenz angelegt war und durchgeführt wurde, bot noch keinen passenden Rahmen, um mit diesen Gefühlen zu arbeiten. Dennoch wies sie bereits deutlich auf ein Bedürfnis hin.

1991 kehrte ich erneut nach Deutschland zurück. Dort traf ich Horst Kächele im Kontext eines Forschungsprojektes, das wir gemeinsam leiten sollten. Als er erfuhr, dass Mira und ich Skiläufer waren, lud er uns zum Skiseminar der Ulmer Psychoanalytischen Gruppe nach Österreich ein, an dem wir in drei aufeinanderfolgenden Jahren teilnahmen. Unsere sozialen Kontakte und sehr persönlichen Erfahrungen dort hinterließen in uns starke Eindrücke von den quälenden, aber doch unberührten Nachwirkungen des Holocaust auf unsere deutschen Kollegen. Die Kriegsjahre waren aus den vorgestellten Fallgeschichten gelöscht, sie fehlten. Im sozialen Umgang hingegen traten die Leute an uns heran, um sich sehr persönlich und emotional mitzuteilen. Es war erneut eine höchst ambivalente Erfahrung für mich, die ich später in einem offenen Brief an die *Psyche* beschrieben habe: einerseits ein starkes Gefühl von Vertrautheit und »Zu-Hause-Sein« und andererseits eine ständig nagende Aufmerksamkeit für das, was dieses Volk (wenn auch nicht diese Menschen) meiner Familie und meinen Leuten angetan hatte. Jede Zugfahrt wurde zu einer grausamen Mahnung. Mira war in ihrer Ambivalenz direkter und verbrachte jeden Abend in unserem Zimmer mit Kopfschmerzen.

Wir entwickelten nach diesen Erfahrungen das starke Gefühl, dass etwas getan werden musste, um beiden, sowohl deutschen als auch israelischen Kollegen, die Möglichkeit zu eröffnen, ihre jeweiligen und doch so ganz verschiedenartigen Schwierigkeiten durchzuarbeiten, die sie professionell und persönlich mit den anhaltenden Nachwirkungen des Holocaust hatten. Unsere Erfahrung und unser Engagement in der Group Relations-Arbeit wies uns einen natürlichen und angemessenen Weg für beide Gruppen, sich mit ihren jeweiligen Angelegenheiten zu befassen. Allerdings war es nicht von vornherein klar, wie die Group Relations-Methode angewandt werden könnte, um dieses Ziel zu erreichen. Eine Group Relations-Konferenz, wie wir sie bisher kannten, konnte den angemessenen Rahmen für diese doch sehr spezielle Arbeit nicht liefern. Wir gewannen unsere Partner von der OFEK, Rafael Moses und Jona Rosenfeld, für dieses Unternehmen, die ihrerseits unsere deutschen Partner, Hermann Beland und Karin Lüders, zur Zusammenarbeit vorschlugen. Sie sagten sofort ihre Beteiligung zu, setzten sich für das Projekt ein und nahmen an Group Relations-Konferenzen teil, um Erfahrungen mit dieser Methode zu sammeln. Doch die Hauptaufgabe, die weitere sachkundige Aufmerksamkeit erforderte, war das Design, die Form und Funktion dieser speziellen Konferenz. Sie wurde mit Hilfe und unter der Führung von Eric Miller erfüllt, der in einem regen Austausch zwischen London, Berlin und Jerusalem mit Hermann Beland, Rafael Moses und mir das spezielle Design dieser Konferenzen entwarf.

Ich will das kurz beschreiben: Das Design übernahm eine Anzahl von Elementen einer üblichen Group Relations-Konferenz, wie zum Beispiel Plenumssitzungen, Kleingruppen (Small Study Groups), Rückblick- und Anwendungsgruppen (Review and Application Groups) und ein Systemevent. Neu war, dass es sich hier, anders als in einer üblichen Group Relations-Konferenz, um zwei nach ihrer Nationalität unterschiedene Gruppen handelte. Diese Tatsache galt es in die Struktur der Konferenz und ihre verschiedenen Elemente zu integrieren. Es ist bemerkenswert, dass Eric Miller als Direktor der ersten drei Konferenzen davon Abstand nahm, eine Großgruppe (Large Study Group) anzubieten. Das zeigte die ungeheure Angst, die wir alle angesichts des Zusammentreffens von Deutschen und jüdischen Israelis empfanden. Unsere gemeinsame Phantasie beschäftigte sich mit einer explosiven, um nicht zu sagen, mörderischen Begegnung.

Die erste vorgesehene Konferenz im Jahr 1993 musste aufgrund der geringen Anzahl von Anmeldungen abgesagt werden. Wir realisierten, dass wir mit der Beschränkung der Registrierung auf Psychoanalytiker eine tatsächliche »Selektion« herbeigeführt hatten, ein weiterer Ausdruck unserer Angst. Also öffneten wir die Registrierung einem erweiterten Interessentenkreis, woraufhin die erste Konferenz 1994 in Nazareth mit 33 Deutschen und 13 Israelis stattfinden konnte. Auf die erste deutsche Frage: »Warum sind hier nur so wenige Israelis?« war die israelisch-jüdische Antwort: »Es wären mehr gewesen, wenn Ihr nicht so viele von uns umgebracht hättet.« Auf diesen dramatischen und schwierigen Anfang folgte allerdings eine produktive Arbeit. Und nach einer weiteren

Konferenz in Nazareth fand die nächste Konferenz in Bad Segeberg in Deutschland statt. Im Anschluss an diese dritte Konferenz hatten wir den vorzeitigen Tod von Eric Miller und Rafael Moses zu beklagen. Bemerkenswerterweise wurde meine Idee, die nächste Konferenz in Deutschland abzuhalten, mit dem Argument abgelehnt, Israelis würden nicht nach Deutschland kommen. Ich hielt diesem Einwand die Bedeutung der Arbeit entgegen. Es gab daraufhin ein Vorbereitungstreffen der israelischen Konferenzteilnehmer, in dem die Frage vorgestellt und diskutiert wurde. Die israelischen Teilnehmer entschieden dort, dass sie nur an einer weiteren Konferenz teilnehmen würden, wenn diese in Deutschland stattfände. Tatsächlich war die Anzahl der israelischen Teilnehmer in Bad Segeberg die höchste aller Konferenzen.

Die nächsten drei Konferenzen fanden auf Zypern statt. Sie führten zu einem Prozess zunehmender Öffnung: Nach und nach wurden Diaspora-Juden, überhaupt andere und schließlich Palästinenser einbezogen. Eine der nachfolgenden Entwicklungen der ersten Zypern-Konferenz bestand in der Idee der Staff-Mitglieder, eine Organisation zu gründen, die sich dieser Arbeit widmen sollte. Teilweise war das auch meiner damaligen Pensionierung an der Universität und dem damit verbundenen Verlust der Unterstützung durch das Freud Center geschuldet. Wir gründeten in Deutschland einen gemeinnützigen Verein unter dem Namen Partners in Confronting Collective Atrocities e. V. (PCCA). Dieser Verein hat seitdem erfolgreich eine Serie von Group Relations-Konferenzen auf Zypern und in Europa durchgeführt wie auch einige Veranstaltungen auf IPA-Kongressen angeboten. Der Fokus verschob sich im Rahmen einer Serie von drei Konferenzen, die ich als Direktor leitete, hin zu Grausamkeiten in Europa. Sie fanden in Polen statt.

Mein Engagement in der Group Relations-Arbeit ist zu einem faszinierenden, lehrreichen und besonders befriedigenden Teil meiner Karriere und meines Arbeitslebens geworden. Es ist besonders bemerkenswert, dass diese Arbeit nie zu Konflikten mit meinem Eintreten für die Psychoanalyse führte. Obwohl die meisten Analytiker nicht dieses zweiseitige Engagement teilen und einige ihm gar misstrauen, als würde es der psychoanalytischen Identität schaden und von der Vertiefung in die Psychoanalyse ablenken, habe ich es als eine bereichernde Quelle für mein psychoanalytisches Verständnis und Arbeiten schätzen gelernt. An diesem Punkt kehre ich zu meinem Weg in der Psychoanalyse zurück.

Psychoanalytische Aktivität in der Institution

Meine Ausbildung am Israelischen Psychoanalytischen Institut (heute Max-Eitingon-Institut) schloss ich 1983 ab. Im Jahr darauf wurde ich mit einem theoretischen Vortrag ordentliches Mitglied. Mein Engagement und meine Bindung an das Institut, die Gesellschaft und die Psychoanalyse wurden zu einem zentralen und bestimmenden Bestandteil meines Lebens und meiner Identität. Am Institut begann ich schon als Kandidat zu unterrichten, was ich bis heute ohne Unterbrechung fortgesetzt habe. Ich arbeitete in verschiedenen Ausschüssen mit und wurde 1993 zum Vorsitzenden des Ausbildungsausschusses gewählt. Ich führte einige wesentliche Änderungen in das Ausbildungsprogramm ein: ein eindeutig definiertes zentrales Curriculum (das es zuvor nicht gab), wöchentliche Seminare im Semester (zuvor fanden sie zweiwöchentlich statt) und die Umstrukturierung des Ausbildungsausschusses in mehrere Unterausschüsse mit verschiedenen spezifischen Verantwortlichkeiten (bis dahin traf sich immer der ganze Ausschuss, und die sehr zeitintensive Hauptbeschäftigung bestand in der Lektüre und Evaluation der Abschlussarbeiten der Kandidaten). Die Evaluierung dieser Abschlussarbeiten wurde aus dem Ausbildungsausschuss ausgegliedert und einem Ad-hoc-Lese-Ausschuss übertragen. Schließlich wurde die Abstimmung über die Zulassung der Kandidaten in die Gesellschaft, die viele Ängste geweckt hatte, abgeschafft. Die Leitlinie bestand darin, eine klare Grenze zwischen der Gesellschaft und dem Institut zu ziehen und den Ausbildungsausschuss effizienter zu machen. Diese strukturellen Veränderungen haben bis heute überdauert.

1998 wurde ich zum Präsidenten der Israelischen Psychoanalytischen Gesellschaft gewählt und übte dieses Amt von 1999 bis 2002 aus. Auch in dieser Rolle initiierte ich mehrere strukturelle Veränderungen. Hatte die Gesellschaft in meiner Kandidatenzeit ungefähr 40 Mitglieder gezählt, begann sie sich auszudehnen und in zunehmender Geschwindigkeit zu wachsen (sie hat jetzt über 250 Mitglieder). Dieses Wachstum bedeutete eine Veränderung von einer kleinen, familienähnlichen Gruppe zu einer förmlicheren Organisation, die organisatorische Veränderung und Anpassungen erforderte.

Im Blick auf die Dynamik gab es eine ganze Anzahl von Schwierigkeiten, mit denen die Gesellschaft zu kämpfen hatte. Die wichtigste und beunruhigendste bestand in der Ausbreitung verschiedener psychoanalytischer Schulen und Fraktionen innerhalb der Gesellschaft, die sich gegenseitig total ablehnten und disqualifizierten. Die 1980er und 1990er Jahre sahen ein schnelles Anwachsen der Selbstpsychologie in Israel. Die Ansichten dieser Gruppe, die viele Anhänger unter den Mitgliedern und Kandidaten hatte, waren denjenigen mit einem traditionelleren oder gar klassischen Standpunkt, insbesondere den Kleinianern, ein Dorn im Auge. Die Ich-Psychologie, in den 1950er, 1960er und 1970er Jahren die beherrschende Sichtweise, geriet allgemein in Misskredit, und die Objektbeziehungstheorie gewann in der einen oder anderen Form das Übergewicht. Diese Entwicklungen entsprachen offensichtlich dem, was in der übrigen psychoanalytischen Welt vor sich ging. In der Israelischen Gesellschaft brachten sie gegenseitige Ablehnung, paranoides Misstrauen und eine wachsende Lähmung hervor, da alles politisch gefärbt und persönlich getönt war. Vor diesem Hintergrund von Misstrauen und Disqualifizierung gelang es mir zum Beispiel nicht, die Supervisoren zusammenzubringen, als ich den Ausbildungsausschuss leitete. Es wurde eigentlich auch unmöglich, die Entwicklung und Evaluierung der Kandidaten zu besprechen, eine Schwierigkeit, die trotz einiger geringfügiger Verbesserungen bis heute anhält.

Eine weitere Entwicklung vor dem Hintergrund der genannten Auseinandersetzungen war der Streit über die Beauftragung von Lehranalytikern. Nach einer 13 Jahre andauernden kontroversen Debatte wurde endlich ein Kompromiss erzielt. Die Berufung von Lehranalytikern durch einen Beurteilungsprozess ihrer Leistung wurde zugunsten grundlegender formaler Voraussetzungen der IPA und einer Selbstdeklaration über die Durchführung von mindestens drei Analysen nach abgeschlossener Ausbildung aufgegeben. Die Selbstdeklaration wird an die Mitgliedschaft geschickt und, wenn kein Widerspruch erfolgt, tritt sie nach 30 Tagen in Kraft. Dieses Verfahren vollzog sich hinreichend reibungslos und hatte zur Folge, dass die Israelische Psychoanalytische Gesellschaft nun die höchste Rate an Lehranalytikern in Europa (und wahrscheinlich weltweit) hat, ungefähr 60% (!) der Mitgliedschaft. Allerdings fällt der Anteil auf die allgemein eher üblichen von 20–24%, wenn man nur die tatsächlich in Ausbildungsfunktionen (Analyse und Supervision von Kandidaten) aktiven Lehranalytiker in Betracht zieht. Letztendlich ist die Last der Evaluation und Berufung auf die Kandidaten übergegangen, und es gibt eine auffällige Parallele zu der Schwierigkeit, Kandidaten und Lehranalytiker zu beurteilen.

Eine weitere Schwierigkeit, mit der ich es während meiner Präsidentschaft zu tun hatte, war die Etablierung eines neuen Psychoanalytischen Instituts in Tel Aviv. Diese kontroverse Entwicklung vollzog sich mit direkter Unterstützung und führender Rolle einiger weniger Mitglieder der Israelischen Psychoanalytischen Gesellschaft aber auch auswärtiger, die einer Gruppe verärgerter Psychotherapeuten halfen, ein Psychoanalytisches Institut aufzubauen und sich selbst zu Psychoanalytikern zu erklären. Viele von ihnen waren mehrfach durch unseren Zulassungsausschuss abgewiesen worden. Ich und viele andere in der Gesellschaft waren nicht gegen die Schaffung eines weiteren psychoanalytischen Instituts in Israel, womit die Vormachtstellung der Israelischen Psychoanalytischen Gesellschaft und des Instituts gebrochen wurde. Ich war allerdings gegen die Art und Weise, wie das umgesetzt wurde. Statt eine Study Group unter der Schirmherrschaft der IPA zu schaffen, mit kontinuierlicher Supervision und Unterstützung, konfrontierten sie uns mit einer Selbsterklärung als einem *fait accompli*. Viele in unserer Gesellschaft sahen oder schätzten diesen Unterschied nicht, wahrscheinlich weil sie meine internationale Perspektive und Erfahrung nicht teilten, auch empfanden sie gegenüber der IPA kein Zugehörigkeitsgefühl. Darüber hinaus war dieses selbsterklärte und damit von der IPA und ihren Standards unabhängige Institut für einige eine neue und willkommene Einkommensquelle, denn dessen Kandidaten brauchten Lehranalytiker und Supervisoren von der Israelischen Psychoanalytischen Gesellschaft. Im Lauf der Zeit jedoch entzogen viele dieser Leute ihre aktive Unterstützung und Beteiligung am Tel Aviv Institute of Contemporary Psychoanalysis. Ich brachte die Angelegenheit in unsere Mitgliederversammlung ein, um eine Diskussion über den ganzen Vorgang zu eröffnen, nahm jedoch davon Abstand, es zu einer Abstimmung kommen zu lassen, aus der Befürchtung, eine solche Abstimmung zu verlieren und eine offene Spaltung der Gesellschaft herbeizuführen.

Meine Beteiligung im EPF-Council während der Präsidentschaft von David Tuckett sollte sich als ein Eintritt in die internationale psychoanalytische Welt herausstellen. Die Neuerungen, die Tuckett einführte, umfassten die Schaffung von Arbeitsgruppen auf vier Gebieten: Theorie, Ausbildung, Klinik und Interface-Aktivitäten. Als Vorsitzender der Letzteren stellte ich eine Gruppe aus verschiedenen europäischen Gesellschaften zusammen, um ein Forschungsprojekt auf diesem Gebiet durchzuführen. Wir interviewten Analytiker und Kandidaten von 13 Gesellschaften, die unterschiedliche psychoanalytische Entwicklungsstufen repräsentierten (Kandidaten, junge Analytiker und Lehranalytiker), wobei wir halbstrukturierte Interviews über die Beteiligung der Analytiker an vier außeranalytischen Tätigkeiten verwendeten: Hochschule, Psychotherapie, Medien sowie Politik, Kunst und Kultur. Die Ergebnisse waren verblüffend: Sobald die Kollegen über die Notwendigkeit von Interface-Aktivitäten befragt wurden, gab es eine nahezu einhellige Zustimmung. Aber wenn sie zu den jeweiligen verschiedenen Gebieten befragt wurden, trat ein hohes Maß an Angst und Ambivalenz angesichts dieser Tätigkeiten und der darin engagierten Kollegen zutage. Wir deuteten diese Ergebnisse als eine sich darin widerspiegelnde Unsicherheit, Ängstlichkeit und Ambivalenz in Bezug auf ihre psychoanalytische Identität. Unsere Ergebnisse stellten wir auf der EPF-Tagung in Sorrento vor, aber bedauerlicherweise wurden sie nie veröffentlicht.

2003 führte die IPA ihre regionalen Repräsentantenhäuser ein, und ich wurde zum europäischen Vertreter gewählt, eine Funktion, die ich bis 2015 innehatte (mit einer Unterbrechung in den Jahren 2007–2011). Ich arbeitete in verschiedenen Kommissionen mit, wobei die wichtigste Aufgabe zweifellos in meinem Vorsitz der IPA-Ausbildungskommission bestand, Claudio Eizirik hatte mich während seiner Präsidentschaft dazu berufen, und unter Charles Hanley setzte ich die Arbeit fort. Ich bewirkte die Zustimmung des Vorstands zur historischen Anerkennung der drei verschiedenen Ausbildungsmodelle (des klassischen Eitingon-Modells, des französischen und des uruguayisch-südamerikanischen). Das war der Höhepunkt eines Prozesses, der unter Daniel Widlöcher im Jahr 2003 begonnen hatte und 2007 abgeschlossen war. In der Ausbildungskommission konzipierten wir sechs Kriterien, die zu ihren bestimmenden Regeln wurden und jedes dieser drei Modelle definierten. Ich glaube, dieser Prozess war in vielerlei Hinsicht notwendig und wichtig, um eine größere Klarheit herzustellen und die ewigen Kontroversen über die Frequenz in den Lehranalysen zu ordnen. Aus Achtung vor der inneren Konsistenz eines jeden Modells war es unser Ziel, den Fokus von der Frequenz auf die grundlegenden Konzeptualisierungen zu verschieben. Ich habe keinen Zweifel, dass das nicht der Endpunkt dieser Entwicklung sein wird. Es ist vielmehr ein dynamischer Prozess, der weitergehen und am Ende hoffentlich zu einer Lösung und zu einer Anerkennung der Vor- und Nachteile eines jeden Modells und vielleicht sogar zu einer Integration führen wird.

Kürzlich wurde ich durch den Präsidenten Stefano Bolognini zum Vorsitzenden einer neu geschaffenen Task Force für Institutionelle Fragen berufen. Auch das bedeutet eine wichtige dynamische Veränderung für die IPA. Zum ersten Mal wurde damit anerkannt (und vom Board gebilligt), dass Gruppendynamik und Organisationsprozesse in psychoanalytischen Instituten und Gesellschaften eine wichtige Rolle spielen.

Psychoanalyse – eine Liebesgeschichte

Ich habe mich bisher stark auf meine Aktivitäten im Bereich der institutionellen und organisatorischen Aspekte der Psychoanalyse bezogen. Sicherlich spiegelt das meine Anerkennung, mein Interesse und meine über die

Jahre gewachsenen Kenntnisse an diesen dynamischen Prozessen wider. Es wäre jedoch ziemlich irreführend, wenn ich so den Eindruck vermittelt hätte, dass dies meine hauptsächliche oder gar ausschließliche Betätigung und die Quelle meiner beruflichen Erfüllung wäre. Seit ich meine Ausbildung beendet habe, ist mein Engagement für die Psychoanalyse als Behandlungsmethode ununterbrochen zentraler Fokus meines Arbeitslebens gewesen und hat über die Jahre noch zugenommen. Fast könnte man sagen, sie sei ausschließlicher Bestandteil meiner beruflichen Alltagsroutine geworden, die mein Unterrichten am Institut und meine Supervisionsarbeit mit Kandidaten vervollständigt.

Psychoanalyse in ihrer klinischen Anwendung wie in ihrer theoretischen Erkundung ist für mich ein unerschöpflicher Quell beruflicher Erfüllung geworden. Für mich ist sie die beste, wenn auch zeitaufwendigste Art, denen zu helfen, für die sie infrage kommt. Darüber hinaus ist sie für mich ein unersetzlicher Weg, die ganze Komplexität menschlichen Verhaltens sowohl des Individuums als auch von Gruppen und Organisationen zu verstehen. Ich will damit nicht die schwierigen Augenblicke und Zeiten von Frustration, Zweifel und Verbitterung verleugnen oder herunterspielen. Diese sind im Engagement für die Psychoanalyse unvermeidbar und bedeuten doch letztlich, sich mit allem, was menschlich ist, zu beschäftigen. Die Psychoanalyse ist so gesehen tatsächlich ein »unmöglicher Beruf«, nicht nur aufgrund derartiger Schwierigkeiten, sondern weil sie auch so schwer zu objektivieren und somit zu rechtfertigen, zu verteidigen oder gar zu lehren ist.

Daraus entstand eine meiner Entdeckungen, dass, obwohl Psychoanalytiker sich dem Konzept des Unbewussten, vielleicht sogar eines dynamischen Unbewussten, verschreiben, wir genau wie alle anderen ziemlich unfähig sind, uns selbst von der großen Bedeutung zu lösen, die wir unserem Bewusstsein, unseren Worten, Gedanken und Deutungen beimessen. In der psychoanalytischen Gesprächskultur ist relativ häufig eine Bezugnahme auf das anzutreffen, was angeblich »wirklich bekannt« ist oder was »wir alle wissen«, womit wir uns über das Unbekannte und das Unerkennbare, das den größten und bedeutendsten Teil unserer geistigen Tätigkeit ausmacht, hinwegtäuschen. Ein solches Verhalten ist im Grunde genommen verständlich, weil Psychoanalytiker, wie alle anderen Menschen auch, das Bedürfnis haben, sich auf etwas Verlässliches und als real Angesehenes zu stützen und es dann entsprechend schwer finden, das »Nicht-Wissen«, das die Psychoanalyse aber erfordert, auszuhalten. Diese Spannung ist es, die unseren Beruf so »unmöglich« macht. Besonders offensichtlich und entsprechend belastend wird dies, wenn wir als »Experten« angesprochen werden.

Ich verdanke der exzellenten frühen psychoanalytischen Ausbildung, die ich erhalten habe, sehr viel. Meine Wurzeln in der Ich-Psychologie waren lehr- und hilfreich. Später wurde ich zunehmend durch die Arbeit von Winnicott und anderen, die den Stellenwert und die Funktion von Erfahrung und Gegenseitigkeit bei dem Phänomen der Subjektivität betonen, beeinflusst. Ich führte am Institut ein Seminar über Melanie Klein ein, die seither eine zentrale Stellung und einen entsprechenden Einfluss in Israel gewonnen hat. Obwohl ich Freuds Werke bereits gründlich bei Robert Holt studiert hatte, konnte ich dessen denkerischen Scharfblick erst allmählich verstehen und wertschätzen, nachdem ich selbst als Freud-Professor einen Jahreskurs über die Entwicklung des Freud'schen Denkens anbot. Freuds Schriften zu lehren, ist eine meiner Hauptbeschäftigungen und Anliegen geworden. Ich wurde gebeten, ein für alle Mitglieder der Gesellschaft offenes fortlaufendes Freud-Seminar anzubieten, das mittlerweile seit 15 Jahren besteht. Ebenso unterrichte ich Freuds grundlegende metapsychologische Schriften für unsere Kandidaten. Gemeinsam mit Gleichgesinnten ist es uns eine große Freude und immer wieder Anlass zu Dankbarkeit, uns tiefergehend mit Freuds Schriften zu befassen.

Meine Schriften zeigen, wie ich psychoanalytisches Denken wertschätze und was ich davon gelernt habe. Ich kann diese Rückschau nicht beenden, ohne auf einige ihrer Themen einzugehen, da sie meine vielfältigen Interessen und die verschiedenen Gebiete meiner Forschung und Arbeit widerspiegeln.

Die ersten dieser Schriften, die mehrheitlich in der Zeitschrift *Psychoanalytic Study of the Child* veröffentlicht wurden, behandelten im weitesten Sinne die Adoleszenz: Suizid, Verleugnung, Phantasie und Wirklichkeit, Grenzen und Begrenzung und Beendigung.

Die zweite Gruppe meiner Schriften betrifft die Entwicklung meiner Theorie zur Erfahrbarkeit von Sein und Tun, die, ohne dass es mir damals klar war, eine Parallele zu Winnicotts Denken aufweist und sich aber zugleich von ihm unterscheidet. Kurz gesagt ist meine These, dass alle Erfahrung das Produkt eines dualen, mehrfach determinierten Prozessgeschehens von zwei aneinandergrenzenden Modalitäten ist, welche unentwegt unsere inneren und äußeren Empfindungen, Wahrnehmungen und Gedanken verarbeiten. Die Unterschiede zwischen diesen Modalitäten rühren von den verschiedenen Arten und Weisen her, in denen die Beziehung zwischen Subjekt und Objekt erfahren wird: Im Seinsmodus werden sie als miteinander fusioniert, vereinigt und ineinanderfließend erlebt, während sie im Tätigkeitsmodus als voneinander getrennt und autonom erfahren werden. Dies führt zu einer Vielzahl fundamental verschiedener Erfahrungen sowie psychischer Funktionen, welche nicht ohne Weiteres unterscheidbar sind, vor allem wenn die Konzepte für solche feinen Unterscheidungen fehlen. Zur Veranschaulichung erinnere ich an die Erfahrung von Einsamkeit, die in den beiden Modalitäten ganz verschieden ist. Meiner Meinung nach hat diese Arbeit, die ursprünglich aus meiner Relektüre von Freuds *Zur Einführung des Narzissmus* hervorging, nicht die Aufmerksamkeit bekommen, die sie verdiente, denn sie kann einige der Hauptkontroversen in der psychoanalytischen Theorie, beispielsweise zwischen Konflikt- und Defizittheorie, verständlich machen.

Die dritte Gruppe handelt von Organisations- und Gruppendynamik, die ich aus einer psychoanalytischen und systemischen wie auch aus der Perspektive der Group Relations-Theorie betrachte. Diese Sichtweise umfasst Themen wie das Ich und das Selbst in der Gruppe, die Identität des Psychoanalytikers oder wie zum Beispiel den schwer fassbaren Begriff einer Organisation, die wie ein Subjekt zu verstehen ist. Weitere Themen dieser Schriften handeln vom Diskurs mit dem Feind, von der geistigen Verfassung des Terroristen oder der Invasion des analytischen Raumes durch das gemeinsam erfahrene Trauma. Neueren Datums ist meine Beschäftigung mit Neid in Gruppen und Organisationen einschließlich psychoanalytischer Institute und Gesellschaften sowie mit einer Revision der Traumatheorie, die viel von ihrer Spezifik und analytischen Basis eingebüßt hat. Diese drei Arbeitsgebiete überschneiden sich zu einem beträchtlichen Teil. Sie bilden den Grundstock zu meinem Buch *The Couch in the Marketplace: Psychoanalysis and Social Reality*.

Ein weiteres Buch, *Fed with Tears, Poisoned with Milk*, gemeinsam mit Mira Erlich-Ginor und Hermann Beland herausgegeben, beschreibt den Gründungs- und Lernprozess der ersten drei »Nazareth«-Konferenzen: Deutsche und Israelis, die Vergangenheit in der Gegenwart.

Das, womit ich mich beschäftige und was meinem Denken und Tun Gestalt gibt, ist offenbar der Versuch, auf der einen Seite die innere Welt und ihr psychisches Funktionieren, und auf der anderen Seite die Art und Weise, wie diese innere Welt mit der äußeren Wirklichkeit, insbesondere mit ihren sozialen Aspekten, in Verbindung steht, zu untersuchen. Diese Kombination oder ein Versuch der Integration beider Aspekte ist es, was meiner Meinung nach die Psychoanalyse ausmacht. Die Psychoanalyse reicht in diesem Sinne viel weiter als ihre rein therapeutischen Anwendungen. Wie auch schon Freud annahm und lehrte, repräsentieren diese verschiedenen Gebiete die miteinander verbundenen Bereiche menschlicher Erfahrung, öffentlichen Lebens und Verhaltens, die nur mit Hilfe der Psychoanalyse ausreichend erforscht werden können, und natürlich hoffe ich, meinen kleinen Beitrag zu diesem wertvollen Unternehmen beigesteuert zu haben.

Heimkehr

Ich habe bis hierher wesentliche Details der Wanderschaft und Migration beschrieben, die mein Leben bestimmt und geprägt haben. Kann ich nun etwas über die Heimkehr sagen? Ich denke, ich kann das, auch wenn der Prozess noch andauern mag.

Mein Leben ist vor allem um mein an Ereignissen reiches Familienleben zentriert gewesen. Alle unsere Kinder sind verheiratet und haben wiederum Kinder. Und so haben wir elf Enkelkinder (und bald ein weiteres), die uns ein Quell von Stolz und Freude sind. Sie haben sich alle beruflich mehr pragmatisch orientiert: Tsafi ist Rechtsanwalt, Tamar hat Wirtschaftswissenschaften studiert und ist Organisationsberaterin, Oren ist System-Ingenieur und Hila schwankt noch zwischen dem Beruf der Yogalehrerin und anderen Optionen. Das Beste ist, dass sie alle in unserer Nähe in der Umgebung von Tel Aviv wohnen und wir sie regelmäßig sehen. Wir haben immer noch unser schönes großes Jerusalemer Haus mit den Praxen, doch in den vergangenen zehn Jahren haben wir dem ein Apartment und unsere Praxen in Tel Aviv hinzugefügt, wo wir zwei bis drei Nächte in der Woche verbringen. Miras Söhne leben im Ausland, in London und Amsterdam, die dadurch zu unseren bevorzugten Reisezielen geworden sind. Und im Herbst, wenn in Israel Ferien sind, reisen wir in der Regel zu weit entfernten und exotischen Orten wie zum Beispiel in den Fernen Osten, ins Himalaya-Gebirge oder nach Japan.

Im Hinblick auf die deutsche Sprache hat auch eine gewisse Heimkehr stattgefunden. Ein Beispiel ist meine Arbeit in den Deutsch-Israelischen Konferenzen, aber es gibt noch andere. Viele Male bin ich nach Deutschland zu Vorträgen eingeladen worden, um Seminare abzuhalten, zur Supervision und zur Beratung psychoanalytischer Institute. Da ich nie systematisch Deutsch gelernt habe, bin ich immer zögerlich und zurückhaltend, diese Sprache zu verwenden. Ich schreibe meine Vorträge auf Englisch (wie auch diesen Text), und sie werden dann von großzügigen Kollegen übersetzt. Doch selbst das laute Vorlesen vor einem Publikum ist ein Problem gewesen. Ich erinnere noch das erste Mal vor einer Zuhörerschaft von 1200 Menschen und wie ich es fast als ein Selbstmordkommando empfand. Allerdings ist es mit der Zeit und der wiederholten Übung zunehmend leichter geworden und sogar ein Vergnügen. Das Deutsch meiner

Kindheit, das ich mit meinen Eltern gesprochen habe, hat sich mit der Zeit verbessert, und obwohl es immer noch weit entfernt von meinem Hebräisch und Englisch ist, so fühlt es sich doch zunehmend frei an. Das größte Kompliment, das ich mehrfach bekam, war, dass ich akzentfrei spreche und, wenn überhaupt, einen hessischen Tonfall habe. In gewisser Weise ist auch das eine Heimkehr und eine erneuerte Verbindung zu meinen Eltern, vor allem zu meiner Mutter.

In dieser Hinsicht war es ein bedeutender Meilenstein, als die Deutsche Psychoanalytische Vereinigung (DPV) mich 2015 zu ihrem Ehrenmitglied [Deutsch im Original; Anm. d. Übers.] wählte. Es war für mich die bewegende Erfahrung, dass sich nun ein Kreis schloss, zumal die Verleihung in Bad Homburg in unmittelbarer Nachbarschaft zu meinem Geburtsort Frankfurt stattfand. In Verbindung mit dem Tagungsthema »Verantwortung im psychoanalytischen Feld – Herausforderungen und Grenzen heute« sprach ich über »Integrität und Wechselseitigkeit in der Psychoanalyse – wer ist wofür verantwortlich?« unter dem Motto: »Wenige sind schuldig, aber alle sind verantwortlich«. Diesen Satz hatte ich bei Rabbi Abraham Joshua Heschel, einem sehr bekannten Rabbiner, Theologen und Philosophen, gefunden. Die Dankesrede wurde herzlich aufgenommen und vielmals zitiert, aber für die deutschen Kollegen war es vor allem bewegend, dass ich auf Deutsch gesprochen hatte.

Von symbolischer Bedeutung schien mir eine ähnlich beeindruckende Heimkehr, die mir fast gleichzeitig in Israel zuteil wurde. Drei Monate nach Erlangung der Ehrenmitgliedschaft der DPV wurde ich mit einem Preis, dem *Recognition Award for a Lifetime Contribution*, durch die Israelische Psychotherapeutische Vereinigung als einer Anerkennung meiner Beiträge zu unserem Berufsstand in Israel geehrt. Im Nachhinein war dies für mich eine willkommene und wichtige Bestätigung meiner bewussten Motivation, aus der heraus ich damals die USA verließ, um nach Israel zurückzukehren und nun hier zu dem beizutragen, was ich dort so großzügig empfangen hatte, und bei Entwicklung und Aufbau des Gesundheitswesens im Allgemeinen und der Klinischen Psychologie im Besonderen zu helfen. Aber es unterstreicht auch die Tatsache, dass meine Rückkehr nach Israel, trotz oder auch mit all den Spannungen und lebensbedrohlichen Situationen, die das manchmal beinhaltete, wahrhaftig eine Heimkehr gewesen ist. Es ist für mich keine Frage: Hier ist im Guten wie im Schlechten meine Heimat, eben dort, wo der Großteil und die Substanz meiner Wurzeln sich befinden. In Bezug auf die Direktheit der Menschen und Erfahrungen finde ich das Leben in Israel herausfordernder, aber auch vergnüglicher und lohnender als an irgendeinem anderen Ort, den ich kenne.

Eine andere Heimkehr fand 2015 statt und hatte mit der Entdeckung und Begegnung mit meines Vaters Wurzeln in Polen zu tun. Als Mira und ich in Kraków waren, um an einer Konferenz teilzunehmen, bestand eine polnische Kollegin darauf, uns nach Proszowice, den Geburtsort meines Vaters, zu fahren, einem Ort, der nur eine halbe Stunde von Kraków entfernt liegt. Der Besuch dort verwandelte sich unerwarteter Weise in eine Begegnung mit dem Bürgermeister und anderen in seinem Büro. Die erste Entdeckung war das Bild einer Gruppe jüdischer, junger Männer, auf dem ich sofort meinen Onkel Chanan erkannte oder Chune Erlich, wie es in der Inschrift unter dem Bild stand und wie wir ihn auch kannten. Doch es ging mit einer noch überraschenderen Entdeckung weiter. Unerwartet wurde uns von einem Journalisten, einem der polnischen Teilnehmer der Begegnung, ein Bild, das an der Wand auf dem Flur hing, hereingebracht. Es war ein Bild vom ersten Stadtrat von Proszowice aus dem Jahr 1919 nach der Befreiung Polens. Darauf stand stolz mit seinem Bart und Kippa mein Großvater Kalman Erlich, den ich bisher nur von einem einzigen Bild her kannte, das wir von ihm besaßen. Das war eine gänzlich unerwartete Entdeckung, denn niemand hatte je seine Mitgliedschaft im Stadtrat erwähnt, und es war zugleich eine emotionale Wiederaufnahme der Verbindung zu den Wurzeln meines Vaters und mit meinem Vorfahren, der im Todeslager Belzec zusammen mit hunderttausenden polnischen Juden ermordet wurde.

Ein naher Freund und Kollege hat einmal bemerkt, dass ich dazu neige, nicht mit meiner amerikanischen Identität zu arbeiten. Wenn ich darüber nachdenke, ist da was dran. Unzweifelhaft fühle ich mich in den jüdischen, israelischen und sogar deutschen Teilen meiner Identität leichter beheimatet. Und doch ist da unleugbar auch ein amerikanischer Anteil. Um mit der Sprache zu beginnen, auch wenn es eine angenommene ist, so ist Englisch meine Schriftsprache. Doch es geht tiefer. Ich habe bestimmte amerikanische Werte und Haltungen internalisiert, so zum Beispiel die positive Besetzung des fair ausgetragenen Wettstreits, um Fortschritt zu erzielen. Ein anderer Wert ist der Glaube an die wesentliche Gleichheit aller Menschen, ein Begriff, der in Israel manchmal angegriffen wird, wo die jüdische Identität vom »auserwählten« Volk weit verbreitet ist. Wahrscheinlich hat das Herunterspielen meiner amerikanischen Identität mit der Tatsache zu tun, dass sie mir durch die Migration aufgezwungen wurde und mit meiner traumatischen Entwurzelung in der Adoleszenz verknüpft ist.

Schließlich ist vor allem meine Identität als Psychoanalytiker der Faden, der alle anderen Fragmente und Teile miteinander verwebt. Sie befähigt mich, mir selbst Fragen zu meiner Identität zu stellen und zu den Wegen, auf denen sie durch diese verschiedenen Lebensereignisse und

Umstände entwickelt und geformt wurde. Was also in meinem täglichen Leben und Arbeiten ganz vorn steht, ist die Psychoanalyse. Sie ist mir ein Quell größter Zufriedenheit, gleich nach der Freude und Befriedigung an meiner Familie, unseren Kindern und unserer zunehmenden Enkelkinderschar.

Jerusalem, am 6. August 2016

Übersetzung aus dem Englischen von Dorothee C. von Tippelskirch-Eissing und Christoph Eissing

Auswahlbibliographie

Erlich, H. S. (1978): Adolescent Suicide: Maternal Longing and Cognitive Development. *Psychoanalytic Study of the Child*, 33: 261–277.

Erlich, H. S.; Blatt, S. J. (1985): Narcissism and Object Love: The Metapsychology of Experience. *Psychoanalytic Study of the Child*, 40: 57–79. [Dt.: (1990): *Psyche – Z Psychoanal.*, 44: 995–1018.]

Erlich, H. S. (1986): Denial in Adolescence: Some Paradoxical Aspects. *Psychoanalytic Study of the Child*, 41: 315–336. [Dt. (1990): *Psyche – Z Psychoanal.*, 44: 218–239.] [Nachdruck in: Bohleber, W. (Hrsg.): *Adoleszenz und Identität*. Stuttgart: Verlag Internationale Psychoanalyse: 128–153.

Erlich, H. S. (1988): The Terminability of Adolescence and Psychoanalysis. *Psychoanalytic Study of the Child*, 43: 199–211.

Erlich, H. S. (1990): Boundaries, Limitations, and the Wish for Fusion in the Treatment of Adolescents. *Psychoanalytic Study of the Child*, 45: 195–213.

Felsen, I.; Erlich, H. S. (1990): Identification Patterns of Offspring of Holocaust Survivors with their Parents. *American Journal of Orthopsychiatry*, 60: 506–520.

Erlich, H. S. (1991): »Being« and »Doing« in Psychoanalysis and Psychotherapy. *Zeitschrift für psychoanalytische Theorie und Praxis*, 6: 317–334.

Erlich, H. S. (1993): Fantasy, Reality and Adolescence. *Psychoanalytic Study of the Child*, 48: 209–223. [Dt.: In: Leuzinger-Bohleber, M.; Mahler, E. (Hrsg.) (1993): *Phantasie und Realität in der Spätadoleszenz*. Opladen: Westdeutscher Verlag: 115–128.]

Erlich, H. S. (1997): On Discourse with an Enemy. In: Shapiro, E. R. (Hrsg.): *The Inner World in the Outer World: Psychoanalytic Perspectives*. New Haven: Yale University Press: 123–142.

Erlich, H. S. (1998): On Loneliness, Narcissism, and Intimacy. *American Journal of Psychoanalysis*, 58: 135–162. [Dt.: (2003): Über Einsamkeit, Narzissmus und Intimität. *Forum der Psychoanalyse*, 19: 5–17.]

Erlich, H. S. (1998): Adolescents' Reactions to Rabin's Assassination – A Case of Patricide? [Annals of American Society for] *Adolescent Psychiatry*, 22: 189–205. [Dt.: (1998): Adolescents' Reactions to Rabin's Assassination – A Case of Patricide? *Psychoanalytische Blätter*, 9: 8–29.

Erlich, S. (1999): »Die schwierige Situation der in Deutschland lebenden Juden«. Ein offener Brief. *Psyche – Z Psychoanal.*, 53: 1188–1191.

Erlich, H. S. (2001): Enemies Within and Without: Paranoia and Regression in Groups and Organizations. In: Gould, L. J.; Stapley, L. F.; Stein, M. (Hrsg.): *The Systems Psychodynamics of Organizations*. London: Karnac: 115–131.

Erlich, H. S. (2001): Milch, Gift, Tränen. Bericht von den Nazareth-Gruppenkonferenzen »Germans and Israelis – The Past in the Present«. In: Bohleber, W.; Drews, S. (Hrsg.): *Die Gegenwart der Psychoanalyse – die Psychoanalyse der Gegenwart*. Stuttgart: Klett-Cotta: 128–138.

Erlich, H. S. (2003): Working at the Frontier and the Use of the Analyst. *Int. J. Psychoanal.*, 84: 235–247. [Dt.: (2003): Von der Arbeit an Grenzen und dem Nutzen des Analytikers: Überlegungen zum analytischen Überleben. *Zeitschrift für psychoanalytische Theorie und Praxis*, 18: 151–169.]

Erlich, H. S. (2003): Experience – What Is It? *Int. J. Psychoanal.*, 84: 1125–1147.

Erlich, S. (2003): Trauma, Terror und Identitätsbildung. In: Auchter, T.; Büttner, C.; Schultz-Venrath, U.; Wirth, H. S. (Hrsg.): *Der 11. September: Psychoanalytische, psychosoziale und psychohistorische Analysen von Terror und Trauma*. Gießen: Psychosozial: 219–230.

Erlich, S. (2003): Die Arbeit des Psychoanalytikers in Zeiten des Terrors, Konzeptuelle Wegkreuzungen: Überlegungen zum psychoanalytischen Raum. In: Auchter, T.; Büttner, C.; Schultz-Venrath, U.; Wirth, H. S. (Hrsg.): *Der 11. September: Psychoanalytische, psychosoziale und psychohistorische Analysen von Terror und Trauma*. Gießen: Psychosozial: 302–315.

Erlich, S. (2003): Reflexionen über die psychoanalytische Identität. *Forum der Psychoanalyse*, 19: 362–366.

Erlich, H. S. (2005): Zeit und Raum für die Psychoanalyse? Das Vertraute, das Seltsame und das Unheimliche in der psychoanalytischen Erfahrung In: Münch, K.; Löchel, E.; Bautista, I. B.; Flor, R.; Junkers, G.; Keune, A.; Kornek, C.; Ohrmann, R. (Hrsg.): *Zeit und Raum in psychoanalytischen Denken*. Frankfurt a. M.: Geber + Reusch: 17–26.

Erlich, S. (2006): Freud Heute. *Forum der Psychoanalyse*, 22: 117–126.

Erlich, H. S. (2008): Envy and gratitude: some current reflections. In: Roth, P.; Lemma, A. (Hrsg.): *Envy and Gratitude Revisited*. London: International Psychoanalytic Association: 50–62.

Erlich, H. S. (2008): Der Mann Moses, der Mann Freud und der Antisemitismus. In: List, E. (Hrsg.): *Der Mann Moses und die Stimme des Intellekts: Geschichte, Gesetz und Denken in Sigmund Freuds historischem Roman*. Wiener Schriften zur Geschichte der Neuzeit, Bd. 7. Innsbruck, Wien, Bozen: Studien Verlag: 17–27.

Erlich, H. S. (2009): The place of the father in motherhood and the motherhood of male therapists. In: Peroni, E. (Hrsg.): *Motherhood: A View from Psychoanalysis and from another Place*. Van Leer and Kibbutz Meuchad: 44–53.

Erlich, H. S.; Erlich-Ginor, M.; Beland, H. (2009): Being in Berlin: A Large Group experience in the Berlin Congress. *Int. J. Psychoanal.*, 90: 809–825.

Erlich, H. S.; Erlich-Ginor, M.; Beland, H. (2009): *Gestillt mit Tränen – Vergiftet mit Milch. Die Nazareth-Gruppenkonferenzen: Deutsche und Israelis – Die Vergangenheit ist gegenwärtig*. Gießen: Psychosozial.

Erlich, H. S. (2010): A beam of darkness – understanding the terrorist mind. In: Brunning, H.; Perini, M. (Hrsg.): *Psychoanalytic Perspectives on a Turbulent World*. London: Karnac: 3 15.

Erlich, H. S. (2010): Letter from Jerusalem. *Int. J. Psychoanal*, 91: 1329–1335.

Erlich, H. S. (2013): *The Couch in the Marketplace: Psychoanalysis and Social Reality*. London: Karnac.

Erlich, H. S. (2016): Bion and the large group. In: Levine, H. B.; Civitarese, G. (Hrsg.): *The W. R. Bion Tradition: Lines of Development – Evolution of Theory and Practice over the Decades*. London: Karnac: 421–430.

Erlich, S. (2016): Integrität und Reziprozität in der Psychoanalyse – Wer ist verantwortlich und wofür? In: Allert, G.; Walker, C. E.; Blaß, H.; Johne, M.; Habibi-Kohlen, D.; Frank, C. (Hrsg.): *Verantwortung im psychoanalytischen Feld – Herausforderungen und Grenzen heute*. Gießen: Psychosozial: 20–30.

Erlich, H. S. (2017): Envy and its dynamics in groups and organizations. In: Smith, R. H.; Merlone, U.; Duffy, M. K. (Hrsg.): *Envy at Work and in Organizations*. New York: Oxford University Press: 211–223.

Thomas B. Kirsch

Meine Auseinandersetzung mit der Welt[1]

Einführung

Ich fühle mich geehrt, die Geschichte meines Werdegangs zum Jung'schen Analytiker zu erzählen, ganz besonders da ich im Schatten der Nazi-Zeit und Hitlers Krieg zur Welt kam. Die traditionelle psychoanalytische Literatur, die auf den Abbruch der Freundschaft zwischen Freud und Jung im Jahre 1913 rekurriert, hat Jung oft als Antisemiten dargestellt, und neulich erst hörte ich Äußerungen über ihn als Nazi-Anhänger oder gar als Mitglied der Nazi-Partei. Oft werde ich gefragt, weshalb ich als Jude Jungianer geworden bin. Diese Selbstbiographie wird auch auf diese Frage eingehen.

Ursprungsfamilie

Meine Mutter, Hildegard Klara Kirschstein (Hilde), kam am 16. Mai 1902 in Berlin zur Welt und starb am 23. Dezember 1978 in Los Angeles. Hilde wurde in eine assimilierte jüdische Familie geboren, die keine religiösen Sitten und Bräuche befolgte, sodass sie mit den Ritualen der jüdischen Religion nicht vertraut war. Ihre Familie war seit dem 14. Jahrhundert in Deutschland ansässig, und seit Mitte des 19. Jahrhunderts lebte sie in Berlin. Ihr Vater war Zahnarzt, während ihr Onkel mütterlicherseits als Arzt tätig war, daneben spielte er im Symphonieorchester der Berliner Ärzte. Seine Frau, also die Schwester meiner Großmutter und meine Großtante, war früher Sängerin in einem Chor unter der Leitung von Johannes Brahms gewesen. Das war ein wichtiger Bestandteil ihres Lebens, und sie erzählte mir voller Stolz davon. Mein Großonkel und meine Großtante waren kurz vor Kriegsausbruch nach Palästina geflohen und kamen nach dem Zweiten Weltkrieg nach Los Angeles. Ihre Erzählungen verbanden mich mit der Vergangenheit meiner Mutter in Berlin. Die Mitglieder ihrer Familie leb-

---

[1] Meinen Enkelkindern Jacob, Isabel, Hildegard, Jasper und Theia gewidmet.

ten im Bewusstsein, Juden zu sein, aber in erster Linie fühlten sie sich als Deutsche.

Im Alter von 17 Jahren verlobte sich Hilde mit Hermann Silber, einem erfolgreichen Hutmacher in Berlin, und die beiden heirateten vier Jahre später. Zwei Söhne, James Rudolph und Gerhard Walter, kamen 1923 und 1927 zur Welt. Hermann Silber entwickelte schon bald eine besonders aggressive Form von Multipler Sklerose, die bereits 1932 zu einer schweren Behinderung führte. Er wurde sich der Hoffnungslosigkeit seiner Lage bewusst und nahm sich im Juni 1933 das Leben.

Als Hilde psychiatrische Hilfe suchte, wurde sie an James Kirsch verwiesen, der einige Jahre später mein Vater wurde. Als Witwe verschlechterten sich ihre finanziellen Verhältnisse während der Wirtschaftskrise, und ihre einzigen Mittel stammten aus einer Lebensversicherung ihres Mannes, die sie mit viel Mühe flüssigmachen konnte und die es ihr im August 1933 ermöglichte, mit ihren Söhnen Deutschland zu verlassen. Mittlerweile hatte sich eine persönliche Beziehung zwischen ihr und James Kirsch angebahnt, und sie reisten, wenn auch getrennt, nach Ascona, wo sie an der Eranos-Tagung teilnahmen. Seit 1933 trafen sich Gelehrte aus Ost und West alljährlich am runden Tisch mit C. G. Jung zu philosophischen und religiösen Gesprächen. Eranos-Tagungen finden in Ascona auch heute noch statt, wenn sich auch die Themen mit der Zeit geändert haben.[2]

Hilde begegnete C. G. Jung zum ersten Mal auf jener Tagung und spürte sofort das Bedürfnis, sich einer Analyse bei ihm zu unterziehen. Allerdings war sie zu diesem Zeitpunkt mit ihren zwei Söhnen auf dem Weg nach Palästina. Seit dem Beginn ihrer Analyse bei James Kirsch hatte Hilde eine starke Übertragung entwickelt, und beide hatten sie die Absicht, sich in Palästina niederzulassen. Doch ohne höhere Schulbildung konnte sie hier kaum einen Beruf ausüben, und so leitete sie eine Pension in Tel Aviv, um den Lebensunterhalt für sich und die Söhne zu verdienen.

Knapp zwei Jahre später verließen Hilde und James Kirsch Palästina mit der Absicht, nach London überzusiedeln. Sie unterbrachen ihre Reise in Zürich, wo es Hilde gelang, für einige Wochen eine Anzahl Sitzungen bei Jung zu bekommen, und zwar jeweils morgens um sechs Uhr! 1937 verbrachte sie wieder ein paar Wochen in Zürich zur Analyse und vereinbarte schon für 1940 weitere Termine. Allerdings war es ihr nach Beginn des Zweiten Weltkrieges nicht mehr möglich, in die Schweiz zu reisen.

Nun möchte ich die Geschichte meines Vaters bis zu diesem Zeitpunkt erzählen. James Kirsch wurde am 21. Juli 1901 in einer deutschen, ortho-

---

[2] http://www.eranosfoundation.org/index/htm

dox-jüdischen Familie in Guatemala City geboren, wo sein Vater ein mäßig erfolgreiches Knopfgeschäft aufgebaut hatte. Da die Eltern entschieden hatten, dass die Kinder in Deutschland zur Schule gehen sollten, kehrte die Mutter mit ihren fünf Kindern 1907 nach Deutschland zurück, wo James seine Schulbildung in Breslau erfuhr. Alle zwei Jahre kam der Vater zu Besuch, doch der Erste Weltkrieg trennte ihn für neun Jahre von der Familie. James hatte immer das Gefühl, vaterlos aufzuwachsen.

James war sehr intuitiv, und im jugendlichen Alter hatte er eine eindrucksvolle Gottesvision. Er wurde Zionist und schloss sich dem jüdischen Wanderbund »Blau-Weiß« an, einer zionistischen Organisation, die neben Wanderungen im Schwarzwald und den Alpen kulturelle jüdische Aktivitäten anregte. Hier schloss James zwei lebenslange Freundschaften, und zwar mit dem Psychoanalytiker Erich Fromm und dem Religionsphilosophen Ernst Simon, der später an der Hebräischen Universität in Jerusalem lehrte und ein enger Mitarbeiter Martin Bubers wurde.

James studierte an der Universität in Heidelberg und schloss sein Medizinstudium 1923 ab. Danach ging er nach Berlin und arbeitete zwei Jahre als Assistenzarzt in der Charité. 1926 eröffnete er eine Praxis für Psychotherapie am Olivaer Platz 3 in der Nähe des Kurfürstendamms. Gleichzeitig unterzog er sich einer Freud'schen Analyse, die er, weil sie seinen spirituellen Neigungen nicht entsprach, nach zwei Jahren abbrach. Seine strenggläubige jüdische Familie vertrat trotz aller Orthodoxie eine völlig materialistische Weltanschauung, die mein Vater verabscheute. Nachdem er Jungs Schriften gelesen hatte, konsultierte er Toni Sussmann, eine Jung'sche Laienanalytikerin, bevor er 1928 Kontakt mit C. G. Jung aufnahm. Im Mai und Juni 1929 fanden intensive Sitzungen mit Jung und seiner analytischen Partnerin Toni Wolff statt. In Zürich waren Doppelanalysen mit einem männlichen Analytiker und einer weiblichen Analytikerin lange Zeit üblich.

In diesem Zusammenhang möchte ich vorgreifen und erwähnen, dass ich 1975 auf der Tagung der Academy of Psychoanalysis in Los Angeles über diese Art der Analyse einen Vortrag hielt, der 1976 im *Contemporary Journal of Psychoanalysis* zusammen mit Michael Fordhams Kritik der Methode veröffentlicht wurde.[3] Fordham schätzte meine Ausführungen, da bis dahin noch nichts über diese Technik veröffentlicht worden war. Heute ist diese Methode kaum mehr üblich unter Jungianern, die sich des Risikos

---

[3] »The Practice of Multiple Analyses in Analytical Psychology«. Contemporary Psychoanalysis 12, 2 (April 1976): 159–167, doi: 10.1080/00107530.1976.10745422.

einer Verminderung der Übertragung und einer möglichen Spaltung des Patienten zwischen zwei Therapeuten bewusst sind. Trotz dieser Gefahren fand ich, dass sich die Methode bei bestimmten Patienten und für einen eingeschränkten Zeitraum innerhalb der Analyse bewährt hat.

1926 heiratete James Kirsch seine Physiotherapeutin Eva Löwenmeyer, sie hatten zwei Kinder, Ruth Gabriel, geboren 1928, und Michael, geboren 1933. James reiste 1930 erneut nach Zürich, um seine Analyse fortzusetzen. Zur gleichen Zeit hielt er im dortigen Psychologischen Club einen Vortrag über Träume seiner jüdischen Patienten, in denen schreckliche Rohlinge vorkamen, die er als Vorahnung eines bevorstehenden Aufstiegs zu Macht und Gewalt in der Nazi-Zeit auslegte – ein Beispiel für seine intuitiven Fähigkeiten, Zeichen der Zeit zu deuten. Dieser Vortrag, bei dem auch C. G. Jung und seine Frau anwesend waren, stieß auf reges Interesse, sodass James ihn ein zweites Mal hielt. 1931 reiste Jung nach Berlin, um ein Seminar im neu geschaffenen Jung-Institut zu geben. James Kirsch gehörte zu den Gründungsmitgliedern der Berliner Gesellschaft für Analytische Psychologie und war an der Organisation des neuen Instituts, der ersten jungianischen Gesellschaft in Berlin und Deutschland, beteiligt. Jungs Seminar ist auf Deutsch nicht verfügbar, allerdings bereitet die *Philemon Foundation* eine englische Übersetzung vor.

Nach der Ernennung Hitlers zum Reichskanzler am 30. Januar 1933 beantragte James am folgenden Tag ein Ausreisevisum. Er hatte das Buch *Mein Kampf* gelesen, und da er Hitlers Ausführungen, alle Juden in Deutschland ermorden zu wollen, glaubte, empfahl er sowohl seinen Familienangehörigen als auch seinen jüdischen Patienten, Deutschland ebenfalls zu verlassen.

Da er in Berlin bereits als Jung'scher Analytiker in eigener Praxis gearbeitet hatte, richtete er auch in Tel Aviv eine neue Praxis für Analytische Psychologie ein. 1935 ließ sich das Ehepaar scheiden, und Eva kehrte mit den beiden Kindern nach Deutschland zurück. 1938 ermöglichte er ihnen die Übersiedlung nach London. Weder James Kirsch noch Hilde fühlten sich in Palästina wohl, und nach 18 Monaten beschlossen sie, das Land wieder zu verlassen, um sich in London dauerhaft niederzulassen.

Zu dieser Zeit hatte Jung fünf Vorlesungen in der Tavistock Clinic in London gehalten. Als sich James um ein Einreisevisum in England bemühte, fand der Beamte im Home Office, der über Jungs Vorlesungen auf dem Laufenden war, dass England mehr jungianische Analytiker benötige. Das bedeutete, dass James und seine neue Familie willkommen waren! Sie bezogen ihr neues Heim in Golders Green, einem jüdischen Viertel unweit von Hampstead Heath.

London 1936–1940

James und Hilde hatten am 11. September 1935 offiziell geheiratet, und ich kam am 14. Juni 1936 im Londoner Middlesex Hospital zur Welt. Eine Steißlage bei der Geburt galt damals als besonders gefährlich, und das übliche Verfahren war eine interne Drehung, die bei mir einen Bruch des linken Oberarms zur Folge hatte. Sechs Wochen war der Arm in Gips, sodass meine älteren Brüder glaubten, ich sei ein englischer Polizist.

Wir wohnten in einem großen, dreistöckigen Haus in der Nähe eines kleineren Parks namens The Big Wood. Ich wurde der Obhut von Natie anvertraut, einer jungen Musikstudentin und Patientin meines Vaters, die mich im Park spazieren führte. Bis zu unserer Abreise im September 1940 war Natie ständig um mich herum.

Im Frühjahr 1937 erhielt meine Mutter den Anruf eines jungen Psychiaters namens Michael Fordham, der ihr mitteilte, Jung persönlich habe sie ihm als Analytikerin empfohlen. Sie sagte ihm gleich, dass sie einen Säugling zu versorgen habe, was aber kein Hindernis zu sein schien, weder für sie noch für Michael. Das war der Beginn der Praxis meiner Mutter als Laienanalytikerin. Es ist unklar, ob sie in London noch andere Patienten außer Fordham behandelte, den sie bis zu unserer Abreise nach Amerika behielt.

Viele Jahre später, 1980, hatte ich Gelegenheit, mit Michael Fordham über seine Therapie bei meiner Mutter zu sprechen. Er erzählte mir, dass er damals keine Analyse hatte, aber dass ihm meine Mutter half, sein chaotisches Leben zu stabilisieren. Davor war er jahrelang bei Dr. H. G. Baynes in Behandlung gewesen. Da Michael wenig Geld hatte, willigte er ein, dass Baynes seine Geschichte als Material für ein Buch benutzte. Nachdem dieser in seinem Buch *Mythology of the Soul* seinen Patienten als ambulatorischen Schizophrenen dargestellt hatte, brach Fordham die Analyse ab und wandte sich an Jung, der ihn selbst nicht nehmen konnte und ihn an meine Mutter verwies. Obwohl sie damals noch kaum analytische Erfahrungen besaß, sah Jung in ihr etwas, was ihn davon überzeugte, sie verfüge über die Fähigkeit zu einer guten Jung'schen Analytikerin. Ihre langjährige erfolgreiche Karriere scheint sein Gefühl bestätigt zu haben.

Gegen Ende der 1930er Jahre verdichteten sich die Gerüchte über einen bevorstehenden Krieg, und mein Vater hegte tiefe Zweifel an Englands Fähigkeit, allein gegen die deutsche Wehrmacht anzukommen. Als die Nazis Frankreich, Norwegen, Belgien und die Niederlande überrannten, begannen meine Eltern, eine Auswanderung nach Amerika ernsthaft in Betracht zu ziehen. Wir hatten den »Blitz« im Sommer 1940 überlebt, als Tag und Nacht Bomben auf London fielen, und ich erinnere mich lebhaft an eine

Szene, als die Sirenen plötzlich losheulten und meine Mutter mich gegen eine Mauer stieß und sich schützend vor mich stellte. Nachts wurden wir in den Luftschutzkeller der Schule geführt und mussten auf Stühlen schlafen. Jeden Morgen kehrten wir zurück, um nachzusehen, ob unser Haus noch stand. Glücklicherweise wurde es nie direkt getroffen, allerdings musste mein Vater eines Morgens eine Brandbombe im Garten ausgraben.

Zwei unverheiratete Onkel meines Vaters, die in San Francisco lebten, bürgten für unsere Familie und erleichterten so unsere Ausreise nach Amerika. Auch die Tatsache, dass mein Vater in Guatemala geboren und weder deutscher noch englischer Staatsbürger war, vereinfachte die Formalitäten. In großer Eile ergatterte er Schiffskarten für die ganze Familie zur Überfahrt nach New York an Bord der »Samaria« der Cunard Line, die am 23. September 1940 Liverpool verlassen sollte. Am Tag des endgültigen Auszugs aus unserem Haus in London sahen wir eine abgestürzte Messerschmitt auf Hampstead Heath, was uns sehr beeindruckte. Wir fuhren nach Liverpool, wo wir im Hotel übernachteten, als dort in nächster Nähe Bomben detonierten.

Die frühen Erfahrungen der Bombenangriffe waren traumatisch und haften bis heute in meinem Gedächtnis. Erst nach einigen Monaten in Amerika fühlte ich mich wieder sicher genug, um in einem Bett zu schlafen. Selbst heute noch schlafe ich ein, sobald ich mich in einem dunklen Raum befinde, und so entgeht mir oft der Anfang vieler Aufführungen, denen ich beiwohne. Auch verfolgt mich lebenslang eine Angst vor lauten Geräuschen, die mit den Jahren zwar weniger geworden ist, mich aber nie ganz verlassen hat.

Reise über den Atlantik – September 1940

Ende September 1940 fuhr die ganze Familie Kirsch – meine Eltern, die zwei Söhne meiner Mutter aus erster Ehe, Ruth, die Tochter meines Vaters aus erster Ehe, und ich – an Bord der »Samaria« über den Atlantik. Eigentlich sollte Michael, der Sohn meines Vaters, auch dabei sein, doch in letzter Minute konnte ihn Eva, seine Mutter, nicht gehen lassen. Die nächsten zwölf Jahre sah ich Michael nicht wieder. Aus Sicherheitsgründen bewegte sich die »Samaria« in einem langen Geleitzug mit anderen Schiffen und Flugzeugen, da bereits eine ganz Anzahl britischer Schiffe deutschen Unterseebooten zum Opfer gefallen waren. Allein im Oktober 1940 versenkten deutsche Unterseeboote mehr als 350.000 Tonnen britische Fracht, um England durch die Vernichtung von Nahrungsmitteln, Benzin und Waffen zu schwächen. Ich erinnere mich noch gut an den täglichen Drill und wie wir auf Deck neben den Rettungsbooten standen und die Evakuierung im Falle einer Torpedierung übten. Unser Geleitzug bewegte sich in einer Zickzacklinie über den Atlantik, und trotz mehrfacher Angriffe wurde das Schiff nicht getroffen.

Nach elf Tagen auf dem Meer kamen wir in New York an. Ich erinnere mich noch heute an den Anblick der Freiheitsstatue, als wir in den Hafen einfuhren. Wir mussten einige Tage auf Ellis Island verbringen, da etwas mit unseren Einreisepapieren nicht in Ordnung war. Ein Zeitungsreporter wollte von mir wissen, wie ich als Kind die Überfahrt erlebt hatte und wie mir Ellis Island gefalle. Jahrzehnte später erzählte mir Werner Engel, dass ich auf die Frage geantwortet habe: »Mir gefällt das Hotel sehr gut.« Engel war ein enger Freund meines Vaters, der die gleiche Überfahrt einige Monate zuvor gemacht hatte und uns von Ellis Island abholte. In den ersten Wochen wohnten wir bei ihm, und es war unklar, wo wir uns niederlassen würden. Die einzige funktionsfähige jungianische Gruppe in Amerika befand sich damals in New York und stand unter der Leitung von Esther Harding. Mein Vater besuchte sie, und obwohl keine Einzelheiten jener Besprechung bekannt sind, scheint er keine freundliche Aufnahme gefunden zu haben.

Die Familie blieb weiter bei Werner Engel wohnen, während mein Vater allein nach San Francisco fuhr, um seine beiden Onkel und andere Verwandte zu besuchen. Auf der Rückfahrt hielt er sich kurz in Los Angeles auf und fand, dies sei ein guter Ort, um hier ein neues Leben aufzubauen. Das warme und sonnige Klima erinnerte ihn an Guatemala, und vielleicht riefen die Strände und Orangenhaine Bilder von Tel Aviv wach. 1940 war Los Angeles eine offene Stadt, dominiert von der Filmindustrie und einer ergiebigen Landwirtschaft, die eine große Anziehungskraft auf Flüchtlinge aus aller Welt ausübte. Demgegenüber war San Francisco eine konservativere Stadt, in der die Niederlassung unserer Familie größere Schwierigkeiten bereitet hätte, zudem wollte mein Vater nicht allzu nahe bei seinen Verwandten leben.

Bald nach seiner Rückkehr fand der Umzug der ganzen Familie – Jerry, Jimmy, Ruth, meine Eltern und ich – statt. Wir mieteten unser erstes Haus am Windsor Boulevard in einer Gegend, die damals zur Stadtmitte von Los Angeles gehörte. Meine Eltern mussten ohne Hilfe ganz von vorn anfangen, außer Mary Wilshire, die bei Jung in Analyse gewesen war, als er noch zum Freud'schen Kreis gehörte, kannten sie niemand. Meine einzige Erinnerung an das Leben am Windsor Boulevard ist der Tag, als mein Vater in einem neuen Anzug nach Hause kam und erklärte, als Arzt, der eine neue

Praxis eröffnen wolle, müsse er einen guten Eindruck machen. Meine Mutter war wütend, denn wir hatten damals nur wenig Geld. Kurz darauf wechselten wir die Wohnung und zogen an die Adresse 6124 Warner Drive, in der Nähe der Kreuzung Fairfax Avenue / Wilshire Boulevard, mitten in einem jüdischen Viertel von Los Angeles. An selbiger Kreuzung begann die *Miracle Mile* (Wundermeile), eine bekannte Einkaufsstraße, auf der einen Seite befand sich Beverly Hills und auf der anderen Hollywood. Einige Filmschauspieler wohnten auch in dieser Gegend, und Margaret O'Brien und Fred MacMurray waren unsere Nachbarn. Hier verbrachte ich meine jungen Jahre zwischen fünf und siebzehn.

Los Angeles 1940–1953

Nach zwei Jahren am Warner Drive war es meinen Eltern möglich, ihr erstes Haus in nächster Nähe, 6120 Barrows Drive, zu kaufen. Es war das Haus meiner Kindheit, als ich Schüler war und als Einziger meiner Geschwister eine vollständige Schulkarriere durchlief. 1941 war ich im Kindergarten das einzige Kind, das kein amerikanisches Englisch sprach. Wegen meines Akzents wurde ich erbarmungslos gehänselt, doch verlor ich ihn rasch, wurde ein guter Schüler und konnte nach der zweiten Klasse eine Stufe überspringen. Danach war ich immer der Jüngste in der Klasse, was die Beziehungen zu meinen Mitschülern erschwerte, und besonders im Jugendalter war es schwierig, mich mit Mädchen anzufreunden.

All das spielte sich während der Kriegszeit ab, und Deutschland war der Feind. Meine Eltern legten Wert darauf, dass ich mich an die amerikanische Kultur assimilierte, und unterließen es, europäische Ideale zur Schau zu tragen. Sie sprachen möglichst wenig Deutsch und rieten mir davon ab, es zu lernen. Ein Beispiel meiner Assimilierung war mein siebenter Geburtstag am 14. Juni, in Amerika auch der Tag der Fahne zum Andenken an die erste amerikanische Fahne, die Betsy Ross während des Unabhängigkeitskrieges genäht hatte. Meine ganze Klasse war zu meiner Geburtstagsfeier eingeladen, und meine Mutter hatte alle Teller mit einer kleinen amerikanischen Fahne dekoriert. Ich glaube, diese Feier hat meine Identität als amerikanisches Kind gefestigt.

Meine Eltern bestanden darauf, dass ich Hebräisch lerne, und als ich sechs war, begann ich mit dem Unterricht bei Frau Shamir im jüdischen Gemeindezentrum. Sie war eine ausgezeichnete Lehrerin, und innerhalb kurzer Zeit konnte ich Hebräisch lesen, schreiben und sprechen. Leider kehrte Frau Shamir kurz nach dem Ende des Zweiten Weltkriegs nach Palästina zurück, und danach verbesserten sich meine Kenntnisse kaum noch, obwohl ich bis zum 14. Geburtstag Stunden nahm und auch Bar Mitzvah hatte, aber alle Begeisterung für die Sprache war verloren.

Im Alter von sieben Jahren begann ich mit Klavierstunden, doch wie die meisten Kinder übte ich wenig, obwohl mir das Klavierspiel gefiel. Schon in jungen Jahren hörte ich klassische Musik und besuchte mit den Eltern Konzerte der Los Angeles Philharmonic, die schon damals ein gutes Orchester war. Zwei denkwürdige Konzerte dieser frühen Zeit sind mir in Erinnerung geblieben: als Joseph Szigeti Beethovens Violinkonzert spielte und als ich Strawinskys Feuervogel-Suite zum ersten Mal hörte. Ich bekam einen Plattenspieler geschenkt und hörte mir Platten immer wieder an. Die Verbindung zu meinen europäischen Wurzeln fand ihren Ausdruck vor allem durch die Musik.

Ich war Linkshänder, bis eine ältere Lehrerin im fünften Schuljahr entschied, ich solle mit der rechten Hand schreiben. Sechs Monate war ich dadurch ziemlich durcheinander, bis die Lehrerin endlich nachgab und mich wieder mit der linken Hand schreiben ließ.

Nach dem Ende des Zweiten Weltkriegs, als das Leben wieder in seinen normalen Bahnen verlief, beschloss mein Vater, seine Mutter in Guatemala zu besuchen. Ich war damals in der sechsten Klasse und durfte ihn begleiten und zum ersten Mal fliegen. Als wir auf dem Flughafen in Burbank die Douglas DC-4 besteigen wollten, verhinderte ein Motorschaden den Abflug, und wir mussten nach Hause zurückkehren. Am nächsten Abend war die Maschine bereit, und wir flogen nach Mexiko City. Ein Schulkollege meines Vaters aus Berlin wohnte damals in Mexiko City und führte uns zu den Pyramiden der Azteken sowie nach Taxco und Xochimilco. Alles war höchst aufregend, nur verfielen mein Vater und sein Freund immer wieder ins Deutsche, obwohl sie mir versprochen hatten, Englisch zu sprechen. Ich weigerte mich, ihrem deutschen Gespräch zu folgen, und so mussten sie meine schlechte Laune ertragen.

Als ich elf war, begann ich Tennis zu spielen, was mir viel Spaß machte und einen Großteil meiner Freizeit ausfüllte. In Südkalifornien spielte ich bis zum Ende der Mittelschule das ganze Jahr im Freien und gehörte als bester Spieler der Schulmannschaft an. Meine Eltern machten sich Sorgen, weil ich so viel Zeit auf dem Tennisplatz verbrachte, und befürchteten, dass meine Schulleistungen darunter leiden würden. Von einem Jung'schen Kollegen in Italien, Dr. Ernst Bernhard, der auf diesem Gebiet bewandert war, ließen sie mein Geburtshoroskop erstellen. Seine Antwort fiel beruhigend aus, und er fand, dass Tennis ein guter Sport für mich sei. Ich spielte weiter, bis mich im Alter von fast 30 eine Rückenverletzung zum Aufgeben zwang. Nach diesem Unfall fühlte ich mich sehr deprimiert, und mir war, als hätte ich meinen besten Freund verloren.

Als ich 13 war, schickten mich meine Eltern in ein Lager in den Bergen von San Jacinto im Osten von Los Angeles. Zum ersten Mal war ich von zu Hause weg, und das Lager wurde für mich zu einer positiven Erfahrung. Der Lagerleiter, Harry Handler, war ein junger Mann von Mitte 20 aus jüdischen Arbeiterkreisen, der im Begriff stand, sein Doktorat auf dem Gebiet der Pädagogik abzuschließen. Man könnte sagen, dass ich in diesen Mann, einen hervorragenden Sportler und charismatischen Führer, vernarrt war. Harry lebte in Los Angeles, und während des Schuljahres arbeitete er im Parkhaus eines nahe gelegenen Kinos. Dort besuchte ich ihn oft, um mich mit ihm zu unterhalten. Meine Eltern unterstützten diese Beziehung und verstanden sie als meine Suche nach einer amerikanischen Vaterfigur. Harry hatte sich in der Mittelschule, in die ich bald eintreten würde, einen Namen als Basketballspieler gemacht. Sein damaliger Trainer war immer noch an der Schule tätig, und so legte mein Freund ein gutes Wort für mich und mein sportliches Potential ein. Ich wurde in die Mannschaft aufgenommen und fand großes Gefallen am Basketballballspiel. Später verlor ich den Kontakt zu Harry, doch 20 oder 30 Jahre später erfuhr ich, dass er es inzwischen zum Direktor des ganzen Schulsystems von Los Angeles gebracht hatte. Unter seiner Verwaltung wurden die Schulgesetze geändert, um rassische Integration zu gewährleisten, und das in einer für die Stadt und besonders für das Schulwesen stürmischen Zeit. Glücklicherweise überstand Harry den Sturm.

Ein trauriges Ereignis trübte meine Welt, als ich 14 war. Die Ehe meiner Eltern stand kurz davor, geschieden zu werden. Mein Vater hatte sich in eine junge Patientin verliebt und meiner Mutter eröffnet, dass er die Scheidung einreichen und die Patientin heiraten wolle. Meine Mutter informierte mich darüber im Juni 1950, kurz bevor ich ins Sommerlager fuhr und danach in die Mittelschule eintreten würde. Diese Neuigkeit brachte mich aus der Fassung. Zornig, wie ich noch nie gewesen war, und tief enttäuscht stürmte ich am Abend vor meiner Abreise in sein Arbeitszimmer und entlud schonungslos meine jugendliche Wut. Er hatte keine Antwort auf meine Anschuldigungen, und ich verließ, erschöpft von meinem eigenen Auftritt, den Raum. Ich hatte keine Ahnung von der Wirkung meines Zorns und fuhr kurz darauf ab. Mitte des Sommers erhielt ich einen Brief, in dem mir die Eltern mitteilten, sie hätten sich versöhnt und würden sich nicht scheiden lassen. Damals war ich erleichtert, aber im Nachhinein habe ich mich oft gefragt, ob eine Scheidung zum damaligen Zeitpunkt nicht die bessere Lösung gewesen wäre, war doch das eheliche Verhältnis nie mehr ganz intakt. Ich glaube, dieser Zwischenfall hat mein Selbstgefühl und meine allgemeine Lebenssicherheit stärker beeinträchtigt als die »Blitz«-Erfahrung in London und die Fahrt über den Atlantik. Wahrscheinlich weil mein Selbstgefühl und meine Sicherheit innig mit meiner Mutter verbunden waren.

1950 waren Reisen nach Europa wieder möglich, und meine Eltern verbrachten getrennt vier bis sechs Wochen in Zürich, um ihre individuellen Analysen fortzusetzen. Jung nahm keine regulären Patienten mehr an, sodass meine Eltern mit C. A. Meier und Liliane Frey arbeiteten. Bis zum Tod von Toni Wolff im April 1953 arbeitete mein Vater auch mit ihr, wenn er in Zürich war. Zu Beginn meines dritten Mittelschuljahrs wollten meine Eltern ein Sabbatjahr in Zürich einlegen, doch weigerte ich mich hartnäckig, Los Angeles für so lange Zeit zu verlassen. Die Tatsache, dass sie den Plan aufgaben, weist darauf hin, dass sie möglicherweise ihre eigenen Zweifel hegten, ob sie ihrem Heim und ihrer Praxis so lange fernbleiben sollten.

Im Laufe meines letzten Schuljahrs begegnete ich meiner ersten Freundin, wodurch sich meine Prioritäten verschoben. Zum ersten Mal spielte ich weniger Tennis, und die schulischen Leistungen ließen etwas nach. Zudem fiel es mir schwer, zu entscheiden, ob ich zur weiteren Ausbildung eine große Universität mit großen Klassen und wenig individueller Betreuung wählen sollte oder ein kleineres College für Geisteswissenschaften mit kleineren Klassen und mehr individueller Aufmerksamkeit. Monatelang konnte ich keinen Entschluss fassen, bis meine Mutter eines Tages den *I Ching* aus dem Bücherregal holte und ankündigte, wir würden die Münzen sechsmal werfen, um die Frage zu entscheiden. Obwohl mir *I Ching* damals völlig unbekannt war, folgte ich ihrem Vorschlag und warf die Münzen sechsmal. Ich kann mich nicht mehr an das Hexagramm erinnern, doch meine Mutter begann zu lesen und sagte, es weise mir den Weg zu einem kleineren College mit intensivem Kontakt zu den Professoren. Daraufhin beschloss ich, das Reed College zu besuchen, über das ich gerade einen ausführlichen Artikel in der *Saturday Evening Post* gelesen hatte. Ich kannte dort niemanden, wusste aber, dass zwei Mitschüler dieselbe Wahl getroffen hatten.

Gegen Ende des letzten Schuljahrs entwickelte ich einen ernsten Fall von Herpes simplex Typ I. Meine Mutter befand sich zur Analyse in Zürich, und in ihrer Abwesenheit sorgten mein Vater und eine Cousine aus Guatemala für mich. Sie schickten meiner Mutter regelmäßige Berichte über meinen Zustand, und nach einigen Wochen war ich wieder ganz hergestellt. Ich bedauerte nur, dass ich alle Rituale und Festlichkeiten im

117

Zusammenhang mit meinem Schulabschluss versäumt hatte. Danach begleitete ich meinen Vater nach Europa, es war meine erste Reise dorthin, seitdem die ganze Familie 1940 vor dem Krieg geflohen war. So kehrte ich als Jugendlicher und gut assimilierter Amerikaner nach Europa zurück.

Wir flogen nach London und fanden eine Stadt im Wiederaufbau. Viele ausgebombte Gebäude waren zu sehen, und eine Anzahl von Nahrungsmitteln war immer noch rationiert. Anschließend verbrachten wir einige Tage in Paris, und auch diese Stadt machte einen düsteren und öden Eindruck. Von Paris reisten wir mit dem Zug nach Zürich, wo meine Mutter uns erwartete. Hier herrschte eine völlig andere Atmosphäre, und alles hatte einen normalen Anschein. Kirchenglocken läuteten, die Straßenbahnen waren sauber, neu und verkehrten fahrplanmäßig. Keine Anzeichen waren ersichtlich, dass jenseits aller Grenzen dieses Landes Krieg geführt worden war. Augenblicklich verliebte ich mich in die Schweiz, noch bevor ich Freunde und Bekannte meiner Eltern kennenlernte. Im Laufe dieses Besuchs begegnete ich vielen Vertretern der ersten jungianischen Generation, und meine Mutter arrangierte meine erste Konsultationssitzung bei Professor C. A. Meier. Er empfahl mir ganz richtig, vorläufig einfach mein Leben zu leben.

Diese Reise verband mich wieder mit meinen europäischen Wurzeln, und ich wurde mir bewusst, dass meine Jugendjahre in Los Angeles die Assimilierung an ein anderes Land, an Amerika, zum Ziel gehabt hatten. Als mir klar wurde, dass ich die Gelegenheit versäumt hatte, zweisprachig aufzuwachsen, ärgerte ich mich und bereute, dass ich mich so wenig mit der europäischen Kultur beschäftigt hatte. Seit jenem Aufenthalt habe ich mich bemüht, Fehlendes zu ergänzen, und bis heute fühle ich mich tief mit Europa verbunden.

Vielleicht ist dies ein guter Zeitpunkt, über die zwiespältige Einstellung zur deutschen Sprache und Kultur zu sprechen, die mein ganzes Leben lang bestanden hat. Obwohl ich die gesprochene deutsche Sprache oft hörte, als ich heranwuchs, vor allem wenn uns Freunde und Verwandte besuchten, wurde ich nicht dazu angehalten, Deutsch zu lernen, und meine Eltern sprachen außerhalb des Hauses immer Englisch. In den Schulen, die ich besuchte, gab es keinen Deutschunterricht, stattdessen lernte ich dreieinhalb Jahre Latein. Im College belegte ich einen deutschen Einführungskurs, dem ich mühelos folgen konnte. Ich verbrachte die Sommerferien 1956 und 1958 in der Schweiz und begann, meine Deutschkenntnisse in Unterhaltungen mit Leuten anzuwenden, die kein Englisch sprachen. Allerdings sprachen die Schweizer einen Dialekt, den ich nicht beherrschte, doch konnten sie mein Hochdeutsch im Allgemeinen gut verstehen. Mit der Zeit konnte ich mich mit Schweizern recht gut verständigen, aber sobald ich mit Leuten aus Deutschland sprechen sollte, war meine Zunge wie gelähmt, worin ich heute einen Komplex erkenne. Einem Deutschen gegenüber musste ich mich immer fragen, was er oder sie während des Krieges getan hatte, ob er oder sie ein Nazi gewesen war und mit welchem Engagement. Für diese Sprachlosigkeit gegenüber deutschen Gesprächspartnern fanden sich allerlei Entschuldigungen wie unterschiedlicher Akzent und Aussprache, schnelles Sprechen und die Tatsache, dass mein Ohr nicht an die deutsche Sprache gewöhnt war.

Zu dieser geistigen Blockade kam hinzu, dass ich eine damals allgemein verbreitete kollektiv-jüdische Ablehnungshaltung gegenüber deutschen Produkten entwickelte. Allerdings machte ich eine Ausnahme und kaufte mir in England eine in Deutschland hergestellte Kodak-Kamera, was mir mein Onkel Welti, der Berufsfotograf war, empfohlen hatte, weil sie hier viel billiger sei als in Amerika.

Als ich viel später zum zweiten Mal heiratete, teilte meine Frau, die keine Jüdin ist, meine kollektiv-jüdischen Vorurteile gegenüber deutschen Produkten keineswegs. 1969 ermutigte sie mich, einen BMW zu kaufen, der damals in Amerika neu eingeführt wurde, und ich fand großen Gefallen an meinem kleinen roten 1600. Fünf Jahre später kaufte ich das 2002-Modell, das mir auch sehr gut gefiel, aber die ausschließlich deutschen Angestellten in der Reparaturwerkstatt waren mir unbehaglich. Sie wussten, dass ich Jude bin, und ich bemühte mich, nachsichtig zu sein, wenn es Probleme mit den zwei Wagen gab. Kurz darauf kaufte ich einen Mercedes Diesel, den ich sehr schätzte, aber schon bald zugrunde richtete, als ich versuchte, seine Leistung mit einem Turbocharger zu erhöhen. In den nächsten 33 Jahren fuhren meine Frau und ich Volvos, die unserem Lebensstil angepasst waren. Und mein deutscher Komplex schlummerte!

In den 1980er Jahren musste ich als Vizepräsident der Internationalen Gesellschaft für Analytische Psychologie mit dem deutschen Präsidenten Dr. Hannes Dieckmann zusammenarbeiten, der, obwohl er sein Möglichstes tat, demokratisch zu sein, seine autoritären deutschen Prinzipien nie ganz aufgeben konnte. Während des Zweiten Weltkrieges als junger Arzt an der russischen Front war er tief beschämt über das, was Deutschland den europäischen Juden angetan hatte. Nach dem Krieg wurde er zu einem regelrechten Experten in Sachen deutsch-jüdischer Beziehungen. Er war belesen und empfahl mir eine ganze Reihe Bücher über das Thema. Ich war bei ihm zu Gast in Berlin und in Südfrankreich, und er kam mir immer mit Respekt entgegen. Dieckmanns Schwester, Marianne Dieckmann, war Mikrobiologin und eine Assistentin von Paul Berg, dem weltbekannten

Wissenschaftler und Nobelpreisträger auf dem Gebiet der Molekularbiologie an der Stanford University. Hannes und seine Frau Ute, die ebenfalls Analytikerin war, besuchten Marianne mindestens einmal im Jahr, und so wurden wir alle gute Kollegen und Freunde. Hannes hatte allerdings ernsthafte Schattenprobleme und trug letzten Endes wenig dazu bei, meinen deutschen Komplex zu verändern. Aus einiger Distanz und während ich diese Zeilen schreibe, erkenne ich nun doch, dass er meine tiefsten Ansichten über die Deutschen weit stärker verändert hat, als ich es bisher wahrhaben wollte.

Nach Hannes Dieckmanns Tod im Jahre 2005 trat Jörg Rasche, der damalige Präsident der Deutschen Gesellschaft für Analytische Psychologie, mit mir in Verbindung und bat mich um einen Nachruf auf Hannes. Dieser erste Kontakt führte im Laufe der Jahre zu einer engen Freundschaft zwischen uns und unseren Frauen und veränderte mein Verhältnis zu Deutschland und den Deutschen grundlegend. Jörg und Beate, die die jüdische Situation in Deutschland vor der Nazizeit eingehend studiert hatten, waren mit Hildemarie Streich und ihrem Ehemann, beide jungianische Gelehrte, befreundet, die ebenfalls den Zohar während des Zweiten Weltkriegs studiert hatten, was damals sehr gefährlich war. Hildemarie hielt Vorlesungen am Jung-Institut in Zürich sowie auf Eranos-Tagungen. Hildemarie und ihr Mann wurden nach dem Krieg gute Freunde meiner Eltern, die sonst nur wenige enge Bekannte in Deutschland hatten. 2008, als Jean und ich Jörg und Beate in Berlin besuchten, lernten wir Hildemarie kennen und hatten ein eindrückliches Erlebnis, als wir in ihrer Wohnung zahlreiche handgearbeitete oder barocke Musikinstrumente aus dem alten Berlin bewunderten und einen Einblick in deutsches Leben aus einer historischen Epoche erhielten.

Zusammen mit anderen Berliner Kollegen hatten Jörg und Beate recherchiert, wo jüdische Jungianer vor dem Krieg gelebt und gearbeitet hatten, sodass Gedenktafeln an den jeweiligen Adressen angebracht wurden. 2014 wurde eine Gedenkfeier für meinen Vater am Olivaer Platz 3 abgehalten, an der Stelle, wo mein Vater seine erste Praxis hatte, und ich war zu der Feier eingeladen. In meiner Ansprache erwähnte ich die Erfahrungen meines Vaters in Berlin, soweit er mir davon erzählt hatte, denn ich war ja damals noch nicht geboren. Die Ansprache stieß auf Interesse und wurde in deutscher Übersetzung veröffentlicht.

Auf unserer Europareise anlässlich dieser Ehrung entwickelte ich Diabetes mellitus Typ II. Jean und ich wollten die Art der Krankheit, die mich in Kopenhagen und dann in Berlin überfiel, anfangs nicht wahrhaben. Ich wurde Akutpatient in der Berliner Charité, der Berliner Universitätsklinik mit einer 300 Jahre alten Tradition mit ausgezeichneten Ärzten und guter Pflege, wo ich sechs Tage in einem einfachen Krankenzimmer mit deutschen Mitpatienten zubrachte. Durch das Fenster konnte ich das Gebäude des Virchow'schen Pathologischen Instituts sehen, wo mein Vater seine Ausbildung erhalten hatte. Der Chefarzt für Endokrinologie, Dr. Christian Strasburger, hatte zwei Jahre in Israel studiert und zeigte volles Verständnis für den Grund meines Besuchs in Berlin. Er gab mir die Erlaubnis, das Krankenhaus zu verlassen, um meine Ansprache zu halten und aus der Korrespondenz zwischen meinem Vater und C. G. Jung vorzulesen, die soeben in Buchform in Deutschland erschienen war. Mein Krankenhausaufenthalt war eine Zeit tiefer Selbstbesinnung mit erstaunlichen Synchronizitäten, und ich fühlte in der ganzen Zeit die Gegenwart meiner Eltern. Die Ärzte sprachen alle ein gutes Englisch, während die Krankenschwestern, die zum größten Teil aus dem Ostteil der Stadt kamen, mit einer Ausnahme kein Englisch konnten. So musste ich meine Deutschkenntnisse wieder hervorkramen und meinem deutschen Komplex entgegentreten. Schließlich konnte mein Diabetes unter Kontrolle gebracht werden. Die Rechnung für meinen sechstägigen Aufenthalt war sehr bescheiden und ein Bruchteil dessen, was ich in Amerika hätte bezahlen müssen. Die ganze Erfahrung in Berlin, die Begegnung mit vielen Menschen und vor allem die Anwesenheit von Beate und Jörg veränderten meine Einstellung gegenüber Deutschland und den Deutschen. Plötzlich verbesserte sich mein Deutsch, ich fühlte mich freier, meine Deutschkenntnisse anzuwenden, und ich begann, mich auf meinen nächsten Besuch zu freuen.

Für meine Frau war die Reise traumatisch. Zur Sorge über meinen Gesundheitszustand kam hinzu, dass sie kein Deutsch spricht und jeden Tag den Weg zum Krankenhaus und zurück zum Hotel finden musste, wo wir für die Tagung angemeldet waren. Meine Erkrankung war bedrohlich, und es hatte die Gefahr eines diabetischen Komas bestanden. Als ich um ein Uhr früh ins Krankenhaus eingeliefert wurde, redete uns der Notarzt ins Gewissen, dass ohne medizinischen Eingriff mein Ende nahe gewesen wäre. Die Behandlung in der Charité war ausgezeichnet und trug ebenfalls dazu bei, dass sich meine Gefühle für Deutschland änderten.

Im Sommer 2013 erhielt ich ein neues Hüftgelenk. Danach musste ich mir ein neues Auto kaufen, das meiner eingeschränkten Beweglichkeit angepasst war. Meine Wahl fiel auf den Mercedes SUV mit den hohen, rückengerechten Sitzen. Schon seit zwei Jahren fahre ich das Auto mit Vergnügen und mit Erstaunen, dass ich Besitzer eines Fahrzeugs bin, das in Deutschland hergestellt wurde.

Die vielfältigen Erfahrungen in Deutschland und mit den Deutschen haben trotz der weiterbestehenden negativen Gefühle in Bezug auf die Nazis dazu geführt, dass sich viele meiner früheren Widerstände auflösten. Ich fühlte mich seit jeher von der deutschen Musikkultur angesprochen in der Tradition von Bach, Beethoven, Brahms, Haydn, Mozart, Schubert, Schumann, und die Musik unterlag nie meinem deutschen Komplex. Fast alle Europäer, Juden und Nicht-Juden, waren durchdrungen von der Hochachtung deutscher Kultur, Wissenschaft, Philosophie, Literatur und Musik, was sie vielleicht daran gehindert hat, sich die Gewaltbereitschaft und Grausamkeit der Nazis vorstellen zu können.

Ausbildung

Zurück zur Schilderung meiner Jugendzeit in Los Angeles. Nach dem Abschluss der Mittelschule trat ich im Sommer 1955 mit zwei College-Freunden eine auf zehn Wochen geplante Europareise an. Unglücklicherweise erkrankte ich gleich zu Beginn in London an einer Blinddarmentzündung. Es war sehr schwer, in England einen Arzt zu konsultieren, und so flog ich nach Zürich, wo meine Mutter einen Krankenhausplatz arrangiert hatte. Ich beabsichtigte, nach der Operation meine Freunde in Rom zu treffen. Während meiner Rekonvaleszenz fand eine öffentliche Feier zum 80. Geburtstag von C. G. Jung im Grand Hotel Dolder statt. Meine Mutter nahm mich mit auf den Empfang in der Hoffnung, dass sie mich Jung vorstellen könnte. Jung schüttelte mir die Hand mit einem warmen, festen Griff, der mich tief berührte. Damals dachte ich, dass diese Empfindung das Resultat der vielen Erzählungen war, die ich über ihn gehört hatte. Jahrzehnte später, 2010, erzählte mir ein Enkelsohn von Jung von einer ähnlichen Erfahrung. Seither haben andere, die Jung kannten, bestätigt, dass sein Händedruck etwas ganz Besonderes war. Seine großmütige und solide Menschlichkeit war Teil seiner Ausstrahlung.

Im folgenden Sommer luden mich meine Eltern auf eine Reise nach Europa ein, die mit einer Schiffsfahrt auf dem Rhein begann, was für sie eine schwierige Entscheidung darstellte, kehrten sie doch zum ersten Mal seit Mitte der 1930er Jahre nach Deutschland zurück. Danach verbrachten wir eine Woche in Salzburg und besuchten die Festspiele, die ganz im Zeichen Mozarts anlässlich seines 200. Geburtstages standen. Eine Woche lang hörten wir Mozart-Opern, Mozart-Symphonien und Mozart-Konzerte, und die Erinnerung daran ist immer noch ein Höhepunkt meines Lebens.

Danach fuhren wir nach Zürich, wo mein Vater und ich zum Nachmittagstee bei Jung eingeladen waren. Frau Jung war im November des Vorjahres gestorben, und mein Vater wollte ihm seine Aufwartung machen. Inzwischen hatte ich Jungs Schriften *Two Essays on Analytical Psychology* (»Über die Psychologie des Unbewussten« und »Die Beziehungen zwischen dem Ich und dem Unbewussten«) sowie *Modern Man in Search of a Soul* gelesen und stellte die Begriffe des bedingten Wissens und des absoluten Wissens probend infrage, da ich meinte, darüber in *Two Essays* gelesen zu haben. Allerdings habe ich die Stelle nie mehr gefunden, obwohl diese Werke seither oft Themen meines Unterrichts gewesen sind. Jedenfalls brachte mich Jung nicht in Verlegenheit, sondern beantwortete ernsthaft meine Frage.

1957 schloss ich meine Studien am Reed College ab und fing im Herbst an der Albert Einstein School of Medicine in New York mit dem Medizinstudium an. Im Sommer war ich wieder nach Zürich gefahren, um meine erste Analyse bei Dr. C. A. Meier zu beginnen. Mein dringendes aktuelles Problem war damals meine Freundin, die drei Jahre älter war und es mit unserer Beziehung sehr ernst meinte. Gleichzeitig sah ich dem Beginn meiner medizinischen Ausbildung in New York ängstlich entgegen. Die Albert Einstein School of Medicine befand sich an der nordöstlichen Spitze der Bronx, und ich wusste nicht, dass die Entfernung nach Manhattan, wo meine Freundin wohnte, so groß war. Die Anpassung an meinen neuen Wohnort und das Drängen der Freundin nötigten mich, einen Analytiker in New York zu suchen. Dr. Eugene Henley wurde mir empfohlen, der einzige Jung'sche Analytiker in New York und mir sehr sympathisch. Er und seine Frau hatten mehrere Sommer zur Analyse bei Jung in Zürich verbracht. Als Erstes behandelten wir die Frage, ob ein Wechsel der medizinischen Hochschule angezeigt wäre, was allerdings in Amerika ganz unüblich ist. Dr. Henley schlug vor, ein *I Ching* zu werfen, an dessen Zahlen ich mich nicht mehr erinnere, doch aufgrund jenes Hexagramms bewarb ich mich an der Medizinischen Fakultät der Yale University. Hier hatten die Studenten mehr Freiheiten, ihre Studien selbst zu gestalten, und das war es, was ich mir wünschte.

Den folgenden Sommer verbrachte ich wieder in Zürich und setzte meine Analyse bei C. A. Meier fort. Einige Wochen später erhielt ich die Bestätigung, dass ich im Kurs des zweiten Jahres an der Yale Medical School aufgenommen worden war, und ich war überglücklich. Yale liegt etwa 100 km nördlich von New York, sodass der Wechsel keine großen Umstände bereitete. Ich löste die Beziehung zu meiner Freundin vom Reed College und hatte seitdem keinen Kontakt mehr mit ihr.

Die Yale Medical School war dem Reed College insofern ähnlich, als Prüfungsresultaten und Punktzahlen weniger Bedeutung beigemessen wurde. Natürlich war New Haven, Connecticut, nicht so aufregend wie New York, und ich fühlte mich etwas einsam, zudem waren zu meinem Bedauern damals erst sehr wenige Studentinnen immatrikuliert. Im Herbst 1958 konsultierte ich erneut Dr. Henley. Seine Frau war kurz zuvor gestorben, aber er sah weiterhin Patienten. Dann ereignete sich ein tragischer Unfall, als ihn ein umstürzender Baum, der in seinem Garten gefällt wurde, am Kopf traf. Er erlitt eine Subduralblutung, die sich fast wie ein Schlaganfall auswirkte. Ich versuchte zunächst, die Konsultationen bei ihm fortzusetzen, musste aber einsehen, dass das nicht mehr möglich war.

Als ich im Sommer bei Dr. Meier in Analyse war, lebte ich größtenteils mit meinem Vater zusammen, der zur selben Zeit in Zürich weilte. Er hielt Vorlesungen am Jung-Institut und hoffte auf Stunden bei Jung. Eines Tages, als Jung Zeit für ihn hatte, war er bereits am Institut verpflichtet, weshalb er die Sekretärin bat, zu fragen, ob ich an seiner Stelle die Stunde bekommen könnte. Jung war einverstanden, und so hatte ich Gelegenheit, eine analytische Stunde allein mit ihm zu verbringen. Die Patienten brachten das jeweilige Material mit, das Jung in seinen Forschungen verwenden konnte, und seinerzeit interessierte er sich für das Thema der *Flying Saucers*, worüber er die Schrift mit dem Titel »Ein moderner Mythus: Von Dingen, die am Himmel gesehen werden« veröffentlichte. Mein Analytiker hatte mir empfohlen, Traummaterial über dieses Thema mitzubringen. Als ich sein Studierzimmer betrat, empfing er mich mit den Worten: »So, Sie wollen den alten Herrn sehen, bevor er stirbt!« Diese Begrüßung verblüffte mich dermaßen, dass ich keine Erinnerung mehr an den konkreten Inhalt der Stunde habe. Jung machte einen enormen Eindruck auf mich mit seiner Direktheit, seinem Charme und Charisma. Erst viel später wurde mir klar, in welchem Maße diese Unterredung mich beeinflusst und angespornt hatte, Jung'scher Analytiker zu werden.

Im Frühjahr 1959 begann ich eine Beziehung mit Marguerite Stein, einer der fünf Studentinnen meines Jahrgangs. Ich war ihr Anfang des Jahres begegnet, ohne dass ich für sie eine besondere Zuneigung empfunden hätte. Für Tierexperimente im Pharmakologiekurs mussten wir uns später in Vierergruppen aufteilen, und als Marguerite den vierten Platz in einer Gruppe beanspruchte, zu der ich bereits gehörte, erhob ich keinen Einspruch. Seitdem änderten sich meine Gefühle für sie, und nach drei Monaten beschlossen wir zu heiraten. Sie hielt sich zwei Wochen in Los Angeles auf, um meine Eltern kennenzulernen, da aber unsere jeweiligen Pläne bis zum Semesterbeginn bereits feststanden, verbrachten wir den Rest des

Sommers getrennt. Ich arbeitete an einem neurophysiologischen Projekt über »Genusszentren im Gehirn« im Krankenhaus der Sawtelle Veterans Administration in West Los Angeles. Nach meiner Rückkehr an die Yale Medical School arbeitete ich weiter an diesem Projekt, das schließlich zum Thema meiner Dissertation wurde, betreut von Dr. Daniel Freedman, der damals am Beginn seiner glanzvollen psychiatrischen Karriere stand. Marguerite arbeitete während des Sommers in einem Laboratorium der Yale University in New Haven. Zu Beginn des Herbstsemesters 1959 löste sich unsere Beziehung beinahe auf, nachdem ich einen herrlichen Sommer in Los Angeles verbracht hatte und Pläne für unsere gemeinsame Zukunft an der Westküste schmiedete, aber Marguerite war absolut dagegen. San Francisco erschien als eine mögliche Alternative, aber die Gefühle, die von jenen Argumenten herrührten und hauptsächlich mit unseren beiden Familien zu tun hatten, blieben ungeklärt, was letztlich 1967 zu unserer Trennung und 1968 zur Scheidung führte. Unser Sohn David wurde im November 1964 geboren und bereitete uns viel Freude. Er ist Professor für Management und Unternehmensführung an der Wirtschaftswissenschaftlichen Fakultär der University of Maryland und lebt mit seiner Frau Andrea und den 16-jährigen Kindern Jacob und Isabel in Chevy Chase, Maryland.

Im Frühjahr 1959 hielt Dr. Joseph Wheelwright, ein Jung'scher Analytiker aus San Francisco, im Gesundheitszentrum der Yale University einen Vortrag, und bei der Gelegenheit lernte ich ihn kennen. Er empfahl mir eindringlich, meine psychiatrische und jungianische Ausbildung in San Francisco zu absolvieren. Es war mein Traum, an die Westküste zurückzukehren und in San Francisco zu leben, und der Traum wurde Wirklichkeit dank der Anregung und des Charmes Wheelwrights. Obwohl ich in Palo Alto, etwa 50 km südlich von San Francisco, wohne, bilden die Kultur der Stadt und das Jung-Institut in San Francisco seit 1962 das Zentrum meines Lebens.

1961 schloss ich meine Studien an der Yale Medical School ab, wurde Assistenzarzt auf der Inneren Abteilung des New England Center Hospital in Boston, und anschließend absolvierten wir unsere Praktika im Spital der Stanford University in Palo Alto, Marguerite in der Pädiatrie und ich in der Psychiatrie.

1962 begann ich meine Analyse bei Dr. Joseph Henderson und war froh, endlich einen Analytiker in der Nähe meines Wohnorts zu haben. Da der Anfang der Beziehung zwischen Marguerite und mir so schwierig war, gingen wir in New York zu demselben Analytiker. Dr. Henderson arbeitete einzeln mit uns, gab uns aber von Anfang an deutlich zu verstehen, dass ich sein Patient sei und dass Marguerite zu gegebener Zeit jemand anderen konsultieren müsse. Joe Henderson, wie er von allen genannt wurde, wurde zum Hauptanalytiker für meine persönliche sowie für meine Lehranalyse. Später war er mein Lehrer, Kollege und schließlich 47 Jahre lang mein Freund. Einen Monat nach Beginn meiner Analyse erkrankte er an einem Herzleiden. Das irritierte mich, da die Aussicht auf eine Analyse bei ihm meinen Entschluss, mich in der San Francisco Bay Area niederzulassen, stark beeinflusst hatte. Damals konnte ich nicht wissen, dass sein Herzleiden unerheblich war und dass er ein Alter von über 104 Jahren erreichen würde. 2007 war ich bei ihm, als sein Leben zu Ende ging. Sein Geist war klar gewesen, bis er als 102-Jähriger an einer Lungenentzündung erkrankte, die er körperlich überstand, doch schien er seitdem in einem Traumland zu leben. Trotzdem war er fähig, die vielen Besucher intuitiv wahrzunehmen und aus jenem Seinsbereich auf eine oft überraschend gewandte metaphorische Weise auf jeden zu reagieren.

Im Frühjahr 1963 bewarb ich mich am Jung-Institut und wurde im Herbst zur Ausbildung zugelassen. Zu der Zeit arbeitete ich schon seit zwei Jahren als Assistenzarzt in der Psychiatrie. Die Ausbildung am Institut umfasste zwei wöchentliche Abendseminare. Als ich die Absicht äußerte, klinische Fälle unter Aufsicht behandeln zu wollen, wurde mein Anliegen mit dem Argument zurückgewiesen, ich hätte noch nicht genügend klinische Erfahrung. Mit meinen 27 Jahren wurde ich als noch nicht reif genug befunden. Natürlich war ich tief enttäuscht, rückblickend aber sehe ich ein, dass das Ausbildungskomitee seinerzeit absolut richtig entschieden hatte.

1965 sollte ich meinen zweijährigen obligatorischen Militärdienst in Washington D. C. ableisten, was eine Unterbrechung von Analyse und Ausbildung bedeutet hätte. Die Position, die ich mir in Washington gesichert hatte, war prestigeträchtig und sehr gefragt, und es war nicht einfach, sie aufzugeben. Doch meine jungianische Ausbildung und Analyse waren mir wichtiger als alles Prestige in Washington. Die Möglichkeit eines administrativen Postens bestand auch in San Francisco, und so versuchte ich, telefonisch eine verantwortliche Person zu erreichen, die mir behilflich sein könnte, einen Wechsel von Washington nach San Francisco zu beantragen. Meine Erfahrung in puncto Kommunikation innerhalb der Militärverwaltung erinnerte an Kafkas *Schloss*, aber nach endlosen Telefonaten fand ich schließlich doch jemanden, der mich mit der Direktion des National Institute of Mental Health (NIMH) verband, und innerhalb kurzer Zeit wurde der Wechsel vollzogen, sodass ich meinen militärischen Verpflichtungen in San Francisco nachkommen konnte.

Im NIMH arbeitete ich in der Verwaltung der Staatszuschüsse auf dem Gebiet der Psychiatrie, und nie hätte ich gedacht, dass mir diese Tätigkeit in meiner künftigen Karriere als Jung'scher Analytiker einmal von Nutzen sein könnte. Wie ich mich irrte! Ich gehörte zu einer Gruppe, die die psychiatrische Versorgung am Beispiel von Alaska, jenem weit ausgedehnten Flächenstaat, untersuchte. Die Exkursion dorthin war ein Vorläufer meiner späteren Tätigkeit als Vorstandsmitglied der IAAP, als ich Personal und Einrichtungen in Regionen einschätzen musste, deren Infrastruktur noch nicht sehr entwickelt war. Später wurde ich dem neu eingerichteten Suizidzentrum des NIMH zugeteilt. Ich hatte mich bereits mit dem Thema des Suizids befasst, als ich einige Jahre vorher James Hillman am C. G. Jung-Institut in Zürich kennengelernt hatte und seine Schriften las. Verglichen mit dem neuen Suizidzentrum des NIMH vertrat Hillman genau entgegengesetzte Ansichten und versuchte, den Impuls, der eine Person zum Suizid treibt, zu verstehen und den Symptomen so weit als möglich nachzugehen, in der Hoffnung, dass am Ende eine Wiedergeburt möglich sei. Das Suizidzentrum hingegen versuchte, den Selbstmordimpuls aufzuhalten und alles zu tun, um den Suizid zu verhindern. Ich beschäftigte mich mit beiden Ansichten und schrieb eine Abhandlung über Hillmans Buch, die als erste meiner Schriften veröffentlicht wurde.

In dieser Zeit, als ich meine Ausbildung vorübergehend unterbrechen musste, ging meine Ehe in die Brüche, und ich musste alle Energie aufwenden, um mit dieser unglücklichen Situation fertig zu werden. Kurz nach der Scheidung lernte ich Jean Cover Ruggles kennen, und nach 47 Jahren sind wir immer noch zusammen. Unsere Tochter Susannah wurde 1970 geboren, sie lebt mit ihrem Mann und den beiden Kindern Hildegard und Jasper in San Francisco, sodass wir oft zusammenkommen.

Nach unserer Heirat nahm ich meine jungianische Ausbildung wieder auf, bewarb mich zum Abschluss und wurde schließlich vor den Zertifizierungsausschuss geladen, ein Gremium von Analytikern aus Los Angeles und San Francisco, das seine Sitzungen in Los Angeles abhielt, ganz in der Nähe des Hauses meiner Kindheit. Dort graduierte ich und wurde im Dezember 1968 Mitglied der San Francisco Society of Jungian Analysts. Später wurde ich Mitglied des Ausbildungskomitees, später Vizepräsident und mit 40 Präsident des C. G. Jung-Instituts in San Francisco. Es war ein wichtiger Lernprozess, als Präsident aufzutreten, während die älteren Mitglieder immer noch sehr aktiv waren. Ihre Unterstützung und Ermutigung bedeuteten mir viel.

1974 bat Jo Wheelwright den Jung'schen Analytiker Tom Parker und mich, die Aufgabe zu übernehmen, den Jung betreffenden Abschnitt in einer internationalen Enzyklopädie zu redigieren, die von Asklepios herausgegeben wurde. Wir konnten eine Reihe Analytiker gewinnen, kurze

Aufsätze über verschiedene Themen der Analytischen Psychologie zu schreiben, etwa über die Theorie der Archetypen, psychologische Typen, jungianische Analyse, Übertragung und andere. Leider wurden die 30 Artikel jeweils zwischen die anderen Beiträge eingereiht, sodass das jungianische Segment kein Ganzes bildete. Unsere Absicht, die Aufsätze zu Jung in einem separaten Buch zu veröffentlichen, scheiterte am Verlagsrecht. Seitdem verstauben die zehn Bände dieser Enzyklopädie in den Bibliotheken.

1971 nahm ich zum ersten Mal an einem Kongress der International Association for Analytical Psychology (IAAP) in London teil. Ohne mein Wissen schmiedeten Jo Wheelwright und Jim Hillman ein Komplott und schrieben meinen Namen auf die Wahlliste für das Amt des zweiten Vizepräsidenten der Organisation. Ich hatte damals keine Ahnung, was eine solche Wahl bedeutet hätte, aber zum Schluss fehlte mir eine Stimme, und Hannes Dieckmann wurde gewählt. Allerdings stieß mich dieser Vorgang in die Mitte der internationalen jungianischen Politik. IAAP-Kongresse und Neuwahlen werden alle drei Jahre abgehalten. Auf der Tagung 1977 in Rom wurde ich dann zum zweiten Vizepräsidenten gewählt, womit meine 18-jährige Tätigkeit im Leitungsgremium der IAAP begann.

1973 wurde Jo Wheelwright beauftragt, auf der jährlichen Tagung der American Psychiatric Association (APA) ein repräsentatives Panel über Jung zu organisieren. Damit wurde Jung zum ersten Mal von dieser Vereinigung anerkannt. Die Konferenz war gut besucht, und Jo Wheelwright, der ein politisch kluger Kopf war, veranlasste, dass alle Teilnehmer dieses Panels als Mitglieder in die APA aufgenommen wurden. Seinerzeit war die APA eine eher liberale Gruppe, ist aber seither konservativer geworden und die einzige Gesellschaft, die nur Mediziner als Mitglieder zulässt und auch die Mitglieder der International Psychoanalytical Association (IPA) aus anderen Fachgebieten nicht anerkennt. 1975 hielt ich auf der jährlichen APA-Tagung einen Vortrag über die Auswirkungen einer Doppelanalyse mit einem Patienten, worüber ich bereits oben berichtet habe.

Meine Jahre im Leitungsgremium der IAAP

Meine Wahl zum zweiten Vizepräsidenten der IAAP führte mich zurück nach Zürich, dem Hauptsitz der IAAP, um an den Vorstandssitzungen teilzunehmen, und ich landete mitten in langen Diskussionen im Zusammenhang mit dem nächsten internationalen Kongress. Es war vorgesehen, dass dieser 1980 in San Francisco stattfinden sollte, zum ersten Mal außerhalb Europas. Da der Umrechnungskurs zwischen europäischen Währungen und dem amerikanischen Dollar immer noch ungünstig war, wurden Befürchtungen laut, dass aufgrund der hohen Kosten viele Jungianer aus europäischen Ländern nicht kommen könnten. Schließlich fand der Kongress 1980 in San Francisco statt, war gut besucht und wurde ein voller Erfolg. Gegen Ende der Konferenz gab es einen dramatischen Moment, als die israelische Gruppe als nächsten Kongressort Jerusalem vorschlug, obwohl bereits Berlin ins Auge gefasst worden war. Die deutsche Gesellschaft gab wohlwollend nach, und die Tagung fand 1983 in Jerusalem statt. Allerdings blieben viele Europäer dem Kongress aus Protest gegen Israels Angriff 1982 auf den Libanon und die Flüchtlingslager in Palästina fern. Insofern war es eine kleine Konferenz, und die allgemeine Lage im Mittleren Osten sorgte für eine angespannte Atmosphäre. Die israelische Jung-Gesellschaft wollte keine freie Diskussion über den Holocaust und die deutsch-jüdischen Beziehungen im Rahmen der offiziellen Konferenz, aber diese Themen kamen unter den Kongressteilnehmern außerhalb des offiziellen Programms intensiv zur Sprache.

Nachdem die deutsche Gesellschaft den Israelis 1983 den Vortritt gelassen hatte, war klar, dass der nächste IAAP-Kongress 1986 in Berlin stattfinden würde – ein Unternehmen, das ebenso stark mit Emotionen befrachtet war. Ein Jahr zuvor hatte die International Psychoanalytical Association (IPA) ihren Kongress in Hamburg abgehalten, an dem teilzunehmen sich viele jüdische Analytiker geweigert hatten. 1986 war Berlin immer noch eine geteilte Stadt, und die Folgen des Zweiten Weltkrieges waren offensichtlich. Die Entscheidung, bei diesem Kongress anwesend zu sein, fiel vielen jüdischen IAAP-Mitgliedern schwer.

Als Vizepräsident der IAAP war es meine Aufgabe, den Kongress zu eröffnen. In meiner Rede erwähnte ich, wie schwer es mir gefallen sei, mich zu einer Reise nach Berlin zu entschließen. Viele jüdische Mitglieder dankten mir hinterher für meine Offenheit. In meiner Ansprache erwähnte ich auch, dass mein Vater 1931 Gründungsmitglied der ersten jungianischen Gesellschaft gewesen war. Die deutschen IAAP-Mitglieder schienen meine Bedenken zu verstehen und begegneten mir mit Feingefühl. Trotzdem fühlte ich mich in Berlin unbehaglich und hatte kein Bedürfnis, die Stadt kennenzulernen oder den Konferenzort mehr als nötig zu verlassen. Der Kongress verlief zur Zufriedenheit der Teilnehmer.

Vor dem Kongress bereiste ich mit einer Gruppe Osteuropa und stellte erst bei meiner Ankunft in Ostberlin fest, dass ich an diesem Tag an einer Vorstandssitzung in Westberlin hätte teilnehmen müssen. Ich versuchte Hannes Dieckmann, den IAAP-Präsidenten, in Westberlin telefonisch zu erreichen, was damals mit den allergrößten Schwierigkeiten verbunden, wenn nicht ein Ding der Unmöglichkeit war. Folglich traf ich mit einem Tag Verspätung ein und hatte die Vorstandssitzung versäumt, was ein klares Zeichen meiner Ambivalenz war. Unsere Erfahrungen in Osteuropa waren beunruhigend. Offenkundig wurden wir jeden Augenblick observiert, im Hotel mussten wir unsere Pässe abgeben, und als wir an der Grenze der Tschechoslowakei ankamen, wurde unser Omnibus so genau inspiziert, dass wir zwei unbehagliche Stunden warten mussten. Rückblickend wundere ich mich, dass es unserem ostdeutschen Busfahrer überhaupt gestattet war, nach Westberlin hineinzufahren. Unsere Ankunft im hell erleuchteten Westberlin aus der düsteren Ostzone war überwältigend. Am folgenden Tag begleiteten wir unsere 16-jährige Tochter Susannah zum Flughafen, die allein nach Kalifornien zurückkehrte, um ihr erstes Jahr an der Mittelschule zu beginnen.

Bei unserer Rückkehr hatte Susannah eine Überraschung für uns. Sie war es satt, Einzelkind zu sein, und wünschte sich einen Kameraden oder eine Kameradin für das folgende Schuljahr, und so ergriff sie die Initiative und meldete sich bei dem Schüler-Austauschprogramm »Youth for Understanding« an, wo sie erklärte, einen Austauschschüler für ein Jahr in unserem Heim aufnehmen zu wollen. Sie hatte alle Papiere vorbereitet, sodass wir am Tag unserer Rückkehr nur noch zuzustimmen und den Schüler auszusuchen brauchten. Unsere Wahl fiel auf einen Schüler aus Granada in Spanien, der die Hoffnung auf einen Austausch in Kalifornien wegen des bereits begonnenen Schuljahres fast schon aufgegeben hatte. Manuel Villar, genannt Mani, wurde ein volles Mitglied unserer Familie und für ein ganzes Jahr Susannahs »Bruder«. Mit seinen Trickster-Auftritten brachte er viel Freude in unsere oft recht ernste Familie. Bis heute sind Susannah und Mani gute Freunde.

Eine der Hauptaufgaben der IAAP bestand darin, qualifizierte Einzelpersonen in abgelegenen Gebieten sowie bereits bestehende jungianische Analytikergruppen zu akkreditieren. Die bereits vor 1988 in Australien und Neuseeland bestehende jungianische Gruppe, die Australia and New Zealand Society of Jungian Analysts (ANZSJA), bat die IAAP um Unterstützung, da sie den vielen Ausbildungsanfragen nicht gewachsen war. Die Mitglieder dieser Gruppe befanden sich geographisch verstreut über eine Distanz von 8000 Kilometern und weit voneinander entfernt außerhalb der Städte Sydney und Melbourne in Australien und Wellington in Neuseeland. Ihre analytische Ausbildung war uneinheitlich: Einige hatten das klassische Training in Zürich absolviert, andere stammten aus der Developmental School of London, wieder andere kamen aus unterschiedlichen Gruppen in den USA und ein Mitglied hatte die Ausbildung in Italien durchlaufen. Das bedeutete, dass diese Analytiker, auch wenn sie im selben Land wohnten, nicht in der gleichen analytischen Sprache redeten.

Meine Aufgabe bestand darin, alle Mitglieder der ANZSJA zusammenzubringen und ein Gespräch anzubahnen. Da ich dieselbe Rolle in meiner Herkunftsfamilie gespielt hatte, dienten meine Erfahrungen nun der IAAP. Meine Frau, inzwischen eine erfahrene Jung'sche Analytikerin, sowie unsere Tochter Susannah und ihre Freundin Shirin Ghotbi begleiteten mich auf dieser langen Reise. Zuerst besuchten wir Perth an der Küste des Indischen Ozeans, das so weit entfernt von den dichter besiedelten Gegenden im Osten Australiens ist, dass die meisten Australier diese Stadt noch nie besucht haben. Die erste Jung'sche Analytikerin Australiens war Rix Weaver in Perth. Sie war 1988, zur Zeit unseres Besuchs, 85 Jahre alt und leitete ihre ANZSJA-Gruppe ungefähr so, wie es meine Eltern in den 1940er und 1950er Jahren getan hatten, ohne jede Grenze zwischen persönlichen und beruflichen Beziehungen. So wurden wir beispielsweise nach einem Abendessen mit der Gruppe aufgefordert, uns mit jedem einzelnen Teilnehmer zu unterhalten, um herauszufinden, ob der oder die betreffende Person für eine analytische Ausbildung geeignet sei. Angesichts meiner Vertrautheit mit ähnlichen Umständen in meiner Kindheit konnte ich mich leichter in diese Situation hineinfinden als meine Frau. Eine um Verständnis bemühte Haltung half uns dabei, zu erkennen, ob ein Potential für analytische Arbeit vorhanden war oder nicht.

Im Laufe der folgenden Woche trafen wir uns mit einer Reihe von Analytikern und Personen, die sich für die analytische Arbeit interessierten. Ich versuchte sie anzuregen, eine gemischte Gruppe zu bilden, deren Mitglieder sich regelmäßig treffen, um mit dem Aufbau einer Organisation zu beginnen, die schließlich eine australisch-neuseeländische Gesellschaft werden könnte. Für Analytiker, die in Zürich ausgebildet wurden und anschließend in ihre Heimat zurückkehren oder sich an einem anderen Ort niederlassen, scheint es charakteristisch zu sein, dass sie kein Interesse daran haben, zu ihren Kollegen in der gleichen Gegend Kontakt aufzunehmen, da sie sich im Besitz der einzig wahrhaften Erfahrung einer jungianischen Ausbildung wähnen. Von daher war es mir nicht möglich, diese Analytiker zu motivieren, der Gruppe beizutreten, dennoch verließen wir Australien mit der Gewissheit, dass eine solche Gruppe zustande kommen würde. Wir setzten unsere Reise nach Wellington in Neuseeland fort, wo wir mit Analytikern und Kandidaten der nördlichen und südlichen Inseln zusammentrafen.

1996 wurden Jean und ich erneut nach Australien eingeladen, um an einer Jahrestagung teilzunehmen. Inzwischen hatte sich die ANZSJA gefestigt und gab eine eigene Vierteljahreszeitschrift heraus. Wie erwartet waren einige der in Zürich ausgebildeten Analytiker der Gruppe nicht beigetreten.

Auf dieser Reise erinnerte ich mich, dass meine Eltern zu einer Zeit, als ich mit dem Studium begann, erwogen hatten, sich in Neuseeland niederzulassen, weil die atmosphärische Strahlung hier niedriger sei als in der nördlichen Hemisphäre, wo man in den 1950er Jahren besonders die Zunahme von Strontium 90 fürchtete. Neuseeland hatte mich schon immer fasziniert, und ich nahm an, dass mir dieses Land besser gefallen würde als das extrovertiertere Australien. Die Erfahrungen auf dieser langen Reise stellten meine vorgefasste Meinung auf den Kopf, und ich fand, dass Australien ein höchst interessantes Land ist. Allerdings hatte ich die Südinsel von Neuseeland nicht besucht, die angeblich die Schönheit der Nordinsel übertrifft.

Viele Reisen schlossen sich an, die ich in den kommenden sechs Jahren als Vorstandsmitglied der IAAP unternahm. Im August 1989 fand der nächste, gut besuchte IAAP-Kongress im Unesco-Gebäude in Paris statt. Damals wurde ich zum Präsidenten der IAAP gewählt. Am Ende der Konferenz erreichten uns die überwältigenden Nachrichten, dass die Ostdeutschen nach Ungarn strömten und die Strukturen in der DDR sich auflösten. Kurz danach fiel die Berliner Mauer, und die kommunistischen Regierungen des Ostblocks sahen ihrem Zerfall entgegen. Das war eine ereignisreiche Zeit in der Weltgeschichte und auch für die Analytische Psychologie.

In den Ländern, die damals zur Sowjetunion gehörten, war bereits ein Interesse an westlicher Psychologie, Psychoanalyse und Analytischer Psychologie vorhanden. Schon bald trafen Anfragen aus diesen Ländern bei der IAAP ein, mit denen ich mich als Präsident zu befassen hatte. Es berührte mich tief, zu erfahren, dass so viele Menschen ihr Leben und ihre Freiheit aufs Spiel gesetzt hatten, um Jungs Werke zu studieren, und ich erkannte, dass es unter ihnen verschiedene Stufen der Bereitschaft gab, sich Jung zu nähern. Das Interesse dieser Menschen war rein theoretisch, da kaum einer in der Sowjetunion oder in den Ostblockländern Gelegenheit hatte, eine jungianische Analyse zu absolvieren. Nur in Ungarn überdauerte das Interesse an der Analytischen Psychologie die kommunistische Zeit, weil ein katholischer Priester, der Jung vor dem Zweiten Weltkrieg begegnet war, einige seiner Schriften ins Ungarische übersetzt hatte. Im Januar 1990 lernte ich in London den ersten Russen kennen, Valery Zelensky, der seinen Weg in den Westen gefunden hatte und sich für die Analytische Psychologie interessierte. Er stellte sich als Buchverleger vor, der bereit war, Werke von Jung zu übersetzen und zu veröffentlichen.

Ich sah meine Rolle darin, einen Dialog mit analytisch interessierten Menschen dieser Länder zu beginnen, um den Weg für andere Analytiker zu bahnen, die das Gespräch dann weiterführen konnten. Russland mit seiner Vormachtstellung innerhalb des Ostblocks war das wichtigste dieser Länder. In meiner ersten Vorstandssitzung als Präsident der IAAP wurde ich beauftragt, eine Reise nach Moskau und Leningrad zu unternehmen, um die Möglichkeiten, Jungs Werke auf Russisch zu veröffentlichen, zu erkunden und einen Überblick über die Lage der Psychotherapie gewinnen.

Obwohl Jean und ich die Visa rechtzeitig beantragt hatten, erhielten wir die Papiere erst im letzten Augenblick, als wir im Mai 1991 in Zürich das Swissair-Flugzeug Richtung Moskau bestiegen. So erlebten wir unmittelbar die sowjetische Ambivalenz der damaligen neuen »Offenheit«. Wir waren ganz überrascht, als uns bei der Ankunft eine enthusiastische Gruppe junger Psychotherapeuten begrüßte, die perfekt Englisch sprachen. Sie erzählten uns, wie sie untereinander in ihren Wohnungen im Geheimen eine Art Psychotherapie praktiziert hatten, die sich aus Theorien zusammensetzte, die im vorstalinistischen Russland existiert hatten. Natürlich wussten sie nichts von den Konflikten zwischen verschiedenen Ideenrichtungen und den späteren Unterscheidungen, die sich im Laufe eines halben Jahrhunderts herausgebildet hatten. Angesichts dessen schien es uns angebracht, die jungianische Perspektive möglichst vorurteilsfrei darzustellen. Das war eine große Umstellung für mich, war ich doch am Anfang meines beruflichen Lebens ein eifriger Missionar in Jungs Namen gewesen, und ich schreibe diese Wandlung meiner jahrelangen Analyse bei Joe Henderson zu.

Meine zweite Aufgabe auf dieser Reise bestand darin, einen Verleger für die Veröffentlichung von Jungs *Gesammelten Werken* auf Russisch zu finden. Die Van Waveren Foundation in New York hatte uns bereits die Finanzierung des Projektes zugesichert. Zu jener Zeit wurden in der Sowjetunion die internationalen Verlags- oder Urheberrechte nicht anerkannt, sodass jedermann eine Übersetzung herausbringen konnte. Die Verleger waren darauf erpicht, Verträge abzuschließen, denn diese verhießen die begehrte »harte Währung«. Dabei waren sie an Jungs kulturellen Werken mehr interessiert als an seinen klinisch orientierten Schriften, da die Psychotherapie, wie wir sie im Westen kennen, in Russland gar nicht existierte. Auf der Grundlage dieses Vertrags erschien als erstes und einziges Buch »Über das Phänomen des Geistes in Kunst und Wissenschaft«, der 15. Band von Jungs *Gesammelten Werken*, mit Aufsätzen über Picasso, Ulysses, Richard Wilhelm und andere. Nach dem Zusammenbruch der Sowjetunion und Russlands Wiedergeburt reiste ich erneut nach Moskau, um den Vertrag zu unterschreiben, es war die Phase der kurzen kommunistischen Machtübernahme, bevor Jelzin die Herrschaft wiedergewann. Die Buchmesse wurde annulliert. Die folgenden politischen Unruhen und das allgemeine Chaos verhinderten die Herausgabe weiterer Bände. Es wäre ein großartiger Erfolg gewesen, Jungs *Gesammelte Werke* auf Russisch zu veröffentlichen.

1992 fuhr ich in meiner Funktion als Präsident der IAAP nach Kapstadt, wo sich eine Gruppe von Medizinern und Psychologen der Analytischen Psychologie widmen wollte. Die einzige Jung'sche Analytikerin in Kapstadt war Vera Bührmann, die ihre Ausbildung in der Society of Analytical Psychology in London absolviert hatte. Sie unterrichtete und supervidierte die klinische Arbeit der analytischen Kandidaten, wobei ihr klar war, dass diese auch einer persönlichen Analyse bedurften. Bührmann wandte sich an den südafrikanischen Schriftsteller, Staatsmann, Filmregisseur und -produzenten Sir Laurens van der Post, der in England einen Jung'schen Analytiker, Julian David, gewinnen konnte, die persönliche Analyse der Kandidaten in Kapstadt zu übernehmen. Sicher kein ideales Arrangement aufgrund der Entfernungen, aber es wurde zu einer praktischen Realität, die fünf Jahre hielt. Während meines Aufenthalts in Kapstadt sprach ich mit den einzelnen Kandidaten, um ihre Eignung zu prüfen, und traf danach die endgültige Entscheidung. Es war eine schwierige Aufgabe, aber das Ergebnis bewährte sich auf die Dauer.

Meine zweite Amtszeit als Präsident der IAAP nahm einen ruhigen Anfang. Damals stand Murray Stein, mein ehrenamtlicher Sekretär, in Verbindung mit einem jungen, chinesischen Psychologieprofessor, Heyong Shen, der dank eines Fulbright-Stipendiums in Amerika studiert hatte und sich besonders für Jungs Psychologie interessierte. Dieser legte uns nahe, China zu besuchen, und als wir in der Folge eine Einladung von Professor Shen erhielten, der an der South China Normal University of Guangzhou unterrichtete und Vorlesungen über Jung hielt, begannen Murray und ich mit den Reisevorbereitungen, die alles andere als einfach waren, da wir rund um die Uhr auf Führer und Übersetzer angewiesen waren.

In Guangzhou wurden wir offiziell von Professor Shen und Vertretern der Universität begrüßt und zu einem Gang durch das Universitätsgelände sowie zu bedeutenden Tempeln und Denkmälern der alten Stadt eingeladen. Murray Stein und ich hielten an der Universität Vorträge über verschiedene Themen der Analytischen Psychologie, die von den Zuhörern mit regem Interesse aufgenommen wurden. 1994 war auf den Straßen noch wenig motorisierter Verkehr zu sehen, sondern vorwiegend Fahrräder und einige von Tieren gezogene Fuhrwerke. Obwohl es keine Ampeln gab, schien der

Verkehr organisch zu fließen. Die rasche Entwicklung des 21. Jahrhunderts hatte noch nicht begonnen.

Von Guangzhou flogen wir nach Beijing, wo wir Krankenhäuser besuchten und ebenfalls Vorträge über Analytische Psychologie hielten, die simultan übersetzt und von den Zuhörern aufmerksam verfolgt wurden. Damals befürchtete ich, dass die Kosten für diese Reise zu hoch waren, um das erreichte Ergebnis zu rechtfertigen. Inzwischen hat sich das Interesse an der Analytischen Psychologie dermaßen entwickelt, dass ich rückblickend sagen kann, dass sich diese erste Reise dank der vielen Kontakte, die wir herstellen konnten, eindeutig gelohnt hat.

Jean und ich setzten unsere Reise nach Seoul in Südkorea fort, wo wir an einem Kongress der International Association for Medical Psychology teilnahmen. Bei dieser Gelegenheit besuchten wir auch die einzige in Asien bestehende jungianische Gruppe, die von Professor Bou-Young Rhi geleitet wurde, einem Psychiater, der in den 1960er Jahren in Zürich Analytische Psychologie studiert hatte und Direktor der Psychiatrischen Abteilung der Seoul National University, Koreas angesehenster Universität, war. Er war sich dessen bewusst, dass kein Analytiker allein ein Ausbildungsprogramm aufbauen konnte, weshalb er seinen Studenten empfahl, ihr Studium am Jung-Institut in Zürich zu absolvieren. Unsere Besprechungen mit Professor Bou-Yong Rhi und seiner Gruppe wurden zu einem wichtigen Ereignis für Jean. Am Schluss unserer Konsultationen äußerte ein junger Psychiater, Dong Hyuk Suh, den Wunsch, seine Studien in unserer jungianischen Gruppe in San Francisco fortzusetzen. Jean stand damals kurz vor ihrem Amtsantritt als Präsidentin dieser Gruppe und hegte Zweifel an der Durchführbarkeit eines solchen Plans, aber dank Dr. Suhs Beharrlichkeit und Jeans vorsichtigen Sondierungsbemühungen war die Gruppe schließlich einverstanden, mit einem Pilotprogramm zu starten und qualifizierte Kollegen, die in ihrem eigenen Land keinen Zugang zu einer analytischen Ausbildung und zu jungianischen Studien hatten, in die Studentengruppe in San Francisco aufzunehmen. Ich war zufrieden, dass der finanzielle Aufwand, den die Mitglieder der IAAP trugen, im Blick auf die Zukunft der Analytischen Psychologie in Asien gut angelegt war.

Den Abschluss meiner IAAP-Präsidentschaft bildete der Kongress 1995 in Zürich, wo die internationale Gesellschaft 1968 zum letzten Mal zusammengekommen war. Die Tagung war sehr gut besucht, besonders von Analytikern, die ihre Ausbildung in Zürich absolviert hatten, wie von denen, die im »Mekka« sein und erfahren wollten, wo Jung gelebt und gearbeitet hatte. Die internationalen Verbindungen der IAAP hatten sich enorm erweitert, und eine Anzahl Gäste aus Osteuropa und Russland sowie Professor Heyong Shen aus China waren anwesend.

Während meiner Amtszeit hatte sich die Mitgliederzahl der IAAP stark vergrößert, sodass die Satzungen auf einen neuen Stand gebracht werden mussten, um den Anforderungen an eine internationale Gesellschaft mit Mitgliedern auf allen Kontinenten zu genügen. Einheitliche Regularien hinsichtlich der Berufsgruppen, die sich in Ländern bildeten, in denen noch keine jungianische Vereinigung existierte, wurden erstellt und nach und nach weiter ausgearbeitet. So hat während meiner Präsidentschaft der Übergang von einer im Wesentlichen europäischen und amerikanischen zu einer wirklich internationalen Organisation stattgefunden. Ich war der letzte Präsident, der zwei aufeinanderfolgende Amtszeiten innehatte. Später führte meine Nachfolgerin Verena Kast weitere notwendige strukturelle Veränderungen durch, um die Mitwirkung der wachsenden Mitgliedschaft in den politischen Gremien der IAAP zu gewährleisten. Das wiederum führte zu neuen Organisationsproblemen, die, bedingt durch das wachsende internationale Interesse an der Analytischen Psychologie, gelöst werden müssen.

Meine engen Freunde machten sich Sorgen, wie ich den Abschluss meiner 18-jährigen Tätigkeit in der IAAP verkraften würde. Einige fürchteten, ich würde in eine Depression fallen, und ich selbst konnte mir ein Leben außerhalb der jungianischen Zentrale kaum vorstellen.

Nach der IAAP-Präsidentschaft

Im ersten Jahr nach meiner IAAP-Präsidentschaft erwog ich allerlei Ideen über mögliche Tätigkeiten. Ich wurde vielerorts eingeladen, zu unterrichten oder Vorlesungen zu halten, allerdings hatten die Reisen an neue und weit entfernte Orte ihren Reiz verloren, und so begann ich, solche Einladungen abzulehnen. Meine Gesundheit verbesserte sich zusehends, und ich wandte mich naheliegenden Projekten zu. Als Erstes redigierte ich den Jung betreffenden Teil des umfangreichen psychoanalytischen Lexikons für den französischen Psychoanalytiker Alain de Mijolla, der im Laufe vieler Jahre drei Bände zusammengestellt hatte, die einen wertvollen Beitrag zur Literatur der Tiefenpsychologie leisteten.

Die IAAP wandte sich im Zusammenhang mit zusätzlichen Konsultationen bei den mir bereits bekannten Gruppen in Australien und Neuseeland erneut an mich. Die ANZSJA-Gruppe hielt ihre jährliche Tagung 1996 in Freemantle ab, einem Ort nördlich von Perth. Seit unserem ersten Besuch 1988 hatte die ANZSJA weitere Analytiker aufgenommen, die ihre Ausbildung in amerikanischen und europäischen Gruppen absolviert hatten, was sie dazu befähigte, ebenfalls Ausbildungsmöglichkeiten anzubieten. Jean und ich konnten der Gruppe bei der Strukturierung der Organisation behilflich sein, in der nun verschiedene Stränge der Analytischen Psychologie zusammenliefen. Später besuchten wir den Jung'schen Analytiker Craig San Roque in Alice Springs, wo er mit analytischem Geschick und viel Schöpferkraft den Ureinwohnern hilft, die bedrohliche Zunahme von Suchtkrankheiten besonders unter Jugendlichen zu bekämpfen. Wir erkannten, dass die Suchtprobleme, die Erdgebundenheit der Bevölkerung, der Impuls zu schöpferischer Gestaltung und die Ähnlichkeit der archetypischen Themen in ihrer Mythologie mit denen der Urbevölkerung im Südwesten Amerikas vergleichbar waren– für uns eine Bestätigung von Jungs Wahrnehmung, dass archetypische Muster universell sind, auch wenn die Form, der Inhalt und die Ausdrucksweise von einer Kultur zur anderen sehr verschieden sein können.

Die Geschichte der jungianischen Bewegung

Die Fertigstellung des Jung betreffenden Teils des internationalen Lexikons der Psychoanalyse und unsere zweite Reise nach Australien waren Übergangsprojekte. Danach wurde mir bewusst, dass ich mich dank meines kulturellen und familiären Hintergrunds sowie der noch nicht lange zurückliegenden politischen Erfahrungen in einer einzigartigen Lage befand. Ermutigt durch Andrew Samuels und andere Kollegen schlug ich vor, eine Geschichte der jungianischen Bewegung seit ihrer Gründung bis ins Jahr 2000 zu schreiben, dem voraussichtlichen Erscheinungsdatum des Buches. Routledge akzeptierte meinen Vorschlag. Obwohl mir die spezifische Ausbildung eines Historikers fehlte, erlebte ich den Arbeitsprozess der Erforschung der frühen Geschichte der Psychoanalyse sowie der Entwicklung der Analytischen Psychologie als völlig natürlich und sehr anspruchsvoll. Die Annahme meines Buchvorschlags fiel mit einer Konferenz zusammen, der ich gemeinsam mit dem Psychoanalytiker James Grotstein beiwohnte. Als ich ihm einige historische Fragen stellte, besonders über Wilfred Bion, lehnte er es ab, zu antworten, und erklärte, dass er erfahrungsgemäß sehr vorsichtig sei und sich selten gegenüber Geschichtsschreibern äußere. Im Vertrauen warnte er mich, dass das Schreiben und Verteidigen meiner Geschichte keine leichte Aufgabe sei und Unannehmlichkeiten mit sich bringen könnte, da viele Leute ihre Meinungen nicht kundtun oder ihre Erfahrungen mit bestimmten Personen oder Theorien nicht beschreiben wollen. Er mahnte mich zu größter Vorsicht bei meinen Ausführungen. Das war ein guter Rat, aber kein günstiges Vorzeichen für meine Recherchen.

Ich schrieb das Buch *The Jungians* in den nächsten vier Jahren, und im Großen und Ganzen kam es gut an und ist immer noch lieferbar. Es war das erste und bisher einzige Buch, das die gesamte Geschichte der jungianischen Bewegung umfasst. Dennoch fehlte es nicht an Kritik, besonders von Seiten anderer Historiker, und obwohl viele Sachverhalte mit Kollegen, mit denen ich überall in der Welt in Verbindung stehe, überprüft wurden, unterliefen mir Fehler. Leider fehlt mir heute die Energie, die Geschichte zu aktualisieren, da die explosive Entwicklung der Analytischen Psychologie in Südamerika und in Asien meine alternden physischen Fähigkeiten übersteigt.

Das Buch *The Jungians* erschien zuerst in England im Mai 2000, und zwei Monate später reiste ich nach London, wo Andrew Samuels mir zu Ehren einen Empfang gab. Als ich im Juni des gleichen Jahres an einem Kongress der International Association for the History of Psychoanalysis in Versailles teilnahm, äußerte ich mich in meiner Ansprache dahingehend, dass Jung der erste Kritiker Freuds war, und zitierte eine Reihe Kritiken, die unterdessen – in anderem Wortlaut und ohne Jungs frühe Beiträge anzuerkennen – zu wesentlichen Bestandteilen der psychoanalytischen Theorie und Praxis geworden sind. Meine Bemerkungen waren verfrüht, denn im Jahr 2000 waren Psychoanalytiker noch nicht bereit, einer solchen Sichtweise näherzutreten. Allerdings war ich höchst erstaunt, als sich eine Psychoanalytikerin aus New York im Konferenzsaal erhob und zornig erklärte, dass das Offensichtliche verschwiegen werde, vertrat sie doch die Ansicht, dass Jung ein Nazi gewesen sei und folglich verantwortlich für den Tod vieler Familienmitglieder von anwesenden Konferenzteilnehmern. Zunächst herrschte Stillschweigen, bis ich meiner Erregung freien Lauf ließ, da ich mich in eine negative projektive Identifizierung hineingezogen fühlte, und ich verteidigte Jung heftiger, als es der Wahrheit entsprach. Ich erwähnte meine Eltern, die bei Jung in Analyse gewesen waren, als dieser angeblich ein Nazi und Antisemit war. Nach diesem Wortgefecht war ich erschöpft und bereute meinen Gefühlsausbruch. Es vergingen Wochen, bis ich die Begebenheit als erledigt betrachten konnte. Am Ende war mein Ausbruch weniger schlimm, als es mir zuerst schien, denn die Unwahrheiten, die die Psychoanalytikerin von sich gegeben hatte, waren maßlos und bedurften einer Antwort. Andererseits wäre es richtig gewesen, bestimmte Handlungen und Worte Jungs aus den 1930er Jahren infrage zu stellen und öffentlich zu diskutieren, aber nicht auf einer solchen primitiven Ebene.

Im November 2000 veranstaltete das Jung-Institut in San Francisco eine mehrtägige Konferenz zu historischen Themen. Sonu Shamdasani, Joe Cambray und ich wählten die Referenten aus, die ihrerseits schriftlich einwilligten, dass ihre Vorträge im *Journal of Analytical Psychology* veröffentlicht werden würden. Als Redner wurden Analytiker und Historiker aus Europa und den Vereinigten Staaten eingeladen. Sonu Shamdasani, der bekannte Historiker, hatte dreimal Gelegenheit, zu der Versammlung zu sprechen, und jedes Mal beschimpfte er die anwesenden Jung'schen Analytiker und beschuldigte sie eines generellen Missverstehens der Schriften Jungs und dass sie Analysen anders praktizierten, als Jung es getan hatte, zum Teil unter Anleihen bei anderen Theorien und Methoden. Am dritten Tag der Konferenz meldete sich Andrew Samuels zu Wort und stellte die Frage, ob Historiker immer einer Meinung sein müssten und was geschähe, wenn ihre Ansichten auseinandergingen. Er nannte Ernst Falzeder, der ebenfalls auf der Konferenz gesprochen hatte und Sonu nahestand, und fragte Sonu, was geschehen würde, wenn zwischen ihm und Ernst eine Meinungsverschiedenheit in Bezug auf die Interpretation von Jungs Theorien und Methoden aufkommen sollte. Sonu verließ hastig die Bühne und drohte, die Konferenz augenblicklich zu verlassen. Schließlich beruhigte er sich und ließ sich zum Bleiben überreden. Allerdings war es Andrew und Sonu im Nachhinein nicht möglich, ihre Meinungsverschiedenheit zu klären. Als Zeuge dieser Episode und eingedenk meines früheren Wortgefechts verstand ich, dass historische Themen sehr belastet sein können und dass James Grotstein mit seiner Warnung recht gehabt hatte. Historische Tatsachen und psychologische Wahrheiten scheinen verschiedene phänomenologische Kategorien zu sein.

Ich fuhr fort, mein Buch in verschiedenen Jung-Instituten und -Organisationen vorzustellen, und zwar ohne solche Gefühlsausbrüche wie in Versailles. *The Jungians* wurde oft rezensiert, meistens positiv mit Ausnahme von James Astors Rezension im *Journal of Analytical Psychology*, der sich in Details erging, die er nur von Sonu Shamdasani haben konnte – eine weitere Bestätigung, dass geschichtliche Berichterstattung keine einfache Sache ist.

In den folgenden Jahren unterstützte das Jung-Institut in San Francisco verschiedene Konferenzen, die sich mit Aspekten der jungianischen Geschichte befassten: unter anderem mit Jungs Beziehung zu Sándor Ferenczi oder mit der 2005 erschienenen Jung-Biographie von Deirdre Bair. Zu letzterer Tagung waren Andreas Jung und seine Frau Vreni eingeladen, und Jungs Haus und dessen Geschichte wurden zum Thema. Diese Konferenz umfasste auch Beiträge über Jungs Beziehungen zum Katholizismus, Protestantismus, Judentum und zu primitiven Religionen. Alle Konferenzen waren gut besucht und erfolgreich. Insgesamt waren es fünf Tagungen innerhalb von sechs Jahren, die viel Arbeit mit sich brachten.

Im Juli 2006 erhielt ich einen unerwarteten Anruf von Professor Heyong Shen, dass er und ein Ehepaar aus Taiwan in San Francisco seien und mich treffen wollten. Heyong Shen machte mich mit Steve und Jenny Chang bekannt, und wir entdeckten gemeinsame Interessen, da ich die Software benutze, die ihre Firma, Trend Micro, entwickelt hatte. Im Gespräch erwähnte ich ein Projekt, das mich damals beschäftigte, nämlich die Herausgabe der Korrespondenz zwischen meinem Vater und C. G. Jung. Steve und Jenny Chang boten mir großzügige, finanzielle Unterstützung an, und als Gegenleistung sollten Jean und ich nach Taipei kommen, um Fachleute und Studenten ihres philanthropischen Unternehmens in die Analytische Psychologie einzuführen. Psychiatrische Ausbildung und Versorgung waren den Changs ein besonderes Anliegen, und zu diesem Zweck hatten sie das Taiwan Institute of Psychotherapy gegründet, das eine Ambulanz zu bescheidenen Preisen, klinische Erfahrung für junge Berufspersonen unter der Aufsicht ausgebildeter Fachleuten sowie ein Weiterbildungsprogramm in zeitgenössischer Theorie und Praxis der Psychotherapie umfasste. Sie hatten international bekannte Dozenten aus den Sozialwissenschaften, Psychologen und Psychiater zur Ausbildung ihrer Studenten eingeladen.

Ich hatte noch nie daran gedacht, Taiwan zu besuchen, aufgrund meiner Vorurteile gegenüber Chiang Kai-shek, dem einstigen Führer der Chinesischen Republik, der nach seiner Flucht vom Festland im Jahr 1949 angeblich eine Diktatur in Taiwan errichtet hatte. Die angebotene finanzielle Unterstützung von Steve und Jenny Chang sowie ihre enthusiastische Aufnahme meines Buchprojekts waren ebenso überzeugend wie unsere gegenseitige Verbundenheit. Folglich nahm ich ihre Offerte an und verpflichtete auch Jean für eine Reise nach Taiwan, die wir im Oktober 2007 antraten. Ich sprach über die klinischen Aspekte der Analytischen Psychologie und besonders über Träume, während sich Jean auf die Anwendung von Sandspiel als Zusatz zur jungianischen Analyse konzentrierte, was die Teilnehmer begeisterte, da das Sandspiel in Asien bereits bekannt und ziemlich verbreitet war. An unserem ersten Wochenende wurde Taipei von dem heftigsten Taifun seit zehn Jahren heimgesucht, der fast die ganze Stadt lahmlegte. Glücklicherweise konnten 40 der 50 eingeschriebenen Teilnehmer kommen. Ihre klinische Erfahrung überraschte uns und zeugte von dem hohen Niveau des Taiwan Institute of Psychotherapy. Obwohl das allgemeine Interesse an der Analytischen Psychologie groß war und die meisten Zuhörer Jung und andere jungianische Autoren kannten, waren Jean und ich die ersten Jung'schen Analytiker aus dem Westen, die in Taiwan unterrichteten.

Steve und Jenny Chang waren wunderbare Gastgeber. Sie zeigten uns Taiwan, und Jenny wollte auch, dass wir Japan besuchten, wo ihre Firma eine Niederlassung hat. Sie und Shiuya Liuh waren unsere großzügigen Reiseführer in Kyoto, wo wir vier schöne Ferientage verbrachten. Begeistert von den Taiwanern und ihrer Kultur sowie dem Enthusiasmus für die Analytische Psychologie besuchten wir fast jedes Jahr Taiwan. Während ich diese Zeilen schreibe, planen wir unseren wahrscheinlich letzten Besuch im Oktober 2015. Das Alter scheint uns zu überholen, und das Reisen über lange Strecken wird immer schwieriger.

Seit 2007 wurde eine Reihe weiterer Jungianer nach Taiwan eingeladen, wo sich inzwischen eine jungianische Development Group gebildet hat, von der mehrere Mitglieder im Begriff sind, Jung'sche Analytiker zu werden. Eine Psychologin, Shiuya Sara Liuh, absolvierte ihre Ausbildung in Zürich, und Wen-Yu Cheng wird demnächst seine Ausbildung innerhalb des internationalen Studentenprogramms in San Francisco abschließen und seinen Doktor in Psychologie machen. Diese Entwicklungen werden mit Begeisterung verfolgt. Eine Jung'sche Analytikerin aus San Francisco, Liza Ravitz, hielt sich zwei Jahre in Taipei auf. Sie wohnte in der Nähe des Taiwan Institute of Psychotherapy, wo sie als Gastprofessorin Vorlesungen hielt und persönliche Analysen und Supervision anbot.

Auf allen unseren Reisen war Taipei das Hauptziel, doch Jean und ich besuchten auch Development Groups in Hong Kong, Guangzhou und Shanghai, wo wir Vorträge hielten und für Supervision zur Verfügung standen. 2013 organisierte Jenny Chang an der Taiwan National Library eine gut besuchte internationale Konferenz für Analytische Psychologie. In meiner Ansprache schilderte ich meine Eindrücke von der Zukunft der Analytischen Psychologie in China, wo sich – ähnlich wie in Taipei – in Beijing, Shanghai, Hong Kong und Macao jungianische Studienzentren gebildet hatten. Jede dieser Gruppen scheint eine andere Haltung gegenüber der Analytischen Psychologie zu vertreten, gemäß den lokalen Unterschieden, die weltweit zur Tradition geworden sind. Ein Band mit meinen gesammelten klinischen und geschichtlichen Vorträgen wurde 2013 auf Mandarin-Chinesisch veröffentlicht.

Mittlerweile ging es, unterstützt durch die großzügige, finanzielle Hilfe von Jenny und Steve Chang, mit meiner Editionsarbeit voran. Bei der Durchsicht des kopierten Konvoluts mit der Korrespondenz zwischen meinem Vater und C. G. Jung, die im Jung-Archiv an der Eidgenössischen Technischen Hochschule (ETH) in Zürich aufbewahrt wird, fand ich Dokumente zu Jungs Haltung gegenüber den Juden und der jüdischen Religion in den 1930er Jahren sowie Reaktionen und Fragen meines Vaters zu Jungs Schriften aus dieser Zeit. Mir wurde bewusst, dass ein solches Buchprojekt detaillierte Forschungsarbeit erforderte, die ich nicht gewillt war zu übernehmen, da ich zur Genüge an meinem Vaterproblem gearbeitet hatte. Ich beauftragte Ann Lammers mit der Herausgabe. Sie hatte die Korrespondenz zwischen dem englischen Dominikanerpater Victor White und Jung veröffentlicht und in diesem Zusammenhang eine gute Arbeitsbeziehung zu der Jung-Familie hergestellt, zudem sprach sie fließend Deutsch. Ann entdeckte weitere Briefe in den Archiven, und ihre gründliche Forschungsarbeit trug viel zum Wert des Buches bei. Das ganze Projekt erstreckte sich über sechs Jahre, und die Kosten waren letztlich höher als angenommen, sodass ich Kapital beisteuerte und Ann Mittel aus anderen Quellen gewinnen konnte.

Im Laufe unserer Zusammenarbeit wurden Ann Lammers und ich gute Freunde, und ich bin ihr dankbar für ihre hervorragende Arbeit. In meiner Einführung war ich um eine gerechte Darstellung meines Vaters mit all seinen Schattenseiten bemüht. Die englische Ausgabe erschien bei Routledge Press im Juni 2011 und wurde auf einer Feier zum 50. Todestag von C. G. Jung im Kunsthaus Zürich vorgestellt. Eine zweite, erweiterte Auflage ist derzeit in Arbeit und wird bald als Taschenbuch erscheinen.

Als das Buch *The Jung-Kirsch Letters* auf Englisch erschien, waren vor allem die Schweizer erbost, dass es keine deutsche Fassung gab, da 90 % der Korrespondenz auf Deutsch geführt worden waren. Das Erscheinen der deutschen Auflage konnte dann im Juni 2014 in Berlin gefeiert werden. Ann Lammers und ich waren bei der Gedenkfeier in Berlin anwesend, die die deutsche Jung-Gesellschaft vor dem Haus veranstaltete, in dem mein Vater von 1927 bis 1933 seine erste Praxis hatte. Darüber habe ich bereits berichtet.

In Anbetracht meiner frühen Erfahrungen innerhalb der jungianischen community, der persönlichen Kontakte zu vielen Jungianern der ersten Generation und meiner langjährigen Tätigkeit im Vorstand der IAAP wurde ich dazu ermutigt, meine Memoiren zu schreiben. 2007 schloss ich mit Nancy Cater einen Vertrag und begann, meine Erinnerungen mit dem Titel *A Jungian Life* zu schreiben. Zunächst kam ich gut voran, aber schon bald erforderten andere Projekte meine Aufmerksamkeit. Als Jungs *Red Book* 2009 erschien, wurde ich von verschiedenen Seiten um Kommentare und Besprechungen gebeten. Das *Red Book* fand sofort großen Anklang in den Vereinigten Staaten, und die Verkaufszahlen überstiegen alle Erwartungen. Zwei Jahre später kamen *Die Jung-Kirsch Briefe* heraus, und wieder erreichten mich viele Einladungen, über das Buch zu sprechen, während zur gleichen Zeit unser Engagement in Taiwan und China viel Zeit und Energie beanspruchte.

So oft wie möglich arbeitete ich an meinen Memoiren, bis sich Nancy Cater von diesem Projekt zurückzog, da sie fürchtete, meine kritischen Bemerkungen über bestimmte Jungianer könnten rechtliche Folgen haben. Daraufhin wandte ich mich an Mel Mathews, den Verleger von Fisher King Press, der mein Projekt enthusiastisch unterstützte. Das Buch *A Jungian Life* erschien 2014, und auch wenn die Verkaufszahlen nicht sonderlich hoch sind, schätze ich die zahlreichen Leserkommentare, die mich erreichen.

2012 entwickelten sich ernsthafte Gesundheitsprobleme. Zunächst wurden atheromatöse Plaques in den Retinagefäßen meines linken Auges gefunden, die auf Durchblutungsprobleme meiner Karotiden schließen ließen. Durch Ultraschall wurden die fast vollständigen Verschlüsse der internen Karotiden nachgewiesen, die sich so allmählich entwickelt haben müssen, dass ein gut ausgebildeter Kollateralkreislauf entstanden war, der einen Schlaganfall verhinderte. Im Laufe der weiteren Diagnostik wurde ein Krebs in der linken Niere entdeckt. Die teilweise Entfernung der Niere im Januar 2012 sollte kurativ sein, konnte aber Lungenmetastasen nicht mehr verhindern. Glücklicherweise wohnen wir in der Nähe des Stanford University Medical Center mit seiner ausgezeichneten nephroonkologischen Abteilung unter der Leitung von Dr. Sandy Srinivas, die eine zuwartende Behandlung empfahl, um den natürlichen Verlauf der Krankheit in meinem Körper kennenzulernen. Jean und ich waren damit sehr einverstanden. Erst nach der Vergrößerung der Metastasen bekam ich Medikamente, und nach einer neuerlichen Verschlechterung ein Studienmedikament namens Nivolumab, das ich gut vertrage und das inzwischen von der FDA anerkannt worden ist. In diesem Zusammenhang habe ich – wie oben berichtet – auf meiner Berlin-Reise im Mai 2014 Diabetes Typ II entwickelt. Nachdem ich im Juni 2013 ein neues Hüftgelenk bekommen hatte, ist meine aktuelle gesundheitliche Situation stabil, wenn auch immer wieder Notfallsituationen kurzfristige Krankenhausaufenthalte erfordern und so zu einer gewissen Unsicherheit beitragen.

Wie das jungianische Gedankengut meine klinische Praxis prägt

Zuerst und vor allem möchte ich Jungs Konzept der psychischen Wirklichkeit erwähnen. Das Unbewusste ist keine *tabula rasa*, sondern besteht aus seiner eigenen inneren Wirklichkeit, die nicht von der Außenwelt herrührt. Jung nannte es das kollektive Unbewusste oder die objektive Psyche, und seine Organe sind die Archetypen. Der Königsweg in diese Schicht der Psyche ist der Traum und dessen Deutung. In meiner Arbeit ermutige ich die Patienten immer wieder, ihre Träume zu erzählen, damit wir sie gemeinsam deuten können. Jung legte großen Wert auf die Wechselseitigkeit der Traumdeutung und betrachtete Träume als Ausgleich zum bewussten Leben. Insofern besteht meine Arbeit mit den Patienten vor allem darin, die Traumbilder mit dem bewussten Leben zu verbinden, und ein solches Zusammenspiel gibt oft Aufschluss über ihre tiefere Bedeutung. Die Traumbilder werden nicht auf kindliche Wünsche reduziert, sondern als Symbole voller Potential betrachtet. Zudem versuche ich, alle Aspekte des Traums zu einem Ganzen zusammenzufügen. Jung meinte, dass ein Traum ein inneres Drama mit einem Anfang, einer Mitte und einer Lysis darstellt. Nicht alle Träume haben diese vollkommene Struktur, aber wenn man eine ganze Reihe Träume untersucht, tritt oft ein bestimmtes Muster in Erscheinung. Träume zeigen bei ihrer Deutung manchmal eine rückwärts- und manchmal eine vorwärtsblickende Tendenz. Der regressive Inhalt eines Traums verlangt eher eine psychoanalytische Deutung, während der vorwärtsblickende Aspekt auf das psychische Potential des Einzelnen verweist. Welche Richtung einzuschlagen ist, hängt von den Traumassoziationen ab, die mir der Patient liefert. Daraus folgt, dass Träume keine festgelegte Deutung erhalten, da sie in verschiedenen Lebensabschnitten unterschiedliche Bedeutung haben.

Ein weiteres, sehr wichtiges Thema im jungianischen Gedankengut kommt hier zur Sprache. Als Jungianer beachte ich den Gefühlsinhalt im Erleben eines Patienten, denn hinter den Gefühlen findet man die Verhaltensmuster der Psyche, die auf verschiedene Weise ausgedrückt werden. Jungs erste Experimente befassten sich mit Gefühlsreaktionen in Wortassoziationen, und als er blockierte Gefühlsreaktionen auf gleiche assoziative Wörter vorfand, nannte er sie Komplexe. Diese gefühlsbetonten Komplexe bemächtigen sich der Funktion des Ich-Bewusstseins und stürzen den Patienten in einen veränderten Geisteszustand. Diese Experimente zeigten, wie das Unbewusste unser Verhalten beeinflusst, und diese Experimente mit Wortassoziationen und die Theorie der Komplexe waren es auch, die Jung und Freud ursprünglich zusammenbrachten.

Es versteht sich, dass Jungs Theorie ein dialektisches Verhältnis zwischen Analytiker und Patient voraussetzt. Mithin ist der Analytiker nie ein ausdrucksloses Gesicht, sondern ein aktiver Teilnehmer am Gespräch, und Übertragung und Gegenübertragung bilden einen wichtigen Teil der analytischen Beziehung. Das Verhältnis von Übertragung und Gegenübertragung bezieht sich nicht nur auf die Kindheit, sondern befasst sich auch mit potentiellen und teleologischen Aspekten. Wie in der Traumdeutung kann man bei Übertragungsinterpretationen entweder rückwärts oder in die Zukunft blicken. Die besonderen Umstände des Patienten bestimmen die einzuschlagende Richtung. Dieses umfassende Thema wird von Jung im Kapitel »Zur Psychologie der Übertragung« im 16. Band der *Gesammelten Werke* ausführlich dargestellt.

Jungs Theorien der psychologischen Typen haben im Geschäftsleben und in der Psychologie vielfach Anwendung gefunden, und mir sind sie in meiner Arbeit mit Einzelpersonen und Paaren von Nutzen. Häufig ziehen sich grundverschiedene Typen an, aber im Laufe der Zeit können gerade diese anfänglich anziehenden Elemente zur Last werden. Wie man solche individuellen Unterschiede behandelt, ist oft ein wichtiger Aspekt einer Analyse. In diesem Zusammenhang verweise ich den Leser auf den 6. Band der *Gesammelten Werke*, wo Jung die acht psychologischen Typen definiert und beschreibt

Synchronizität ist ein weiteres Thema in Jungs Theorien und hat in letzter Zeit größere Aufmerksamkeit gefunden. Was Jung unter Synchronizität versteht, ist ein bedeutsamer Zusammenhang zwischen zwei beziehungslosen Begebenheiten, zum Beispiel wenn jemand einen Traum über den Tod einer bestimmten Person hat, und am folgenden Tag stellt sich heraus, dass diese Person tatsächlich zur Zeit des Traums gestorben ist. Jung studierte dieses Konzept, als er versuchte, *I Ching* zu lesen, kurz nachdem die deutsche Übersetzung von seinem Freund und Kollegen Richard Wilhelm erschienen war. In der heutigen Zeit wirft man im *I Ching* sechsmal drei Münzen, die auf beiden Seiten verschiedene Zahlen zeigen. Durch diesen zufälligen Vorgang entsteht ein bestimmtes Hexagramm, und dann kann man nachlesen, was dieses Hexagramm bedeutet. Es ist verblüffend, wie oft das Hexagramm die psychische Lage der Person, die die Münzen geworfen hat, darstellt. In meiner klinischen Praxis habe ich nicht oft vom *I Ching* Gebrauch gemacht, aber jedes Mal, wenn ich diese Methode anwandte, war das Resultat für den Patienten und mich selbst enorm aufschlussreich. In meiner eigenen Analyse kam das *I Ching* mehrmals zur Anwendung, und jedes Mal bedeutete es eine wichtige Weichenstellung.

Individuation ist ebenfalls eines der wichtigen jungianischen Konzepte. Jung verstand Individuation als die potentielle Entwicklung des Individuums im Laufe seines Lebens und verglich diesen Prozess mit einer Eichel, die sich mit der Zeit zu einer großen Eiche entwickelt. Obwohl sich der Vergleich eher abstrakt anhört, ist es ein Versuch, das potentielle Wachstum und die Entwicklung des Individuums durch alle Lebensphasen zu beschreiben. Ich beobachte fortwährend das Wachstum und die Entwicklung jedes Patienten, und in dieser Haltung speichere ich meine analytische Welterfahrung.

Obwohl ich die allgemeine therapeutische Praxis und die psychoanalytischen Theorien in keiner Weise ablehne, ist die Jung'sche Haltung meine Grundlage, der ich Vertrauen schenke. Ich hoffe, dass diese kurze Erörterung meine Einstellung verdeutlicht und zeigt, wie sich meine Arbeitsweise von der traditionellen Psychoanalyse unterscheidet und etwas Eigenes darstellt.

Schlussbemerkungen

Inzwischen habe ich meine klinische Praxis fast ganz aufgegeben. Seit drei Jahren nehme ich keine neuen Patienten mehr an, und die wenigen, die noch bleiben, kennen meinen Gesundheitszustand und scheinen die Situation zu akzeptieren. Nun habe ich mehr Zeit zum Schreiben und Nachdenken über das Leben im Allgemeinen und bin dankbar dafür.

Von meinen Eltern auf den Beruf eines jungianischen Analytikers vorbereitet, habe ich ihn ergriffen und glaube, dass ich vielen Patienten in meiner 50-jährigen Praxis helfen konnte. Auch an meiner Lehrtätigkeit fand ich großes Gefallen, besonders in anderen Ländern und über unterschiedliche Themen. In späteren Jahren konzentrierte ich mich auf die Geschichte der Tiefenpsychologie, insbesondere der Analytischen Psychologie, was aus meinen jüngsten Schriften ersichtlich ist. Zu meinem Bedauern konnten Sonu Shamdasani und ich unsere Zusammenarbeit nicht fortsetzen, aber ich weiß, dass ich mein Möglichstes getan habe, um die zwischen uns bestehenden Meinungsverschiedenheiten zu klären. Seine Zurückweisung meiner Bemühungen hat mich betrübt, kann aber meine Mitwirkung an historischen Studien nicht beeinträchtigen.

Ich bin davon überzeugt, dass Jung dem Einzelnen und der Zivilisation viel zu sagen hat. Ich würde nicht behaupten, dass ich alles verstanden habe, aber die Jung'schen Studien haben mir eine tiefe Erfahrung meines Unbewussten vermittelt, und dafür bin ich sehr dankbar. Weit mehr als in meinen Zwanzigerjahren am Anfang meiner Studien habe ich jetzt meinen Frieden mit mir selbst und der Tiefenpsychologie gefunden. In meiner Familie habe ich viel Liebe und echte Zufriedenheit erfahren trotz aller Konflikte und manchem Unverständnis. Meine Frau und ich bilden eine echte Partnerschaft in familiärer und beruflicher Hinsicht. Jean hat mich auf vielen Reisen begleitet, und ohne ihre Hilfe hätte sich meine internationale Tätigkeit schwieriger gestaltet. Im Ganzen gesehen, bin ich mit meinem Leben zufrieden. Zweifellos hatten der Zweite Weltkrieg, Hitler und das Dritte Reich einen großen Einfluss auf Gestalt und Richtung meines Lebens. Meine Mutter erwähnte oft, dass sie Hitler Dank schulde, da er sie zwang, mit ihrer jüdischen Religion ins Reine zu kommen und Jung zu finden. Mein Vater hatte ein tiefes, intuitives Gefühl für die von Hitler ausgehende zerstörerische Gewalt, er handelte entsprechend und bewahrte unsere Familie vor dem Holocaust.

Ich bin Ludger Hermanns dankbar für diese Gelegenheit, meine Geschichte zu erzählen.

Übersetzung aus dem Amerikanischen von Ursula Egli

Auswahlbibliographie

Kirsch, T. B. (1968): The Relationship of the REM State to Analytical Psychology. *American Journal of Psychiatry*, 124, 10: 1459–1463.

Kirsch, T. B. (1976): The Practice of Multiple Analyses in Analytical Psychology. *Contemporary Psychoanalysis*, 12, 2: 159–167.

Kirsch, T. B. (1977): Jungian Analysis. In: Wolman, B. B. (Hrsg.): *International Encyclopedia of Psychiatry, Psychology, Psychoanalysis and Neurology*. New York: Aesculapius Publishers: 238–242.

Kirsch, T. B. (1977): Dreams. In: Wolman, B. B. (Hrsg.): *International Encyclopedia of Psychiatry, Psychology, Psychoanalysis and Neurology*. New York: Aesculapius Publishers: 143–146.

Kirsch, T. B. (1979): Reflections of Introversion And/Or Schizoid Personality. *Journal of Analytical Psychology*, 24, 2: 145–152.

Kirsch, T. B. (1982): Analysis in Training. In: Stein, M. (Hrsg.): *Jungian Analysis*. La Salle, Illinois: Open Court Press: 386–397; 2. Aufl. 1995: 437–450.

Kirsch, T. B. (1995): Jung and Taoism. *Round Table Press Review*, II, 3: 1, 4–6.

Kirsch, T. B. (2000): *The Jungians: A comparative and Historical Perspective*. London: Routledge. [Dt.: (2007): *C. G. Jung und seine Nachfolger: Die Internationale Entwicklung der Analytischen Psychologie*. Gießen: Psychosozial.]

Beebe, J.; Cambray, J.; Kirsch, T. B. (2001): What Freudians Can Learn From Jung. *Psychoanalytic Psychology*, 18, 2: 213–242.

Kirsch, T. B. (2002): Jungian Diaspora. *The Psychoanalytic Review*, 89, 5: 715–720. doi: 10.1521/prev.89.5.715.22104.

Kirsch, T. B. (2003): Toni Wolff–James Kirsch correspondence. *Journal of Analytical Psychology*, 48, 4: 499–506.

Kirsch, T. B. (2003): Joseph L. Henderson's Contributions to Analytical Psychology. *The San Francisco Jung Institute Library Journal*, 22, 2: 13–17.

Kirsch, T. B. (2004): Cultural Complexes in the History of Freud, Jung, and Their Followers. In: Singer, T.; Kimbles, S. L. (Hrsg.): *The Cultural Complex: Contemporary Jungian Perspectives on Psyche and Society*. Hove, UK: Brunner-Routledge: 185–195.

Kirsch, T. B. (2005): The Role of Personal Therapy in the Formation of a Jungian Analyst. In: Gellder, J. D.; Norcross, J. C.; Orlinsky, D. E. (Hrsg.): *The Psychotherapist's Own Psychotherapy: Patient and Clinician Perspectives*. New York: Oxford University Press: 27–33.

Kirsch, T. B.; Kirsch, J. (2009): A Visit to Hildemarie Streich. *Jung Journal: Culture & Psyche*, 3, 2: 59–62.

Kirsch, T. B. (2011): Introduction. In: Lammers, A. C. (Hrsg.): *The Jung–Kirsch Letters: The Correspondence of C. G. Jung and James Kirsch*. Hove, UK: Routledge: ix–xvi. [Dt.: (2014): Vorwort. In: Lammers, A. C. (Hrsg.): *C. G. Jung und James Kirsch. Die Briefe 1928–1961*. Ostfildern: Edition C. G. Jung/Patmos Verlag der Schwabenverlag: 7–16.]

Kirsch, T. B. (2014): *A Jungian Life*. Skiatook, Oklahoma: Fisher King Press.

Kirsch, T. B. (2015): Jung's Relationship to Jews and Judaism. In: Saban, M.; Kiehl, E.; Samuels, A. (Hrsg.): *Analysis and Activism*. Hove, UK: Routledge: 173–178.

Moris, L. (Producer & Director) (2016): Thomas B. Kirsch, in Conversation with Murray Stein in the Home of C. G. Jung. [Video file] Switzerland: Blue Salamandra Films.

Moris, Luis (Producer & Director) (2016) The Arch of Jung's Influence on my Life-A lecture by Thomas B. Kirsch. [Video file] Switzerland: Blue Salamandra Films.

(im Druck): *Jungian Analysis, Depth Psychology, and Soul: Selected Writings of Thomas B. Kirsch*. Hove: Routledge.

Dieter Ohlmeier

Auf meinem Weg als Psychoanalytiker

Nil admirari prope res est una, Numici,
solaque, quae possit facere et servare beatum.

Nichts anstaunen: nur dies im Grunde, mein Numicius,
dies allein kann Menschen glücklich machen und erhalten.
(Horaz: Epistulae I,6,1)

Ich bin am 19. Mai 1936 in Hamburg geboren. Meine Geburtsstadt hat mich immer mit dem gehörigen hanseatischen Stolz erfüllt, mein Geburtsjahr mit Zweifel und Unbehagen. Was aus jener Zeit des aufstrebenden Nationalsozialismus in Deutschland, das sich mit der Olympiade feierte und den Krieg vorbereitete, mochte in mich hineingeraten sein?

Mein Vater war, wie es sich in Hamburg eigentlich auch ziemte, Kaufmann. Seine Familie stammte von der Elbinsel Wilhelmsburg. Als Kind sah ich noch das niedrige Bauernhaus, dessen schiefe Mauern mit Balken gestützt wurden, gelegen an einem unergründlich scheinenden Teich; später musste ich manchmal an Poes »Haus Usher« denken. Hier war meine Großmutter Dora geboren, die meinen Vater und seine Geschwister früh prägte und zu strenger Arbeits- und Pflichtgesinnung anhielt, ganz im Sinne protestantischer Ethik. Sie war eine kluge und dominierende Frau, die auch mich als Kind stark beeindruckte, ganz die Herrin des Molkereigeschäfts, das meine Großeltern im Hamburger Stadtteil Rothenburgsort betrieben. Sie starb, schon länger schwer herzkrank, 1943 im Feuer der Hamburger Luftangriffe; es gelang meinem Großvater nicht, die Kranke aus dem Keller des brennenden Hauses herauszuziehen. Ich täusche mich in meiner kindlichen Wahrnehmung wohl nicht darin, dass der Großvater, dass auch mein Vater seit dieser Zeit stumm und verdüstert erschienen.

Meine Mutter war die Jüngste der zehnköpfigen Kinderschar einer aus dem Mecklenburgischen nach Hamburg zugewanderten Arbeiterfamilie, als kleine Prinzessin von den älteren Geschwistern früh verwöhnt. Ob mein Vater ihren gewiss glänzenden Erwartungen immer so ganz genügen konnte, ob einer ihrer Söhne diesen einmal entsprechen würde – das sorgte wohl, denke ich, immer wieder für eine gewisse Anspannung in der Familie. Erst nach sieben Ehejahren meiner Eltern kam ich als ältester Sohn, quittengelb mit einem Neugeborenenikterus, zur Welt, vier Jahre später mein Bruder Wolfgang. Beide Faktoren – die Prinzessinnenkindheit meiner Mutter, die sich mit früher Mutterschaft schlecht vertrug, sowie mein spätes Erscheinen nach siebenjähriger Kinderlosigkeit meiner Eltern – haben wohl dazu beigetragen, dass sich der langerwartete »Stammhalter« als mütterliches Projektionsobjekt (ja, die Psychoanalyse stellt hierfür kühl-nüchterne Termini bereit) durchaus eignete: um ihr Bestreben nach Glanz und Besonderheit zu erfüllen, das sie über vermutbare Selbstzweifel, ob eine kleine Prinzessin auch eine gute Frau und Mutter abgeben könne, hinaustragen musste. Ich meine, dass meine vor allem in der Jugend so lebhafte Auflehnung gegen jedes »Einverleibtwerden«, gegen jedes Gefühl des »In-Dienst-genommen-werdens« und sei es noch so wohlgemeint, in dieser Konstellation seinen Ursprung hat. Später sollte das nicht selten zu Konflikten mit Vorgesetzten und Autoritäten führen. Ich würde mich also als einen widerwillig-widerspenstigen Muttersohn bezeichnen, zumindest in jungen Jahren.

Das einschneidende Ereignis meiner Kindheit waren die Hamburger Bombennächte im Sommer 1943, von den Hamburgern »Feuersturm«, von den Alliierten »Operation Gomorrha« genannt. Der Beweggrund für die Bombardements der Wohnviertel war nicht nur strategischer Natur, nicht nur Vergeltung für deutsche Luftangriffe – Coventry und London stehen für die Engländer dafür sowie Dresden und Hamburg für die Deutschen –, sondern der Impuls einer apokalyptischen Bestrafung der Deutschen für die von ihnen ausgeführten und mitgetragenen Verbrechen gegen die Menschlichkeit: Das stolze Hamburg sollte untergehen wie das sündige, schandbedeckte Gomorrha des Alten Testaments.

Meine Kindheitserinnerungen sind zweigespalten. Zunächst kaum zugänglich, nebelhaft unfixierbar, tauchten zwar mit Hilfe meiner Analyse Fragmente der frühen Kindheit auf, wollten sich aber nicht zu einem einheitlichen Verlauf formen. Die andere Erinnerung, die der Bombennacht und an das Spätere, scheint eher überscharf. Sollte das Grauen dieser Erlebnisse für eine Verdrängung der Frühzeit unbewusst dienstbar gemacht worden sein? Ich glaube eher, die Wucht der Kriegsereignisse hat meine »sonnigeren« frühen Erinnerungen ziemlich brutal zerstört.

Ich sehe vor mir, wie ich mit meinem dreijährigen Bruder an der Hand die enge Gasse neben unserem Wohnblock entlanglaufe, umgeben von

Rauchschwaden und Feuerregen, stolpernd über brennende herabgestürzte Balken, undefinierbare Stoffbündel – waren es Menschen? Mauerreste? Aus dem Luftschutzkeller hatten wir plötzlich herausgemusst: »Einsturzgefahr, wir werden verschüttet!«, hatte der Luftschutzwart gebrüllt, alles drängte auf die trümmerbedeckte Straße. Wo sind unsere Eltern? In der Wohnung, im brennenden Haus über uns? Gibt es sie noch? Äußerstes Alleinsein, Angst. Ich weiß nicht mehr, wie sich die Familie wiederfand, jedenfalls lagen wir schließlich aneinandergedrängt auf der Wiese vor dem brennenden Wohnblock. Meine Mutter hatte offenbar die Bettwäsche »gerettet«, jetzt deckten wir uns zum Schutz vor Rauch und Funken mit Bettlaken zu, und sie jammerte und weinte: Sie könne nicht mehr sehen, sei blind. Im Haus gegenüber krachten Mauerteile, ganze Stockwerke in die Tiefe. Die Mutter schrie, der Vater lag wie leblos an der Seite, wir Kinder starr zwischen ihnen.

Erst kürzlich wagte ich es – nicht allein, sondern in Begleitung meiner Frau –, wieder an diesen Ort zurückzukehren. Alles schien wie zur Kinderzeit, vor der Zerstörung. Der Wohnblock war wieder aufgebaut, ganz im alten Stil nach meiner Erinnerung, das Grün des Parkrasens leuchtete, der Magnolienbaum – hatten wir nicht in jener Feuernacht unter unseren Betttüchern unter ihm gelegen? – blühte in Pracht. Junge Paare flanierten im Park und auf der Straße vor »unserem« Haus, schoben Kinderwagen, führten ihre Sprösslinge an der Hand. Ich dachte: Würde man sie jetzt ansprechen, sie fragen: Wisst ihr, wie es hier einmal war, was damals geschehen ist? – sie würden harmlos lächeln: Nein...ach je, gehört haben wir davon, aber wann war das, wie lange ist das her? Ich befragte natürlich niemanden, ich war zu fremd und hätte gestört; sie hätten sich verwundert und verärgert abgewandt. Ich ging weiter zur Kirche, idyllisch hinter Rhododendronbüschen: Hier war ich getauft worden; zum nahen Krankenhaus: Hier war ich zur Welt gekommen. Alles in tiefem Frieden jetzt, in freundlichfrühlingshaftem Glanz, als ob es nie anders gewesen wäre. Ein friedlicher, moderner Hamburger Stadtteil des sorglosen bürgerlichen Mittelstandes.

Aber mich lassen die alten Erinnerungen nicht los: Irgendwie waren wir im rauchverschleierten Morgengrauen von einem Rettungstrupp aufgesammelt und in einen Bus verfrachtet worden, der uns elbaufwärts in eines der niedersächsischen Dörfer brachte, in denen die Ausgebombten wohl etwas ausruhen, registriert und irgendwohin weiterverteilt werden sollten. Beim Übersetzen auf der Elbfähre gab es einen Schreckmoment, den ich auch jetzt beim Niederschreiben lähmend in den Gliedern spüre: Ich stand am Rand der Fähre und sah, dass der Bus – meine Mutter, mein Bruder saßen noch darin! – ins Rollen geriet – gleich würde er über den Rand der

Fähre hinaus ins Wasser stürzen – ich konnte nichts tun, nichts stoppen, nichts retten – da sprang ein Uniformierter in letzter Sekunde in den Bus, zog die Handbremse; der Schrecken war gebannt. Dann weiß ich nur noch, dass wir auf dem Dachboden eines Bauernhauses im Dorf Tespe mit vielen anderen jammernden und fluchenden Menschen auf nackten Brettern lagen, viele in Verbänden mit offenen Wunden, meine Mutter, immer noch blind, mit einer Mullbinde vor den Augen. Wo mein Vater war, weiß ich nicht, vielleicht half er irgendwo bei der Versorgung Verwundeter, organisierte etwas zu essen?

Nach der Feuernacht wurden wir nach Bayreuth »evakuiert«, einquartiert beim Fleischermeister Reuschel. Diese Zeit mag ein Vierteljahr umfasst haben, Erinnerungen daran habe ich fast keine.

Dann holte uns mein Vater, der in Hamburg geblieben und weiter in seiner unzerstörten Arbeitsstelle, der »Reichsverkehrsgruppe Seeschifffahrt« tätig war, in die Stadt zurück. Er hatte in Osdorf, damals noch ein Dorf an der Hamburger Peripherie, eine Kellerwohnung gefunden. Oft habe ich gedacht: Wie konnte er das tun, uns zurückholen in die unvermindert bombardierte Stadt? Es muss wohl der unbedingte Wunsch, unter allen Umständen als Familie zusammen zu leben, der Grund dafür gewesen sein.

Ich besuchte die Grundschule am Rugenbarg: das stundenlange Stehen auf dem kahlen Schulhof beim »Appell«, wenn der Schulleiter in brauner Uniform eine Rede bellte, um die Jugend zum Durchhalten anzufeuern, obwohl man schon akustisch kein Wort verstand. Vor Augen steht mir der Rechenlehrer, der gnadenlos mit dem Lineal prügelte und ohrfeigte, wenn man geträumt hatte. Ich denke auch an die alte, gebeugte Frau, die in der unbeheizten Dachkammer über uns hauste, die Baronin, wie sie sich nannte; »der alte Fritz«, wie wir sie tauften, weil sie mit ihrem schwarzen Gehstock gekrümmt, aber aufrechten Hauptes an unseren Fenstern vorbeimarschierte und mich gelegentlich streng fragte: »Junger Mann, wie übersetzt man das englische ›but‹ ins Deutsche? Es heißt ›sondern‹, ›vielmehr‹, ›erst recht‹! nicht einfach ›aber‹!« – meine früheste Englischlektion. Aber im kalten, nebligen »Hungerwinter« 1946, so erfuhren wir, hatte man den Leichnam der Baronin aus der Elbe gefischt; sie hatte wohl Einsamkeit, Hoffnungslosigkeit, Demütigung nicht mehr ertragen.

Es kam das Kriegsende. Es geschah am helllichten Maitag an der Gartenlaube in Hamburg-Bergstedt, die mein Vater als zusätzliche Unterkunft zur relativen Sicherheit vor den Bomben für die Familie hergerichtet hatte. Das Radio gab bekannt, dass der »Führer« »gefallen« sei, dass Berlin gefallen sei, dass Hamburg kampflos als »offene Stadt« den britischen Truppen übergeben werde – dass der Krieg plötzlich vorbei war. Wenn ich mich recht erinnere, sah ich meinen Vater weinen, meine Mutter dagegen in offene Freude ausbrechen: gerettet! Keine Luftschutzkeller mehr, nicht mehr das metallische Dröhnen am scheinwerferdurchkreuzten Nachthimmel, nicht mehr das Rascheln des »Lamettas« (die Stanniolstreifen, mit denen wohl das Radar der Flugzeuge abgelenkt werden sollte) und keine »Tannenbäume« mehr, Leuchtraketen zur Sichtbehinderung der Bomber (die mir bis heute jede Freude an einem Feuerwerk vergällt haben).

Ich, neunjährig jetzt, freute mich, denn: Nun musste ich nicht zur »Hitlerjugend«, was kommendes Jahr angestanden hätte und wovor mir grauste: »Appelle«, Kampfspiele, Gebrüll und Gesänge – so stellte ich mir das vor, so hatte man es mir in Aussicht gestellt, und das mochte ich doch nicht, da würde ich mich nicht »einfügen« können, da würde ich verlorengehen. So dachte ich wohl; das war meine frühe »Anti-Nazi-Haltung«, ganz kindlich und direkt.

Von einem Erfassen und Verstehen des Geschehenen konnte aber wohl kaum die Rede sein. Und doch hatte ich etwas gesehen: Es gab ganz in der Nähe unseres Laubenrefugiums stacheldrahtumzäunte Baracken, davor gebeugte Menschengestalten in gestreiften Kitteln, aber auf kindliche Fragen, was und wer dies sei, gab es von meinen Eltern keine Antwort oder nur betretenes Schweigen. Wie ich später erfuhr, hatte es sich um ein »Außenlager« des Hamburger KZs Neuengamme gehandelt. Auch sah ich, dass wenige Tage nach Kriegsende der in der behäbigen Villa gegenüber wohnende »hohe Parteigenosse« von englischen Soldaten in ihrem Jeep »abgeholt« wurde – Fragen dazu von Kinderseite wurden nicht beantwortet.

Das Christianeum galt als eines der altehrwürdigen »Elitegymnasien« Hamburgs. Im Geiste Theodor Mommsens, seines in der Vergangenheit berühmtesten Schülers, verstand es sich als Hort einer aufgeklärt-humanistischen Bildung, als Vorbereitung auf eine »Rolle im öffentlichen Leben«, wie uns Schülern frühzeitig deutlich gemacht wurde, jenseits einer »utilitaristischen« Berufsvorbereitung. Mit geistigen Idealen wurde ich also frühzeitig konfrontiert, als ich Anfang 1947 als Zehnjähriger in dem großen gelben Bauhausblock in Hamburg-Othmarschen eingeschult wurde – und zwar in klappernden Holzsandalen (gute Schuhe waren rar) und ziemlich dürftiger Kleidung.

Prägend waren für unsere Schulklasse besonders die letzten drei Jahre bis zum Abitur unter der Ägide unseres Klassenlehrers Dr. Kay Hansen. Sein Unterricht in Griechisch und Latein vermittelte einerseits Genauigkeit, Sorgfalt im Umgang mit Texten und Gedanken, andererseits eine sich weit öffnende Freiheitlichkeit. Ein aus der Antike hergeleitetes Ideal der »Kalokagathia«, worunter die Orientierung an »geistiger Schönheit« und aufrechter demokratischer Haltung verstanden wurde, sollte in dieser unsicheren, deprimierten Nachkriegszeit einen festen Rahmen abgeben, in dem wir – die heranwachsende »neue« Generation – uns nach dem Versinken der älteren in Schuld, Scham und Schande zu bewähren hätten. Ein hohes Ideal, die gleichsam zeitlose Ethik der Antike, sollte heilend wirken.

Aber zum Glück wurden auch kommunikative und politische Aktivitäten von uns erwartet und gefördert: Die Schauspielgruppe und die Schülerzeitung *Die Lupe* standen in erster Linie dafür. So erwies sich die Mischung der humanistisch-ethischen Erziehungsideale mit solchen doch auch als »halbseiden« geltenden Künsten wie Theaterarbeit und Journalistik als die eigentliche Qualität unserer Schule – wenn auch nicht ohne Schwierigkeiten und Reibungen. Kafka, Joyce und vor allem der politisch in der frühen Bundesrepublik als unerwünscht geltende Brecht waren im Deutschunterricht nicht gerade personae gratae und ihre Lektüre musste protestreich bei dem ganz an Goethe orientierten Deutschlehrer erkämpft werden. Das steigerte und schulte bei uns Schülern das Selbstbewusstsein, unsere eigene Meinung zu entwickeln, sie zu formulieren und gegen Widerstand zu vertreten.

Begeistert übernahm ich die Redaktion der Schülerzeitschrift *Die Lupe*, und die war ein unerschrocken-frecher Freiraum; hier konnten wir über die Nazi-Zeit und ihre allgegenwärtigen Restbestände schreiben, über die wieder aufziehende Kriegs- und Atomgefährdung – es waren die Jahre des Korea-Kriegs und des »Kalten Kriegs«, und es wurde allenthalben von einem heraufziehenden dritten Weltkrieg gesprochen. Die Vergangenheit war nicht vergangen, schien wiederzukehren.

Als Redakteur der *Lupe*, dadurch Mitglied der »Jungen Presse-Arbeitsgemeinschaft deutscher Schülerzeitungen«, öffneten sich mir Türen über Hamburg hinaus: Ich denke an die Teilnahme beim Zusammenstellen einer »Modell-Zeitung« unter der Anleitung Westberliner Journalisten: meinen ersten Berlinaufenthalt 1953, meine ungehinderten Ausflüge in den Ostsektor, den Besuch des »Theaters am Schiffbauerdamm« (*Der kaukasische Kreidekreis* mit Ernst Busch als Azdak), den Bücherkäufen in einem Buchladen an der Stalinallee, dem Schallplattenerwerb im »Haus der deutschsowjetischen Freundschaft«. Oder meine Reise nach Cap-d'Ail an der französischen Riviera, wo ein europäisches Jugendtreffen stattfand, über das ich in meiner Zeitschrift berichten wollte. Auf der Basis von Gleichheit und Brüderlichkeit wurden junge Deutsche ganz selbstverständlich in ein europäisches Miteinander aufgenommen.

Auf der Theaterbühne des Christianeums inszenierten und spielten wir Büchners *Dantons Tod*, wo ich in der Rolle des Robespierre Dogmatik und Gnadenlosigkeit zu verkörpern hatte, die in revolutionären Bewegungen nie fehlt, aber als Kapitän Kuiper in Jan de Hartogs *Schiff ohne Hafen* konnte ich dann der prinzipientreue Retter jüdischer Flüchtlinge vor dem »Dritten Reich« sein, eine auf Wahrheit beruhende Heldengeschichte. Und schließlich führten wir Sophokles' *Ödipus der Tyrann* in der deutschen Übertragung Hölderlins auf – nicht ohne Widerspruch unserer Lehrer, die Hölderlin als unphilologisch-unexakt schmähten. Oder war das ihre Reaktion auf den schockierenden Konflikt?

1953 erschien, wohl als erste Freud-Veröffentlichung nach Nazi-Zeit und Krieg, das Fischer-Taschenbuch *Abriss der Psychoanalyse / Das Unbehagen in der Kultur*. Ich las es mit Spannung, so wie auch das alte Exemplar der *Vorlesungen zur Einführung*, das ich bei meinen jetzt häufigen Expeditionen durch Hamburger Antiquariate in der »Fundgrube für Bücherfreunde« am Dammtorbahnhof entdeckte.

Psychiatrie – ja, das konnte mein Interessensfeld sein, etwas Geheimnisvolles und irgendwie Abseitiges, von dem ich zwar nichts verstand, von dem ich mich aber unwiderstehlich und wie unterirdisch angezogen fühlte (dass zwischen der herrschenden Psychiatrie und der Psychoanalyse – von der wir übrigens im Christianeum kein Sterbenswörtchen je gehört hatten – ein riesiger Unterschied klaffte, war mir keineswegs klar). Also schrieb ich in meinem »Bildungsbericht«, den wir zum Abitur quasi als Bilanz unseres gymnasialen Werdegangs verfassen mussten, als Studienziel: »Medizin/Psychiatrie«.

Das Echo vonseiten der Lehrer, vor allem des verehrten Klassenlehrers Kay Hansen, war vernichtend. Hansen bestellte mich in seine Privatwohnung ein und erklärte mir mit blitzenden Augen und schnarrender Stimme: »Wir haben Sie über Jahre erzogen, damit Sie eines Tages das Griechische und Lateinische, vielleicht noch das Deutsche, an Schule oder Hochschule lehren sollten! Mit einem Mediziner habe ich mich noch nie länger als 15 Minuten unterhalten können!« Ich fühlte mich beschämt und schuldig, wie ich da vor meinem zornigen und enttäuschten Lehrer stand, aber ich antwortete geradeheraus und voller Trotz: »Vielleicht könnten es auch 20 Minuten werden, wenn wir uns einmal wieder treffen« – was in der Realität leider nicht in Erfüllung ging, weil Hansen wenige Jahre später viel zu früh starb. Dieser Lehrer war ja keineswegs ein borniter Tyrann, sondern meine Mitschüler und ich verdanken ihm, für die damalige Zeit ganz ungewöhnlich, eine differenzierte Unterrichtung über die NS-Vergangenheit

Deutschlands, den Antisemitismus, über die Nürnberger Prozesse und das System der Konzentrationslager. Hansen scheute sich auch nicht, und das muss in der beginnenden »Wirtschaftswunder-« und Restaurationszeit in Westdeutschland ein politisches Wagnis gewesen sein, mit uns in seiner »Philosophischen Arbeitsgemeinschaft« das Marx-Engel'sche *Kommunistische Manifest* zu lesen und zu diskutieren. Seinen Unterricht in den alten Sprachen und in Geschichte ergänzte er, auch das in jener Zeit durchaus ein Novum, mit Klassenreisen zu den antiken Stätten: 1953 nach Italien, nach dem Abitur 1955 nach Griechenland, wo wir unseren Platon und Sophokles an den antiken Tempeln und Theatern in jugendlich-idealistischem Überschwang gleichsam mit unseren Händen fühlen und ertasten konnten.

Nach dem Willen meiner Lehrer hätte ich also Altphilologe werden sollen, in der Vorstellung meines Vaters Kaufmann – oder, wenn schon Akademiker, so etwas wie Wirtschaftsanwalt. Dagegen stand aber mein jugendlicher Eigensinn. Ich wollte das Neuartige, ja auch »Abseitige« – oder was ich mir darunter vorstellte. Und dass darin ein Affront gegen die wohlmeinenden Älteren lag, war mir nur recht. Meine Mutter glaubte ich an meiner Seite. Sie liebte ja auch das Besondere, Außerordentliche; sie würde ich jedenfalls damit beeindrucken können, Psychiater zu werden. Diese Konstellation, die Erwartungen »wohlmeinender Vaterfiguren« nicht erfüllen zu wollen, sollte sich im späteren Leben immer wieder zeigen.

Vom Sommersemester 1955 an studierte ich in Hamburg, Berlin und Freiburg Medizin und Psychologie. Die ersten beiden Semester – in die die »Feuerprobe« für jeden medizinischen Anfänger fiel, der Präparierkurs an der Leiche, aber auch die für mich erste unmittelbare soziale Erfahrung: mein Krankenpflegepraktikum im Krankenhaus eines Hamburger Arbeiterviertels – blieb ich noch in meinem Elternhaus.

Für Psychologie hatte ich mich »zweitinskribiert«, weil mir eine »normalpsychologische« Ergänzung zu meinen psychiatrischen Plänen vorschwebte. Gegen Ende des Studiums wusste ich die Psychologie wegen ihrer Methodik und Wissenschaftlichkeit zu schätzen, während mir das Medizinstudium eher als ein pragmatisch orientiertes, aus heterogenen Bestandteilen, oft nicht im Zuge einer einheitlichen Theorie zusammengesetztes Bauwerk erschien.

Im Frühjahr 1956 verließ ich Hamburg und setzte mein Studium an der Freien Universität Berlin fort. »Freie« Universität (befreit vom Politsystem der DDR) und Berlin, die »Frontstadt« – dieser Ort erschien mir als der richtige, um meinen eigenen Weg zu finden, jenseits der Hamburger Wurzeln. Nach überstandenem Auswahlverfahren durfte ich in das Studentenheim der Evangelischen Studentengemeinde am Dahlemer Rudeloffweg einziehen. Meine Mitstudenten waren hier überwiegend ehemalige DDR-Bürger, die legal oder als Flüchtlinge nach Westberlin gekommen waren, unter ihnen auch Ältere, die in sowjetischer Kriegsgefangenschaft gesessen hatten und jetzt neue Orientierung, neue Kontakte suchten. Die wenigen »Westler« im Heim galten im Grunde als Exoten, die wenig vom Leben wussten oder doch nur von dessen angenehmen Glanzseiten.

Aber meine Mitbewohner wählten den jungen Westler zum Leiter des Sozialkreises der Studentengemeinde, als ob sie mein idealistisch-unerfahrenes Blickfeld mittels dieser sanften Verpflichtung um politische und soziale Dimensionen erweitern wollten. Frau Gertrud Staewen, die in Berlin renommierte »Gefängnisfürsorgerin«, eine politisch-kämpferische Sozialarbeiterin im Dienste kommender Justizreformen, machte uns mit dem Berliner Gefängniswesen und seinen Mängeln bekannt. Unter ihren Fittichen wurde ich ehrenamtlicher Bewährungshelfer in der Haftanstalt Tegel, eine bestürzend neue Erfahrung. Eine weitere unerwartete Erfahrung war die Verweigerung der von uns angefragten Genetiker und Psychiater der Universität, sich mit Vorträgen an unserem geplanten Studentengemeinde-Symposium über Euthanasie im »Dritten Reich« zu beteiligen: Sie hätten dafür keine Zeit, sie könnten dazu nichts oder wenig sagen. Unsere Tagung fand trotzdem statt, unter Beteiligung und väterlicher Unterstützung des damaligen Rektors der Freien Universität, des Juristen Heinitz. Diskussionsgrundlage war ein rares Buch, das ich noch als Schüler in einem Hamburger Antiquariat entdeckt hatte: Alexander Mitscherlichs und Fred Mielkes *Wissenschaft ohne Menschlichkeit*, damals noch kaum bekannt, weil der Großteil der Auflage von den Ärztekammern, nach heftiger Polemik gegen die Verfasser dieser Form von »Nestbeschmutzung des ärztlichen Standes«, aufgekauft und – so wie einst die Opfer der »Euthanasie« und der Menschenversuche – vernichtet worden war.

Im Sozialkreis beschäftigten wir uns auch mit dem Widerstand gegen das NS-Regime – ja, es hatte Widerstand gegeben, Helden hatte es gegeben, in deren Verehrung wir uns als beschämte Nachkommen der Nazi-Generation retten wollten, zu denen wir aufschauen konnten, so wie wir es in den wenigen damals erschienenen und uns zugänglichen Publikationen lasen: Ricarda Huchs frühe Dokumentation *Der lautlose Aufstand* (1954), Günther Weisenborns Drama *Die Illegalen* und nicht zuletzt Brechts *Furcht und Elend des Dritten Reiches*, das wir im Theater am Schiffbauerdamm, mit Helene Weigel als »Jüdische Frau«, sahen.

Im Übrigen war die FU eine »Arbeitsuniversität« mit staubtrockenen Lehrveranstaltungen in Medizin und Psychologie, farbig aufgehellt durch das souverän-cheveraleske Auftreten des Anatomen Ernst von Herrath und das kauzig-absonderliche, aber trotzdem autoritäre Gebaren des Physiologen Max-Heinrich Fischer, der mir einmal wegen jugendlich-spontanen Aufbegehrens gegen die Tötung zahlloser Frösche im physiologischen Praktikum fast mit Relegation von der Universität drohte.

Das Wichtigste aber, was mir im Berliner Studentenheim begegnete, war eine junge Medizinstudentin aus Magdeburg, Rose-Marie. Sie schien mir so klar und unverstellt, so direkt und natürlich, wie ich, ziemlich gehemmt und unerfahren in Sachen des anderen Geschlechts, ein Mädchen bisher nicht gekannt hatte. Ich verliebte mich in sie, es konnte gar nicht anders sein. Wir sind bis heute zusammen; sie ist die Mutter unserer drei Kinder, und sie ist meine psychoanalytische Kollegin, meine Gefährtin auch in schwierigen Gewässern.

Ab Sommer 1958 setzten Rose-Marie und ich das Studium an der Universität Freiburg fort, nach einem dreiwöchigen Intermezzo in München, wo mir der medizinische Dekan strengen Blickes eröffnet hatte, dass ein Münchener Medizinstudent kein zweites Fach wie Psychologie zu belegen habe, das sei vergeudete Energie und werde nicht geduldet. Also begab ich mich in Eile nach Freiburg, wo, wie ich gehört hatte, der Psychologie-Ordinarius Robert Heiß medizinisch-psychologische »Doppelstudenten« besonders begrüßte und förderte.

Freiburg, damals eine idyllische, etwas behäbige Kleinstadt, mit gemächlichem Rhythmus, auch im Leben der alles beherrschenden Universität, erwies sich für mich als Glücksfall. Die Kliniken arbeiteten auf hohem Niveau, und als Studierende hatten wir nie den Eindruck des »Lästigfallens«; alles war auf Lehre und Forschung in mutmachender Weise ausgerichtet. In diesen Jahren entwickelte sich an dieser Universität und in ihrem Umfeld ein analytisch-tiefenpsychologisch orientierter psychotherapeutischer Schwerpunkt. Bei den Psychologen lehrte Robert Heiß »Allgemeine Tiefenpsychologie«, Hans Bender gab sein »Traumseminar«, Walter Schraml vermittelte psychotherapeutische Beratung und aus der Schweiz kam Hans Zulliger mit seinem Lehrauftrag über Kinder- und Jugendlichenanalyse. An der Psychiatrischen Klinik hatte Hans Göppert eine Abteilungsleiterstelle für Psychotherapie inne, und der Internist Ludwig Heilmeyer richtete an der Medizinischen Klinik eine »Abteilung für klinische Psychotherapie innerer Krankheiten« ein, die von Günter Clauser und seinem Assistenten Helmut Enke geleitet wurde. Die psychosomatischen Vorlesungen Clausers waren ein »Muss« für uns Studenten: In rhetorischer Brillanz fesselte er uns mit seinen Behandlungsberichten, vermittelte uns seine begeisterte Sicht einer prinzipiell in jedem Fall erfolgsversprechenden Therapie der neurotisch und psychosomatisch Erkrankten. Nach Semesterende lud Clauser zum fröhlichen »Psycho-Umtrunk« auf dem Schauinsland ein.

Noch im ersten Freiburger Semester fuhr ich mit dem Rad hinaus nach Umkirch, einem Dorf in der Rheinebene, wo die Abteilung für klinische Psychotherapie in einem historischen Schlösschen residierte. Robert Heiß hatte mich ermuntert, hier wegen einer psychologischen Vordiplomarbeit nachzusuchen, und ich wurde freundlichst von Clauser und Enke akzeptiert, mit der Einladung verbunden, doch sofort eine Famulatur zur praktischen Grundierung der geplanten Forschungsarbeit anzutreten. Heute kann ich sagen, damit hatte ich den Eingang in meinen späteren Beruf gefunden; ich war glücklich.

In Umkirch herrschte ein kollegialer, fast familiärer Ton, und auch der junge Famulant wurde sofort und ohne Weiteres in das Therapeutenteam aufgenommen. Ansteckend war die Begeisterung, das Engagement, ja der Anfängergeist – die Psychotherapie, insbesondere hier die stationäre Behandlung, erschien wie Neuland, das es zu erobern galt.

Heute scheint es mir, dass Freud und die Psychoanalyse eine ständige Grundierung der therapeutischen Arbeit abgaben, aber nie oder selten als Bezugsrahmen direkt benannt wurden – lag es an der Lust, die Psychotherapie quasi neu zu erfinden, Altvorderes hinter sich zu lassen, oder waren es die Nachwirkungen von Ächtung und Verbot der Psychoanalyse in der NS-Zeit? Von einer Nazi-Karriere Günter Clausers ist mir nichts bekannt, aber er war Wehrmachtssoldat gewesen, verwundet und unterschenkelamputiert, in seiner Rhetorik gelegentlich in militärischen Tonfall geratend, mit dem er wohl seine Verletzlichkeit und Verletztheit zu kompensieren versuchte. Wen er jedoch wie seinen Hausheiligen hielt, war Georg Groddeck und dessen pragmatische, an Organsymbolik orientierte Psychotherapie; er gab auch eine Groddeck-Auswahl heraus, und zur Hochzeit erhielten meine Frau und ich von ihm das *Buch vom Es*.

Tieftraurig stimmend und eigentlich unfassbar war es für mich, dass Clauser Jahre später nach einer Anklage wegen sexuellen Übergriffs auf eine junge Patientin seine Umkircher Position aufgab. Er arbeitete dann in eigener Praxis weiter und unterzog sich in der Schweiz einer langjährigen Analyse. Schließlich erfuhr ich, dass er seinem Leben, tief deprimiert über den Tod seines Sohnes, selbst ein Ende gesetzt hatte.

Clauser war ein Inspirator und Innovator, aber er hatte auch tyrannische Züge. Im Grunde wollte er geliebt werden. Für mich als jungen Mann, auf der Suche nach meinem Weg und nach Orientierungspersonen, war es schwierig, mich nicht vereinnahmt zu fühlen, zum Jünger, gar zum Besitz gemacht zu werden – das waren meine Ängste. Ganz frei von derartigem Unbehagen waren wohl auch die älteren Kollegen nicht: Helmut Enke, Antoon Houben, Günter Maass, die sämtlich später eine psychoanalytische Ausbildung machten. Sozusagen eine Vatergestalt mit brüderlichen Zügen war für mich in der Umkircher Zeit Panagiotis Rotas, ein Arzt aus Athen, der zur internistischen Ausbildung an die Freiburger Klinik gekommen war und sich alsbald intensiv der Psychosomatik zugewandt hatte. An ihm bewunderte ich die Kraft der Übertragung, die seine Patienten für ihn entwickelten und die sie, scheinbar ganz natürlich, als ob es nicht anders sein könne, gesund machte. Er war ein Naturtalent der Heilkraft, so wie es die antiken Urärzte gewesen sein dürften.

Rotas war es auch, der mir und Rose-Marie Empfehlungsbriefe an seine Eltern und Freunde in Athen und Umgebung mitgab, als wir im Herbst 1958 zu einer achtwöchigen Griechenlandreise aufbrachen. So hatten wir unser »Standquartier« in der Athener Wohnung von Rotas' Schriftstellervater und erkundeten von dort aus praktisch das ganze Land – das, so schien uns Begeisterten, ganz von der Antike durchdrungene Land, in dem es um die klassischen Stätten noch keine Zäune und keine Eintrittsgelder gab. In Schlafsäcken übernachteten wir auf dem Burghügel von Mykene, am Tempel von Kap Sounion, an – schon ziemlich kalt, nass und windig im Spätherbst – den Ruinen von Knossos auf Kreta. Diese frühen Rucksacktouristen waren voll idealistischer Begeisterung für das Klassische, aber doch entschieden »bodennäher« als auf jener früheren Abiturreise, so sehr das Archäologische das Erotische auch überwiegen mochte …

Vor der Minotaurushöhle wurden wir von einem einfachen Mann angesprochen: Ob wir, junge Deutsche, von den vielen Toten wüssten, die es hier auf Kreta nach dem Einfall der deutschen Fallschirmjäger im Krieg gegeben habe? Die Frage kam ohne Zorn und Hass, sie klang fast solidarisch, im Dienste einer gemeinsamen inneren Bewältigung.

Aus meiner Freiburger Studentenzeit drängt sich ein weiteres Erlebnis in meine Erinnerung. Auf einer Vogesentour mit dem Motorroller, es muss im Frühjahr 1960 gewesen sein, gerieten wir unversehens auf eine schmale Bergstraße, um uns herum winterlich-kahler Wald mit vereisten Ästen, an deren Ende auf der Hügelkuppe hohe Stacheldrahtzäune standen, einige verfallende Holzbaracken und zu unserem Entsetzen – so erinnere ich mich – ein Galgen. Wir lasen auf einem Hinweisschild: Es waren die Reste des Konzentrationslagers Natzweiler-Struthof, und wir waren ganz ungeplant zu dieser Stätte gekommen, wie innerlich von ihr angezogen. Jahre später erlebte ich Ähnliches, als ich auf einer Tschechien-Reise (die eigentlich den Lebensorten des verehrten Komponisten Leoš Janáček gelten sollte) unvermittelt in Theresienstadt stand und erst nach dem Gang durch die menschenleeren Gassen und düsteren Festungsbauten der Stadt (die »der Führer den Juden geschenkt hat«) ganz außerhalb der Mauern den eigentlichen Ort des Schreckens entdeckte, die Reste des KZs mit seiner »Todesmauer«.

Nach dem medizinischen Staatsexamen im Herbst 1960 folgte ich nur allzu gern dem Angebot, als Medizinalassistent in Umkirch zu arbeiten und nun auch meine ersten »persönlichen« Patienten unter der Supervision von Helmut Enke und Panos Rotas behandeln zu dürfen. Außerdem konnte ich meine schon während der Studienzeit begonnene Dissertation beenden, mit dem umständlichen Titel: »Der Traum als Verlaufskriterium in der Psychotherapie. Methodik und erste Ergebnisse einer formalen Affekt-Analyse in Traumserien psychosomatisch Kranker«. Ich hatte versucht, die Affektentwicklung, also etwa von ängstlichen und depressiven Affekten hin zu »positiveren«, glücks- und aktivitätsbetonten Affektäußerungen, in den während der Behandlung von den Patienten aufgezeichneten Traumserien aufzufinden und mit einer ausgeklügelten Chiffriermethode systematisch zu erfassen – also eine Arbeit mit dem manifesten Traummaterial, das in seiner Veränderbarkeit als Nachweis des Behandlungserfolgs dienen sollte. Die Arbeit fand Anklang. Noch heute messe ich den im Traum erlebten Affekten einen besonderen Stellenwert zu und vertrete die These, dass sie für die »Generierung« (also nicht lediglich als »Begleitmusik« zu den Inhalten) eines Traums von großer, vielfach unterschätzter Bedeutung sind.

Das therapeutische Konzept Umkirchs darf man als pragmatisch-eklektisch, »methodenübergreifend« bezeichnen. Die 25 stationären Patienten erhielten täglich ein analytisch orientiertes (gelegentlich auch mit Suggestion legiertes) Einzelgespräch, nahmen an der Gruppentherapie (im Wesentlichen in Form einer Fokussierung auf den je einzelnen Patienten durch die Gruppe) teil, absolvierten täglich in der Gruppe Autogenes Training, hörten ärztliche Vorträge über die »normale« und die neurotische Entwicklung (hiermit wurde einem Vorgehen G. Groddecks an seinem Baden-Badener »Satanarium« gefolgt), erhielten körperorientierte Anwendungen wie etwa die »Konzentrative Bewegungstherapie«. Ein Ziel dieses Polypragmatismus war die Herstellung eines durchgehenden psychotherapeutischen Milieus in der Klinik, von dem als solchem eine heilende Funktion erwartet wurde. In den täglichen morgendlichen Ärztekonferenzen, die den Charakter einer »parallelen Gruppe« hatten, herrschte dagegen ein durchaus psychoanalytischer Geist.

Trotz aller engagierter Begeisterung und Hingabe an die psychotherapeutische Arbeit wuchs im Umkircher Team ein Bewusstsein der Unzufriedenheit, des Ungenügens in therapeutisch-methodischen Fragen, besonders in der Frage der Handhabung der Übertragung (jenseits schneller Übertragungsheilungserfolge) und der theoretischen Grundierung und Ausrichtung (jenseits eines Methodenpolypragmatismus). Etwa alle vier Wochen erfolgten gemeinsame Gruppensupervisionssitzungen bei Heinrich Meng im nahen Basel. Meng legte »strenge« psychoanalytische Maßstäbe an, ohne es dabei an Anerkennung für die ihm vorgestellte stationärklinische Pionierarbeit mangeln zu lassen. Insofern trug er in kluger Weise dazu bei, dass nahezu alle Umkircher in der Folge eine psychoanalytische Ausbildung begannen. Damals schon in vorgerücktem Alter, mit schlohweißer Mähne und immer in leichten schwarzen Hauspantoffeln war er es auch, der mich bei der Supervision mit meinen »jugendlichen Riesenansprüchen« konfrontierte. Wie recht er damit hatte, konnte ich damals wohl nicht ganz ermessen, aber dieser Hinweis aus altersweisem Mund beschäftigte mich nachhaltig und hat meinen Entschluss, eine psychoanalytische Ausbildung zu beginnen, zweifellos bestärkt.

Ab Herbst 1962 bis Mitte 1963 arbeitete ich als »visiting doctor« an der Londoner Tavistock Clinic – und dieser Aufenthalt an der international renommierten britischen Einrichtung, in der eher Unterprivilegierte und Geringverdiener im Rahmen des National Health Service, nicht in erster Linie selbstzahlende Privatpatienten, analytisch-therapeutisch behandelt wurden, war einer der Ausgangspunkte für mein Psychoanalytikerleben.

Von der »Tavi« hatte ich zuerst durch Horst Vogel gehört, der als Gastdozent – er arbeitete damals schon in Heidelberg an Mitscherlichs Psychosomatischer Klinik – am Freiburger Psychologischen Institut Kurse in projektiver Testdiagnostik gab, in analytischer Rorschach-Diagnostik sowie in der Object-Relations-Technique (O.R.T.), einer Weiterentwicklung des Thematic Apperception Tests. Bei dessen Begründer, dem Chefpsychologen der Tavistock Clinic, Herbert Phillipson, hatte Vogel gearbeitet und berichtete aus erster Hand. Von ihm ermuntert, wagte ich eine Anfrage bei John D. Sutherland, dem Leiter der Tavistock. Und obwohl ich ja gerade erst mein Studium abgeschlossen hatte (das Psychologie-Diplom erhielt ich im Frühjahr 1962), kam eine positive Antwort und Einladung. Die Studienstiftung des deutschen Volkes hatte ein postgraduales Stipendium zur Verfügung gestellt. Allerdings nicht ohne zwei »Hürden«: Sutherland stellte die Bedingung, eine Stellungnahme von Alexander Mitscherlich – dem damals wohl einzigen international geschätzten deutschen Psychoanalytiker, der selbst eine Zeit lang in London gearbeitet hatte – zu meiner Bewerbung zu erhalten, und er teilte mir mit, dass zumindest der Status eines Ausbildungsteilnehmers bei der DPV/IPA Voraussetzung einer Gastarzttätigkeit in London sei. Also bat ich um einen auch alsbald gewährten Termin bei Mitscherlich in Heidelberg. Er zögerte zunächst, als ich ihm stockend mein Vorhaben vortrug, ermahnte mich, dass eine psychoanalytische Ausbildung in Deutschland doch den Vorrang hätte. Mit langen Schritten durchmaß er sein Zimmer, und plötzlich vollführte er vor mir bänglich Dasitzendem einen Luftsprung und rief aus: »Doch – Sie sollten fahren! Es wird Ihnen guttun! Ich werde Sutherland ein Briefchen schreiben!« Ich war erleichtert – meine Begeisterung hatte ihn offenbar überzeugt.

Kurz darauf fand ich mich wieder in Heidelberg ein, um mein erstes Aufnahmeinterview für die DPV zu absolvieren, bei Margarete Mitscherlich. Sie hatte etwas Strahlendes, Ungezwungenes an sich, das jeden Gedanken an ein hochkritisches Bewertungsgremium, dem ich mich jetzt zu stellen fürchtete, verscheuchte – aber sie erschreckte mich auch, als sie mir, der ihr seine Schwierigkeiten mit einem streng-fordernden, aber wenig nahbaren Vater klagte, unverblümt entgegenhielt: »Was wollen Sie eigentlich? Er hat doch für Sie gesorgt, hat Ihnen Ihr Studium ermöglicht!« Ich war schuldig, undankbar und konnte nur »durchgefallen« sein, damit fuhr ich erschüttert nach Hause. Ganz anders erlebte ich dann die Interviews bei Gerhart Scheunert und Ulrich Ehebald, die ich, schon auf der Durchreise nach London und zu Besuch bei meinen Eltern, in Hamburg hatte. Bei beiden, dem väterlich-ernsten, etwas weihevollen Scheunert und dem locker-kollegialen, ein bisschen hemdsärmeligen Ehebald, hatte ich das Gefühl: Hier bin ich willkommen, hier möchte ich dazugehören. Ich dachte: »Jetzt bin ich auf der richtigen Spur.«

Die Tavistock Clinic residierte damals noch in ihrem alten, engen Gebäude an der Beaumont-Street in der Londoner Innenstadt. Sie arbeitete auf der Basis eines psychoanalytischen Konzepts, aber nicht in direkter Kopplung zur Britischen Psychoanalytischen Gesellschaft; die hier tätigen Analytiker waren überwiegend wohl der »middle group« zuzurechnen, also weder strenge »Freudianer« noch »Kleinianer«. Eine große Rolle spielte der Einfluss Michael Balints, seiner theoretischen und praktischen Neuerungen. Ein besonderer Akzent, der von »klassischen« Analytikern damals nicht einhellig begrüßt wurde, lag auf der Entwicklung der analytischen Gruppentherapie. Sie war von Wilfred Bion hier begründet worden (*Experiences in Groups*, Tavistock Publications 1959) und wurde jetzt vor allem von John Sutherland und Robert Gosling vertreten. Es gab ein Family Department für neue Methoden der Familienberatung und -therapie, geleitet von Henry Dicks, ein Children's Department unter der Leitung von John Bowlby, der hier seine – von manchen Analytikern nicht ohne Misstrauen verfolgte – Bindungstheorie entwickelte. Eine Besonderheit war auch die Mitarbeit mehrerer Socialworkers, einer schon seinerzeit in England akademischen Berufsgruppe, die hier zur therapeutischen Tätigkeit ausgebildet wurden und denen eine psychoanalytische Vollausbildung offenstand. Ziel der Klinikarbeit war die forschungsgestützte psychotherapeutische Versorgung einer breiten Bevölkerung; die meist nur *part-time* tätigen leitenden Mitarbeiter betrieben außerdem ihre psychoanalytische Privatpraxis.

Ich fühlte mich hier von Anfang an gut aufgehoben, ohne dass mir eigentlich klar war, dass ein deutscher Gast, wenn auch ein junger, damals in England noch keineswegs mit Sympathie rechnen durfte, dass die Erinnerungen an Krieg, Bombardierungen, Verfolgung allgemein sehr lebendig waren. Ich erlebte hier eine kulturelle Haltung, die mir für Briten charakteristisch erscheint. Sie schauten auf die Person, versuchten, diese in ihrer individuellen Art und Einstellung kennenzulernen, ließen sich von verbreiteten Ressentiments, auch wenn diese aus der Vergangenheit berechtigt waren, im persönlichen Umgang nicht beeinflussen.

Mir wurde ein Arbeitsplatz in einem der spartanisch eingerichteten, mit gelbgrüner Ölfarbe ausgemalten, zellenartigen Behandlungszimmer zugewiesen, und hier sah ich auch meine Patienten bei diagnostischen Erstgesprächen und Kurzpsychotherapien. Zu meinem Erstaunen hatte ich keine größeren Probleme mit der Sprache, auch nicht bei einem im breiten Cockney-Slang sprechenden Londoner Busfahrer – es war die direkte, unverstellte Mitteilung im jeweils ganz persönlichen Sprach- und Ausdrucksstil, auf die ich mein eigenes Sprachverstehen einstellen konnte, jenseits meiner Anfängerholprigkeiten im Englischen: Ton und Affekt wogen mehr als minutiöses Wortverstehen.

Supervidiert wurde meine Tätigkeit durch Pierre Turquet, der als mein »persönlicher Advisor« und Mentor fungierte und an den ich mich in allen organisatorischen Fragen, auch was die Teilnahme an den weiterbildenden Klinikveranstaltungen betraf, wenden konnte, ein großzügiger Mann mit den Zügen eines Künstlers, der aber immer ein wenig abwesend wirkte und in weiten Fernen schwebend. Direkter und detaillierter war die Supervision durch John Padel, der mich vor allem lehrte, welche Sorgfalt der Einhaltung, Aufrechterhaltung und Wirksamkeit der analytisch-therapeutischen Situation zukommt.

Gruppenanalyse oder doch deren Grundvoraussetzungen lernte ich als Mitglied der hinter einem Einwegspiegel zuschauenden »Beobachter«-

Gruppen bei Robert Gosling und John Sutherland. Sie arbeiteten in ihren Patientengruppen nach dem von Bion begründeten »Tavistock-Modell«, also der Wahrnehmung und Deutung der »Gruppe als Ganzes« (*group as a whole*); der einzelne Teilnehmer wird nicht als gesondertes Individuum, sondern als Repräsentant und »Sprecher« der gemeinsamen unbewussten Gruppenphantasie verstanden; die Gruppe als Einheit durchläuft einen Entwicklungsprozess, in dem es zur Deutung und Durcharbeitung charakteristischer »Grundannahmen« (*basic assumptions*) wie orale Abhängigkeit, Kampf- und Fluchtphantasien, Paarbildungen (aus Abwehr gegen das Gruppengesamt) etc. kommt; ein mich faszinierendes Konzept, das sich die Analyse frühester Objektbeziehungen – aber in ihrem »überindividuellen«, gleichsam naturhaft vorgegebenen Konfliktverlauf – zur Aufgabe machte. An dem Konzept der Analyse der Gruppe (und nicht der Einzelpatienten in der Gruppe) habe ich auch in meiner späteren Arbeit festgehalten, insbesondere bei frühen Persönlichkeitsstörungen, auch bei psychotisch Kranken.

»Highlights« meiner Londoner Zeit waren die Diskussionsabende im Hause Michael Balints am Regent's Park. Es ging um die Erörterung von Verlauf, Wirksamkeit und »Reichweite« verschiedener Balint-Gruppen, deren Leiter und Beobachter (auch mir war ein »Beobachter«-Status in einer Gruppe zugeteilt worden) hier mit Balint diskutiert wurden.

Ich erlebte Balint als einen (in knarrendem, ungarisch gefärbtem Englisch) souverän formulierenden, genau beobachtenden, stets auf Verbesserungen und Veränderungen seiner Technik bedachten analytischen Lehrer, hinter dessen scharfen Brillengläsern genaueste Wahrnehmung seiner Gesprächspartner ebenso wie patriarchalischer Humor aufblitzten – wie auch in der unverhofft und pfeilschnell von ihm in meine Richtung beförderten Bemerkung: »Junger Kollege, Sie sind hier kein Hinterbänkler – Ihre Meinung ist gefragt!« Diese Ermutigung – patriarchalisch, aber nicht autoritär – hat mich bis heute begleitet.

An der »Tavi« begegnete ich übrigens zum ersten Mal Helmut Thomä, damals Oberarzt bei Mitscherlich in Heidelberg, der hier ein Forschungsjahr verbrachte. Ich war beglückt von seiner einladenden Freundlichkeit, und damit war der Grundstein für meine spätere Tätigkeit an seiner Ulmer Klinik gelegt.

So wurde dieses knappe Jahr in London zu einem entscheidenden Schritt in meinem Leben, auch außerhalb der beruflichen Erfahrung. Auf Einladung eines Mitbewohners aus dem Boarding-House, Priory Road in Hampstead-West, wo ich logierte, wurde ich Gastmitglied der Fabian Society, jener sozialistischen Bewegung, der – wie stolz vermerkt wurde – schon George Bernhard Shaw angehört hatte. In langen Wanderungen durch die Londoner Umgebung und auf diskussionsfreudigen Tagungen wurden hier Fragen der britischen Gegenwartspolitik, insbesondere zu sozialen Problemen und zur verbesserungswürdigen Lage der »working class«, behandelt, und ich konnte »mitten dabei« sein. Auch hier wieder erfuhr ich Offenheit und Interesse, was mir als jungem Deutschen zunächst gar nicht selbstverständlich vorkam.

Und wieder berichte ich das wohl Allerwichtigste zuletzt: Rose-Marie und ich hatten während meines Weihnachts-Neujahrs-Urlaubs in Hamburg kurzentschlossen geheiratet.

Unsere Hochzeitsreise führte also nach London, und ich sehe uns noch heute in dem kleinen Zimmer in der Priory Road hocken, Arm in Arm in eine Decke gehüllt vor dem kaum wärmenden Kamin, dessen Gasflamme immer wieder mit Münzen gefüttert werden musste – draußen der kalte Londoner Smog-Winter, drinnen wir, wie in einem Container aufgehoben und voller Aufbruchsstimmung zugleich.

Im Sommer 1963 kam ich nach Freiburg zurück, wo meine Frau inzwischen für eine Wohnung gesorgt hatte. Nach der restlichen Medizinalassistentenzeit in den operativen Fächern, für die ich mich nicht sonderlich erwärmen konnte, trat ich im Frühjahr 1964 als Assistenzarzt in das Psychiatrische Landeskrankenhaus Emmendingen ein und wechselte zum Herbst in die Psychiatrische und Nervenklinik der Universität Freiburg, wo gerade eine Assistentenstelle frei wurde – es war die Stelle meiner Frau, die ihre ärztliche Tätigkeit wegen der bevorstehenden Geburt unseres ersten Kindes vorerst aufgegeben hatte (in schräg-paranoider Heiterkeit lästerte dann auch der neurologische Oberarzt Professor Faust, ich hätte wohl meine Frau geschwängert, um ihre Stelle ergattern zu können ...).

Die traditionsreiche Freiburger Nervenklinik, in einem historisch-verwinkelten alten Bau an der Hauptstraße im Stadtteil Herdern, abgesondert vom modernen Klinikum, wurde von Hanns Ruffin geleitet. Ruffin war ein »klassischer« Psychiater, dem die klinische Arbeit und Ausbildung seiner Assistenten besonders am Herzen lag – aber er erwies sich auch als Neuerer, indem er ein psychodynamisches Verständnis der Psychosen förderte und es begrüßte, dass mehrere seiner jungen Mitarbeiter eine psychoanalytische Ausbildung aufsuchten. Wo gab es das sonst? Wo wurde damals an Universitätspsychiatrien nicht mit hochgezogenen Brauen bis hin zu strikten Verboten gegen »psychoanalytische Gedankenspiele« vorgegangen? Als ob diese »Psychoanalyse-Jünger« sich in einen subversiven Untergrund begeben wollten, der sich der Klinikhierarchie und dem vorherrschenden Diagnosenschema eines Kurt Schneider zu verweigern drohte. Ruffin versuchte also, oder förderte es jedenfalls, in die Psychiatrie – darin der damaligen amerikanischen Psychiatrieentwicklung folgend – ein psychoanalytisches Element einzufügen, wie es sich etwa in den Arbeiten seines Oberarztes Wolfgang Bister über psychoanalytische Psychosentherapie, in der Gründung einer psychotherapeutischen Abteilung unter Hans Göppert und in der Kinder- und Jugendpsychiatrischen Abteilung der Klinik, in der ein schwerpunktmäßig analytisch orientiertes Konzept in Diagnostik und Therapie praktiziert wurde, manifestierte.

Man mag es heute kaum glauben, man kann es auch nicht akzeptieren, dass ein solcher psychiatrischer Aufbruch – einige Jahre später im Zuge der Psychiatriereform der 1970er Jahre an zahlreichen Kliniken der Bundesrepublik zu verzeichnen – heute fast gänzlich zum Erliegen gekommen scheint. Nur noch wenige psychiatrische Einrichtungen in Deutschland haben heute eine psychoanalytische Orientierung. Neurophysiologische und biochemische, ja auch wiederum genetische Grundüberzeugungen beherrschen das Bild der aktuellen Psychiatrie und bestimmen weithin ihre Forschung. Nicht viel anders verhält es sich in der akademischen Psychologie.

Interessant und für die damalige schweigende Zeit wohl charakteristisch war übrigens, dass von einem der Vorgänger Hanns Ruffins nie die Rede war: von Alfred Hoche, der als Freiburger Ordinarius an dem Pamphlet »Die Freigabe der Vernichtung lebensunwerten Lebens. Ihr Maß und ihre Form« (1922, mit Karl Binding) beteiligt gewesen war, übrigens auch ein eifernder Hasser der Psychoanalyse und deren »böser Geist« genannt.

Bald nach meinem Eintritt vertraute man mir die Kinder- und Jugendpsychiatrische Station als Stationsarzt an. Es war gut und dringend notwendig, dass ich inzwischen mit der psychoanalytischen Ausbildung, vor allem aber mit meiner persönlichen Analyse begonnen hatte, denn die Arbeit mit den jungen Patienten und ihren Familien erwies sich als eine überwiegend psychotherapeutische und war ohne einen analytischen Ansatz nicht denkbar. Eines Tages fragte mich Ruffin bei einer »Chefvisite« auf der Station: »Sie sind doch hoffentlich auch in psychoanalytischer Ausbildung?« – eine Frage, die von einem heutigen psychiatrischen Ordinarius wohl kaum gestellt werden würde. Zur Seite stand mir als »Zweitärztin« (so wurde es damals genannt) Erika Krejci, eine Frau, deren manchmal etwas herbes und strenges Auftreten nicht verbergen konnte, dass es sich um eine kluge und gütige, zu tiefer Einfühlung und Nähe zu ihren Patienten fähige Persönlichkeit handelte.

Erika Krejci, Raimar Schilling, Emma Moersch – auf deren Station ich meine ersten Kenntnisse in der Neurologie gewann –, Rosemarie Münzlaff,

Otto Goldschmidt, Manfred Krill, Gerd Heising, Manfred Pohlen (der, wissenschaftlich immer schon sehr aktiv, ja eruptiv, eigene Wege außerhalb der DPV ging) – das waren die Freiburger Klinikkollegen, in deren Kreis ich mich befand. Alle hatten als Lehranalytiker Wolfgang Auchter, der Anfang der 1960er Jahre vom Berliner Psychoanalytischen Institut nach Freiburg gezogen war, hier seine Praxis eröffnete und bald die Gründung des Freiburger Psychoanalytischen Seminars der DPV in die Wege leitete.

Auch die Arbeit mit erwachsenen psychiatrischen Patienten – nach der »Kinder- und Jugendzeit« wurde ich Stationsarzt der »Männerstation« der Klinik – erscheint mir heute ohne eine psychoanalytische Orientierung kaum möglich. Unter Anleitung und Ermutigung durch den Oberarzt Wolfgang Bister, der nach Basel zu seiner Analyse fuhr, wurden die diagnostischen psychiatrischen Erstgespräche im Grunde als psychoanalytische Interviews geführt, und auch in der Therapie – bei in der Uniklinik relativ kurzer Behandlungsdauer – der psychotischen Patienten gehörte eine psychodynamische Zugangsweise zum durchgängigen Konzept. Die psychopharmakologische Ära befand sich erst in ihren Anfängen.

So war es mir auch möglich, analytische Gruppenarbeit mit jungen, schizophrenen Patienten zu versuchen, wobei ich mich auf meine Erfahrungen aus der Tavistock Clinic stützen konnte. Diese therapeutischen Gruppen eröffneten Zugänge zu Wahnwelten, die, als gemeinsame Gruppenphantasie, eine sprachliche Äußerung fanden. Sie konnten als enttängstigendes Containment für ihre Mitglieder dienen.

Über Inhalte und Ergebnisse meiner persönlichen Analyse hier zu berichten, würde mir schwerfallen. Ich bin aber sicher, dass sie mir geholfen hat, Grenz- und Rahmenprobleme zu erkennen, wie sie sich etwa in einem übermäßigen beruflichen »Furor«, verbunden mit »Riesenansprüchen« an mich selbst, manifestierten. Die ganz unspektakuläre, unaufgeregte, beständige Präsenz Wolfgang Auchters, der mir wie eine Verkörperung der psychoanalytischen Situation als eines sicheren Ortes erschien, erwies sich für mich als äußerst hilfreich und notwendig.

Ich denke, dass nicht nur meine Patienten, sondern vor allem meine Nächsten – meine Frau und unsere drei Kinder – von meiner Analyse profitierten, gleichsam mittelbar an ihr teilhaben konnten. Ich bin meinem Lehranalytiker bis heute dankbar für seinen verlässlichen Beistand bei der Auseinandersetzung mit den »inneren Dämonen« der Hoffnungslosigkeit und der Angst vor Vernichtung, wie sie bei so vielen meiner Generation der Kriegskinder zu verzeichnen waren. Viele von ihnen hatten nicht die Chance einer Psychoanalyse. Aber dass die Psychoanalyse im Deutschland der 1960er Jahre einen bedeutenden Aufschwung nahm, ja, sich hier – nach

Nazi-Zeit, Krieg und Nachkrieg – überhaupt erst wieder etablierte, ist auch dem Verlangen der damals jungen Generation nach einem sicheren Ort, nach einer gesicherten Identität, jenseits von Chaos und Untergang, zuzuschreiben.

Das von Auchter zusammen mit Wolfgang Bister und Walter Schraml, einem am Psychologischen Institut tätigen und zunächst nicht der DPV angehörenden Psychoanalytiker, gegründete Freiburger Psychoanalytische Seminar gab uns Anfängern einen gesicherten Rahmen. Auchter lud als »Gastdozenten« DPV-Analytiker und Kollegen aus der Schweiz ein, die Samstag vormittags je einen theoretischen Vortrag und ein kasuistisches Seminar hielten. Ich erinnere mich, dass diese Veranstaltungen oft einen pionierhaften Werkstattcharakter für uns hatten, und dass es noch keine hierarchischen Abstufungen – wie »Teilnehmer« und »Kandidaten« – gab.

Im Sommer 1968 wechselte ich an die als Medizinische Hochschule neugegründete Universität Ulm, eigentlich zu abrupt, zu schnell: Weitere psychiatrische Erfahrung und eine Vertiefung meiner Analyse hätten mir wohl gut getan. Aber ich gab auch dem Drängen Helmut Thomäs nach, der gerade den Ulmer Lehrstuhl für Psychotherapie angetreten hatte und seine Mitarbeiterstellen rasch besetzt sehen wollte.

Seit der ersten Begegnung in London hatte ich mit Thomä häufiger Kontakt und wusste, dass er nach seinem Wechsel von Heidelberg nach Ulm fest mit mir rechnete, was mir natürlich auch schmeichelte und meinen akademischen Ehrgeiz anspornte, wurden mir doch eine Oberarztposition und später sogar Aufbau und Leitung einer Sektion für Gruppenpsychotherapie (als Unterabteilung der Psychotherapie) in Aussicht gestellt.

So wurden die folgenden Ulmer Jahre eine ziemlich anstrengende und angespannte Zeit – anders als die Traditionsuniversität Freiburg in ihrem gelassenen Selbstverständnis pflegte die Ulmer Neugründung ein straffes Streben nach Anerkennung und Renommee als »Wissenschaftsstandort«. Die Stadt Ulm, zuvor nicht gerade akademisch geprägt und der vertrauten »Straßengemütlichkeit« einer alten Universitätsstadt bar, befand sich im Aufbruch. Bedauerlicherweise stand die Hochschule für Gestaltung, an der Max Bill, Otl Aicher und Alexander Kluge gelehrt hatten, schon wieder vor ihrer Schließung, und die neue Universität sollte diese Lücke ausfüllen, allerdings ohne kulturwissenschaftlichen Hintergrund und zentriert auf ein streng naturwissenschaftliches Paradigma. Aus meiner Sicht konnte es ein Fach wie die Psychoanalyse, im Zwischenbereich von Natur- und Geisteswissenschaften angesiedelt, auf diesem Boden nicht leicht haben.

»In die Schülinstraße wollen Sie?!«, fragte mich grinsend der Schaffner im Ulmer Stadtbus, als ich am ersten Arbeitstag aus Freiburg angereist war – und ja, die alte Mietskaserne an der Ulmer Schülinstraße, in der am Anfang die Abteilung für Psychotherapie untergebracht war, grenzte unmittelbar an ein fröhlich-belebtes Bordell. Eine neue Universität und die Psychotherapie-Abteilung mussten sich ihre Lage erst mühsam erkämpfen. Später residierten wir dann in einer komfortablen Gründerzeitvilla an der Parkstraße.

Im Kreis der Ulmer Kollegen fühlte ich mich gut aufgenommen: Erhard Künzler, der mit Helmut Thomä aus Heidelberg gekommen war, Heinz Henseler aus Berlin, Lutz Rosenkötter aus Frankfurt, später kamen Sigrid Weidlich und Hartmut Radebold dazu. Alfred Lorenzer, dessen Kommen wir erwarteten, hatte sich kurzfristig entschlossen, am Frankfurter Sigmund-Freud-Institut zu bleiben.

Das neu gegründete DPV-Ausbildungsinstitut war zunächst in die Universitätsabteilung eingebettet, ja eigentlich identisch mit ihr. Eine solche Konstellation halte ich heute für problematisch. Psychoanalytische Institute müssen sich frei von jedem möglichen staatlichen Einfluss entwickeln können. Später, in meiner Zeit am Sigmund-Freud-Institut, sollte mir das noch bitter klar werden.

Helmut Thomä war ein energischer, innovationsfreudiger, oft auch drängender Chef. Hinter seiner schwäbischen Knorrigkeit verbarg sich aber auch eine empfindlich-sensitive Seite, die einer geduldigen Gelassenheit mit selbstbewussten Jüngeren gelegentlich im Wege stand. »Tyrannische Fürsorge«, wie wir es nannten, passte so gar nicht zu unserem psychoanalytischen Selbstverständnis, noch dazu unter dem Eindruck der beginnenden 68er-Bewegung, die nach einer Reduzierung starrer Universitätshierarchien dürstete.

Zwar eröffnete uns Thomä akademische »Freiräume«; Heinz Henseler konnte im Rahmen seiner Sektion »Psychoanalytische Methodik« seine Suicidforschung, ich in der Sektion »Gruppenpsychotherapie« gruppenanalytische Untersuchungen, Hartmut Radebold als klinischer Oberarzt neben der Strukturierung der Ambulanz seine Konzepte der Psychotherapie im höheren und hohen Lebensalter selbständig entwickeln. Aber Thomä konfrontierte uns auch zunehmend mit der Forderung nach einem »empirischen« Forschungsansatz, worunter er auch eine statistische Auswertung des psychoanalytisch-klinischen »Materials« verstand. In den Behandlungszimmern mussten Mikrofone zu Häupten der Couch montiert werden, um Tonbandverbatimprotokolle ausgewählter Analysen anfertigen zu können, was natürlich, störend wie eine Abhöranlage, unseren Protest hervorrief.

Zugespitzt gesagt und in dieser Schärfe vielleicht ungerecht: An die Stelle der psychoanalytischen Falldarstellung sollten zu Forschungszwecken computergestützte Datenkurven treten – was durchaus tragische Züge hatte, denn Thomä blieb immer auch ein leidenschaftlicher psychoanalytischer Theoretiker und lebte, zumindest in meinen Augen, in einem Zwiespalt. Er fühlte sich wohl auch von den abfälligen Äußerungen des Ulmer neurologischen Fakultätskollegen Kornhuber, der das psychoanalytische Forschungsverständnis im Vergleich zu seiner neurophysiologischen, empirischen Sichtweise vom wissenschaftlichen Fortschritt als hoffnungslos antiquiert zu diffamieren pflegte, unter Druck gesetzt. Von der Ulmer Psychiatrie des Ventrikelforschers Gerd Huber – dieser vertrat die Auffassung, die Ursachen der Schizophrenie ließen sich in einer Erweiterung des dritten Hirnventrikels lokalisieren – war auch kein Beifall zu erwarten.

Es herrschte also zeitweise eine gespannte Stimmung in unserer Abteilung, die leider auch zum vorzeitigen Rückzug Lutz Rosenkötters führte, der wieder nach Frankfurt zurückkehrte, und zu einem nur kurzen »Gastspiel« von Lore Schacht, die eigentlich zum Aufbau einer kinderanalytischen Sektion nach Ulm gekommen war und diese Stätte schon nach etwa einem Jahr wieder verließ.

Vor allem Rosenkötter, aber auch Künzler verdanke ich eine sorgfältige psychoanalytische Supervision, ein Vertrautwerden mit dem klassischen psychoanalytischen Arbeiten. Bei Thomä verlief die Supervision dagegen »kurz und schmerzlos«: Sie fand morgens um 7.30 Uhr statt und dauerte selten länger als 15 Minuten – »Sie machen das schon!« Ich erlebte das nicht nur als Anerkanntwerden, sondern auch als enttäuschendes Desinteresse.

Natürlich hatte es etwas Befreiendes, Progressives, dass mein Abschlusskolloquium bei der DPV 1970 und die rasche Ernennung nach weiteren zwei Jahren zum ordentlichen Mitglied, bald gefolgt von der Beauftragung mit Lehranalysen, so rasch und ohne Umstände erfolgen konnten, ja ich mich fast dazu gedrängt fühlte. Langwierigen Graduierungsprozessen war Thomä abhold, bei ihm lag das Hauptgewicht auf akademischer Exzellenz.

Ich muss zugeben, dass mich dieses zwar fördernde, aber auch unablässig fordernde Element der Ulmer Abteilung zeitweise mutlos werden ließ; meine Veröffentlichungen und Projekte schienen sich nur gegen Widerstände entwickeln zu können. So begann ich, nach einem Ausweg zu suchen, nach einem anderen Ort, der für meine Arbeit, aber auch für mein persönliches und psychisches Leben günstiger sein würde.

In die Ulmer Zeit fällt aber auch ein Ereignis, das meine Familie und mich erschreckte: Ich erkrankte an einem Melanom, zunächst typischerweise als harmloser »Leberfleck« nicht weiter beachtet, aber bei der Operation als bereits in die abführenden Lymphwege vorgedrungene Lebensbedrohung identifiziert. Ich bin mir sicher, dass diese plötzliche Infragestellung meiner weiteren Zukunft auch zu einem Wiederaufflackern alter traumatischer Erfahrungen aus den Bombennächten führte, die ich, wie mir jetzt erkennbar wurde, in meiner Analyse nur unzureichend hatte durcharbeiten und bewältigen können. Wir empfanden es als ein großes Glück, dass diese Erkrankung nach einigen Jahren als ausgeheilt gelten konnte.

Und noch etwas Weiteres geschah: Der Tod meines Vaters und, ein Jahr später, meiner Mutter. Ganz im Gegensatz zu seiner nüchternen Natur hatte das Sterben meines Vaters durchaus dramatische Züge. Er war am Grab seiner Eltern auf dem Hamburger Zentralfriedhof Ohlsdorf mit einem Herzinfarkt tot zusammengebrochen. Es war ein letzter Vereinigungsversuch mit seinen abhandengekommenen Eltern, der verbrannten Mutter und dem stumm-depressiven Vater, die er nicht hatte betrauern können.

Auch mein Trauern schien mir gehemmt, verdüstert, prolongiert. Eine Form der Trauerarbeit bestand wohl darin, ein Forschungsprojekt über die Persönlichkeitsstrukturen und die Gruppenbehandlung von Herzpatienten zu beginnen, die ihren Infarkt überlebt hatten; ich denke bis heute, dass jedem Forschungsthema eine subjektive, oft unbewusste Motivation zugrunde liegt.

Und war mein Vater, wegen seiner »kriegswichtigen Tätigkeit« (für die Handelsmarine beschaffte er Ölzeug und Seeausrüstung) nicht als Soldat eingezogen und also privilegiert, ein Nazi? Ja, er war Mitglied der Nazi-Partei gewesen, er konnte wohl bei dem verheißenen Aufbruch zu »deutscher Größe« nicht beiseite stehen, er wollte seinen beruflichen Aufstieg befördern. Trotzdem zögere ich, ihn als überzeugten Nationalsozialisten einzustufen. Seine skeptisch-nüchterne, extrem zurückhaltende Wesensart, die mir die Identifizierung mit ihm schwer machte und so gar nicht meinen kindlichen Wünschen nach einem »heroischen« Vater entgegenkam, sprechen dagegen. Völkischen Furor und Judenhass hielt er wohl eines Hamburger Kaufmanns für unwürdig. Spätestens ab Sommer 1943 verfiel er in Schweigen über das deutsche Regime. Ich muss aber hinzufügen, dass ich von meinem heutigen Vaterbild spreche; als Jugendlicher sah ich meinen Vater als ins »Reich der niederen Dämonen« (nach einem Buchtitel Ernst Niekischs) gehörig und fühlte mich als Student auch deswegen getrieben, mich in die mir in ihrem Wesen und geographisch zu Hamburg im Gegensatz stehenden Orte zu begeben, Berlin und Freiburg.

Im Sommer 1976 verabschiedete ich mich von Ulm und wechselte nach Kassel. An der als »Gesamthochschule« neugegründeten Universität herrschte reformatorischer Aufbruchsgeist, der sich auch darin manifestierte, dass hier – für klassische Universitäten bisher eher unvorstellbar – fünf Professuren für Psychoanalytiker zu besetzen waren. Studiengänge wie Psychologie, Grund- und Gymnasiallehrerausbildung sowie Sozialwesen sollten, gefördert durch das damalige Hessische Wissenschaftsministerium und den jungen Kasseler Hochschulpräsidenten Ernst-Ulrich von Weizsäcker, eine tiefenpsychologisch-psychoanalytische Fundierung erhalten. Diese Zielvorstellung war auch im Sinne einer Universitätsreform gedacht, die weit über Kassel hinauswirken sollte und einen Abbau überkommener Hierarchien und fachlicher Abschottungen, zugunsten also von fachübergreifenden und praxisbezogenen Forschungs- und Lehrkonzepten gewährleisten würde. Die Zeit schien reif dafür, auch im Gefolge der 68er-Bewegung – die ja nicht nur eine studentische Protest- und Aufklärungsbewegung war, sondern in ihrer Auseinandersetzung mit der Nazi-Vergangenheit Deutschlands und seiner Universitäten von großen Teilen des akademischen Mittelbaus und sogar von jüngeren Ordinarien mitgetragen wurde.

Auch ohne formale Habilitation – die bisherigen Veröffentlichungen wurden als »habilitationsadäquat« bewertet – erhielt ich hier einen Ruf auf den neu eingerichteten Lehrstuhl für Psychotherapie.

Die Aussicht, zusammen mit anderen neuberufenen psychoanalytischen Kollegen – Eugen Mahler, der aus Frankfurt gekommen war, und Hartmut Radebold, ebenfalls aus Ulm hierher berufen – ein neues DPV-Institut in einer bisher psychoanalytisch-psychotherapeutisch eher unterversorgten Region zu gründen, war für mich ein weiterer Ansporn, den Sprung nach Kassel zu wagen; denn das bedeutete ja andererseits auch, sich aus der Medizinischen Fakultät zu verabschieden, was für einen in der klinischen Medizin Aufgewachsenen zunächst nicht ohne ein gewisses Zögern vorstellbar war.

Die folgenden Kasseler Jahre erwiesen sich in jeder Hinsicht als eine fruchtbare, etwas emphatisch gesagt vorwärtsstürmende Aufbruchszeit. In der Universität konnte ich, nun endlich selbstständig und frei von »tyrannischer Fürsorge«, psychoanalytische Forschung betreiben und psychoanalytische Lehrveranstaltungen anbieten. Außerhalb der Universität begründeten wir 1975 das Kasseler Psychoanalytische DPV-Institut, später benannt als Alexander-Mitscherlich-Institut. Außer den genannten drei Lehranalytikern zählten zu den Gründungsmitgliedern: Dieter Eicke, an der Uni Professor für Sozialmedizin und Sozialpsychiatrie, Helmut Junker, Professor für Beratungspsychologie, sowie Hans Kilian, Professor für psychoanalytische Psychologie, ursprünglich aus München kommend und durch sein Buch *Das enteignete Bewusstsein* (1971) bekannt und verdienstvoll als unermüdlicher Betreiber einer akademischen »Eingliederung« der Psychoanalyse. Last but not least: Gründungsmitglieder des Instituts waren auch zwei Ausbildungskandidatinnen: Annegret Mahler-Bungers und Rose-Marie Ohlmeier. Eigene Institutsräume besaßen wir zunächst nicht; die Ausbildungsveranstaltungen fanden in unseren Praxisräumen statt – die Universität hatte uns die Möglichkeit zu privaten psychoanalytischen Praxen eingeräumt –, die Gremiensitzungen gelegentlich auch in den Hinterzimmern Kasseler Restaurants. Wichtig war in dieser Kinder- und Jugendzeit unseres Instituts auch die Kooperation mit dem Gießener Institut für Psychoanalyse und Psychotherapie; ich denke mit Vergnügen an lebhafte gemeinsame Seminare der Institute in der »Heckenmühle«, dem Wohnsitz Eugen Mahlers, südlich von Kassel an der Fulda gelegen, zurück, die auch schon einmal mit einem gemeinsamen Bad im Fluss beschlossen wurden.

Natürlich begegneten wir auch Schwierigkeiten. Es war an der Universität nicht ganz einfach, gegen manche, zwar oberflächlich »modernen« Fachgebieten wie der Psychoanalyse gegenüber aufgeschlossenen, im Grunde ihres Wesens jedoch von der »Wissenschaft vom Unbewussten« befremdeten, vielleicht beängstigten Professorenkollegen die Gründung eines »Wissenschaftlichen Zentrums für Psychoanalyse und psychosoziale Forschung« durchzusetzen, was nach beharrlichem Drängen, vor allem auch Kilians, schließlich gelang. Leider kam es in der Folge zu heftigen Auseinandersetzungen mit Kilian, dessen Bestrebungen nach einer Art Oberaufsicht über uns jüngere psychoanalytische Professoren wir nicht teilen mochten, sodass Kilian sich schließlich zurückzog und um seine vorzeitige Emeritierung einkam.

Das Wissenschaftliche Zentrum entwickelte sich, auch mit der Herausgabe der »Fragmente – Schriftenreihe zur Psychoanalyse«, durch seine Veranstaltungen und Tagungen vor allem zur psychoanalytischen Kulturtheorie und Sozialforschung, zu einem wesentlichen Teil des Kasseler Hochschulprofils. Leider wurde es im Zuge einer zunehmenden »Normalisierung« der Kasseler Universität, die ihre reformerischen Impulse zugunsten des allgemein üblichen akademischen Betriebs, auch des stärkeren Ausbaus »drittmittelintensiver« Ingenieur- und Naturwissenschaften und der kräftig ansteigenden Zahl der Studierenden (wie in der gesamten Universitätslandschaft Deutschlands) deutlich reduzierte, Ende der 1990er Jahre eingestellt und durch ein bescheidener dimensioniertes »Institut für Psychoanalyse der Universität« ersetzt.

Heute, wenn ich dies schreibe, muss leider konstatiert werden, dass es mittlerweile auch in Kassel schwierig geworden ist, überhaupt noch Psychoanalytiker auf eine Professur zu berufen, und das nicht nur wegen des angewachsenen Widerstandes gegen jede Form nicht-experimenteller bzw. nicht-»empirischer« Forschung an den Universitäten, sondern auch wegen der mangelnden Bereitschaft vieler heutiger Psychoanalytiker, sich den Forschungs- und Lehrreglements im jetzt vorherrschenden Universitätsbetrieb auszusetzen. Im Grunde sind wir also zur Zeit wieder bei der ursprünglichen Situation angekommen, in der sich die Psychoanalyse als von den Universitäten verschmähte »Außenseiterwissenschaft« besser außeruniversitär etablierte, in der »splendid isolation«. Andererseits übersehe ich nicht, dass psychoanalytische Sicht- und Deutungselemente aus den Kulturwissenschaften heute nicht mehr wegzudenken sind – aber gegen »pure« Psychoanalyse als Wissenschaft erscheint die Abwehr massiv verstärkt, insbesondere in der Medizin und Psychologie.

Und uns selbst müssen wir fragen: Waren wir nicht nachdrücklich und überzeugend genug, haben wir zu wenig gekämpft, um unser Fach im akademischen Bereich präsent zu erhalten? Denn so sehr ich die Schönheit und »Stimmigkeit« der psychoanalytischen Arbeit im Behandlungszimmer liebe, so sehr für mich die klassische analytische Situation ein zentraler Ort psychoanalytischer Forschung bleibt, so sehr halte ich die öffentliche Sicht- und Hörbarkeit der Psychoanalytiker für notwendig. Sie sind es, die in einer politisch und sozial unübersichtlichen Zeit strukturgebende Akzente setzen und Deutungen anbieten müssen, über den Behandlungsraum hinaus. Auch deshalb, nicht nur aus wissenschaftlichen Gründen, ist die Besetzung universitärer Lehrstühle und anderer öffentlicher Positionen durch Analytiker wichtig.

Aus dieser Überzeugung heraus war ich auch bereit und motiviert, mich für den Vorsitz von Fachvereinigungen zur Wahl zu stellen, so 1976 bis 1982 für den Deutschen Arbeitskreis für Gruppenpsychotherapie und Gruppendynamik (DAGG). Es war eine anstrengende, aber lehrreiche Erfahrung. Divergierende und von ganz unterschiedlichen Paradigmata ausgehende Vertreter von Gruppenarbeit – analytische Gruppentherapie, Gruppendynamik, Balint-Gruppenarbeit, soziale Gruppenarbeit etc. – mussten »zusammengehalten«, die streitbaren Fachvertreter im Dialog zusammengeführt werden. Wissenschaftliche Tagungen und die Mitarbeit an der Zeitschrift *Gruppentherapie und Gruppendynamik* dokumentierten die Bedeutung, ja Popularität von Gruppenkonzepten in Therapie und sozialer Theorie in dieser Zeit. Ich fasste mein Amt als Vorsitzender durchaus als politisches Anliegen auf.

Auch meine Mitarbeit bei der »Internationalen Arbeitsgemeinschaft für Gruppenanalyse« in Altaussee begann in diesen Jahren. Alice Ricciardi von Platen, die ich im DAGG kennengelernt hatte und deren frühe Veröffentlichung über die Psychiatrieverbrechen in Nazi-Deutschland (1948) ich kannte, hatte, zusammen mit Josef Shaked aus Wien und dem DPV-Kollegen Michael Hayne, gruppenanalytische Aus- und Weiterbildungsseminare in diesem idyllischen Voralpenwinkel begründet, jeweils acht Tage in »Blockform« im Frühjahr und Herbst. In Altaussee wehte der Geist berühmter Dichter und Literaten: Hofmannsthal, Schnitzler, Wassermann – und nicht zuletzt Freud, der im Ausseerland an der *Traumdeutung* gearbeitet und diese Gegend immer wieder als Sommerfrische aufgesucht hatte. Grund genug also, häufig hierher zu kommen und das in London Gelernte weiterzugeben, auch wenn deutlich war, dass hier das »Gold« der psychoanalytischen Grundeinstellung gelegentlich mit dem Kupfer des therapeutischen Pragmatismus legiert werden musste. Ob ich manchmal zu puristisch war mit meinem aus London importierten Konzept der »Gruppe als Ganzes«? Jedenfalls fühlte ich mich in dieser von der Gräfin Platen herzlich und herrschaftlich getragenen Werkstattatmosphäre wohl, auch wenn mir heute eine solche zum Bersten mit »gemeinsamen unbewussten Phantasien« angefüllte Gruppenwoche schlicht zu anstrengend wäre. Ich denke dankbar an die dortige gemeinsame Arbeit zurück, auch mit Klaus Frank aus Frankfurt und Rafael und Rena Moses aus Jerusalem, die über viele Jahre zum Altausseer Team gehörten.

Denke ich an Altaussee, taucht vor mir auch die grauweiße Trisselwand über dem See mit ihrem »Preußpfeiler« auf, eine »kühne« Felsgestalt. Hier im Toten Gebirge und am nahen Dachstein unternahm ich nach der Gruppenwoche jeweils einige Klettertouren, zum Teil recht gewagte, quasi wie ein alternatives Leben zum vorausgegangenen beruflichen.

Über meine Bergleidenschaft muss ich einige Sätze sagen. Ich war schon über dreißig, als ich mit »ernsthaften« Alpintouren begann, zunächst im Ortlergebiet, später vorwiegend in den Westalpen. Zermatt wurde für mich über viele Jahre zum sommerlichen Standquartier, von hier stammt auch mein langjähriger Bergführer und Freund Richard Biner, der mich auf schwierigen Routen stets begleitete. Besonders spannend fand ich es, die historischen Routen der Pioniere und Erstbesteiger nachzuklettern, ihre »überwachsenen Pfade« auf heutige Gangbarkeit zu überprüfen. Berge verändern wie Menschen in Jahrzehnten ihr Gesicht, ihre Struktur; Menschen wollen, wenn sie Berge erklettern, ihr eigenes Wesen besser kennenlernen. Zufrieden machten mich nicht in erster Linie die erreichten Gipfel, sondern die sichere Heimkehr, als ob es immer erneut darum ginge, die Gefährdung im brüchigen Fels oder auf tückischen Gletschern zu meistern und sich der eigenen Überlebenskraft zu versichern. Insofern denke ich, diente das Bergsteigen auch der Bewältigung alter traumatischer Erfahrungen.

Einmal geriet ich in ernste Lebensgefahr. Am Mount Kenya erkrankte ich nach viel zu hastigem Aufstieg an einem höhenbedingten Hirnödem, und mein Freund Richard schleppte mich auf seinem Rücken hinunter in die Sicherheit eines kleinen Buschhospitals am Fuße des Berges, wo ich wieder zum Leben erwachte. Das Überleben hatte auf Messers Schneide gestanden. Ich hatte die Übersicht verloren: Der Drang zum prächtigen afrikanischen Gipfel hatte die notwendige Vorsicht und Vorbereitung überwältigt, überrannt. Auch diese Lektion hat mir meine Bergleidenschaft eingetragen.

Von 1981 bis 1985 war ich Vorsitzender der Deutschen Psychoanalytischen Vereinigung. Damals betrug die »Amtszeit«, nach einer Wiederwahl, vier Jahre. Ich hatte zunächst an meiner Wählbarkeit gezweifelt, war ich doch vielen Mitgliedern vor allem als Gruppenanalytiker bekannt. Aber die allgemeine Aufbruchsstimmung dieser Zeit, auch bei den Psychoanalytikern, hatte die bisher eher konservative Haltung in der DPV deutlich gelockert; man strebte nach einer Ausweitung unseres Faches, einer größeren Reichweite in der Anwendung der Analyse, vor allem in der Therapie von Kindern und Jugendlichen, Gruppen und Familien. Es erfolgte auch eine Rückbesinnung auf die Psychoanalyse als Kultur- und Gesellschaftstheorie und -kritik, ganz im Sinne Freuds (1926): »Die Zukunft wird wahrscheinlich urteilen, dass die Bedeutung der Psychoanalyse als Wissenschaft vom Unbewussten ihre therapeutische Bedeutung weit übertrifft.«

Seit Ende der 1970er Jahre vertiefte sich der kritische Rückblick, den die DPV auf die Vergangenheit der Psychoanalytiker in Nazi-Deutschland richtete. Nicht alle waren vertrieben, gedemütigt und ermordet worden, nicht alle hatten Widerstand geleistet. Es hatte auch Angepasste und Mitläufer gegeben. Die Jüngeren wollten auch wissen, welche Spuren die Kindheiten der NS-Zeit und des Kriegs in ihnen selbst hinterlassen hatten. So waren die damaligen DPV-Tagungen stark von dieser zentralen Thematik beherrscht. Der Austausch mit den seinerzeit emigrierten Analytikern, jetzt im Ausland tätig, intensivierte sich; wir suchten das Gespräch mit ihnen, und sie verweigerten sich nicht. Ich denke an die Besuche von Michael Balint, Paula Heimann, John Klauber an unseren Instituten, ihre Teilnahme an unseren Tagungen. Und ich sehe Martin Wangh vor mir, wie er uns, einem Kreis jüngerer deutscher Teilnehmer am Madrider Internationalen Kongress 1983, eindringlich mit auf den Weg gab: »Zu einer einigermaßen vollständigen Analyse gehört nicht nur die Bewältigung des Ödipus, sondern die Frage: Wie gelingt die Erkennung und Durcharbeitung von Nationalsozialismus und Antisemitismus in Euch?«

Im Sommer 1985 fand der 34. Internationale Psychoanalytische Kongress in Hamburg statt. Wir wussten ja: Dem Beschluss, zum ersten Mal seit Kriegsende wieder einen Internationalen Kongress in Deutschland stattfinden zu lassen, war ein langes Zögern der IPA vorausgegangen, und auch jetzt gab es Widerstände und Ängste. Es waren wohl nicht wenige, die sich eine Wiederbegegnung mit Deutschland nicht vorstellen mochten und dem Kongress fernblieben. Eine einige Jahre früher bereits gestellte Anfrage der DPV, ob ein Internationaler Kongress in Deutschland wieder möglich erschiene, war abgelehnt worden.

Als Tagungsort kam das durch die Vergangenheit allzu belastete Berlin auch jetzt nicht infrage, sodass Hamburg dazu ausersehen wurde – die mit dieser Stadt verbundenen Epitheta »Freie« und »Hansestadt« und »Tor zur Welt« konnten Ängste und Vorbehalte gegenüber einem deutschen Kongressort dämpfen, wenn auch nicht relativieren.

Die Vorbereitungen des Kongresses verliefen, wie nicht anders zu erwarten, schwierig und anstrengend, und das nicht nur für unser örtliches, gastgebendes Komitee, sondern für das internationale Vorbereitungs- und Programmkomitee insgesamt. Ich bewundere noch heute die Ruhe und Sachlichkeit, mit der Adam Limentani, der IPA-Präsident aus London, unterstützt durch den IPA-Sekretär Moses Laufer in seiner unnachahmlichen freundschaftlich-ermutigenden Aktivität, die zahlreichen Vorbereitungssitzungen leitete – es waren ja nicht nur organisatorische und inhaltliche Probleme zu lösen, sondern es galt auch die Frage: Würden die deutschen Gastgeber überhaupt in der Lage sein, würden sie die psychische Bereitschaft aufbringen und erkennen lassen, diese vor ihnen liegende Aufgabe zu meistern? Würden sie in Verzagtheit versinken oder in Streit untereinander verfallen?

Die Mitgliederschaft der DPV befand sich in einem ziemlich aufgewühlten Zustand: Zwar gab es auch Stolz auf das für die Psychoanalyse in Deutschland Wiedererreichte, aber ebenso Schuld- und Schamempfinden und den dringenden Wunsch nach Versöhnung mit den ausländischen Kollegen, die aus Nazi-Deutschland vertrieben und verfolgt worden waren – mit der Internationalen Vereinigung, mit uns selbst. Das Bestreben, die Vergangenheit schonungslos aufzudecken, wo sie verdrängt und verleugnet war und sie zu dokumentieren, wurde immer lebhafter und bewegte, ja erschütterte unsere Treffen und Tagungen. In der DPV brachen jetzt auch

Konflikte zwischen den Generationen auf. Viele der Mitglieder waren, bevor sie Analytiker wurden, Soldaten und Flakhelfer gewesen, mehr oder weniger verwickelt in Diktatur und Krieg. Die Jüngeren dagegen, viele der »68er-Generation« zugehörig, wollten Aufklärung und Neubeginn.

Der IPA-Vorstand reagierte zeitweise mit vorsichtigem Zögern auf diese deutsche Unruhe. Aber es war dann doch die stetige Ermutigung Moses Laufers und besonders Janine Chasseguet-Smirgels, der Vorsitzenden des Programmkomitees, die uns, wenn wir am Gelingen zweifelten, bestärkten und unterstützten. In der DPV waren es vor allem Albrecht Kuchenbuch, der damalige wissenschaftliche Sekretär im Vorstand, und in Hamburg »vor Ort« Volker Friedrich, die zahlreiche organisatorische Probleme im Vorfeld des Kongresses zuverlässig und solidarisch – auch gegen Ängste und Widersprüche einiger älterer DPV-Mitglieder – bewältigten. Ohne sie hätte ich meiner Aufgabe als gastgebender Vorsitzender wohl kaum gerecht werden können.

Dass ich mich bei meiner Begrüßungsrede bei der Eröffnungsveranstaltung im Hamburger Congress Center relativ kurz fasste, zurückhaltend blieb, ist später von einigen deutschen Kollegen bedauert worden. Ich hielt es für angemessen, ja geboten, nach dem so geringen Zeitraum seit 1945 rhetorische Zurückhaltung zu üben. Die Besonderheit des jetzigen Ereignisses ließ sich in wenigen Sätzen besser betonen als mit langen Ausführungen. Bewegend waren die Worte Klaus von Dohnanyis, damals Erster Bürgermeister in Hamburg, dessen Familie NS-Verfolgungen ausgesetzt gewesen war und der jetzt die heilende und aufklärende Kraft der Psychoanalyse für die heutigen Deutschen hervorhob.

Ergänzt wurde der Kongress – nein, ich muss sagen: zu einem entscheidenden Fundament des Kongresses wurde die Ausstellung »›Hier geht das Leben auf eine sehr merkwürdige Weise weiter …‹ – Zur Geschichte der Psychoanalyse in Deutschland«. Das Zitat wurde aus einem Brief des aus Hamburg stammenden John Rittmeister entnommen, der als Angehöriger des deutschen Widerstandes gegen Hitler hingerichtet wurde. Diese noch viele Jahre in deutschen Städten und Instituten gezeigte Dokumentation wurde von Karen Brecht, Volker Friedrich, Ludger Hermanns, Dierk Juelich und Isidor Kaminer unter Mitwirkung von Regine Lockot gesammelt und gestaltet, akribisch und auch gegen einige Widerstände und war auf jeden Fall ein Meilenstein für die Psychoanalyse in Deutschland. Sie hatte, so wie der Kongress selbst, Signalwirkung für den politisch-gesellschaftlichen Diskurs dieser Jahre, innerhalb und außerhalb der psychoanalytischen Szene. Im Zuge der Ausstellungsvorbereitung gab es eine Kontroverse zwischen Volker Friedrich und mir darüber, ob Gerhart Scheunert, langjähriger Vorsitzender nach der Neugründung der DPV, als zeitweises Mitglied der Nazi-Partei besonders kritisch exponiert werden müsse. Ich plädierte dagegen, da ja bekannt war, dass Scheunert seinen damaligen Irrweg eingestanden hatte, wenn auch verspätet, und darunter im Alter schwer litt; seine Verdienste für unsere Vereinigung und die Neubegründung der Psychoanalyse in Deutschland ließen diesen Fleck in seiner Vergangenheit weniger dunkel erscheinen. Aus heutiger Sicht füge ich hinzu: dass er nicht nur »zeitweise«, sondern durch alle zwölf Jahre des »Tausendjährigen Reichs« NS-Parteimitglied blieb, hatte ich wohl nicht genau wissen wollen, in meinem immer noch idealistischem Verlangen nach vertrauenswürdigen Vorbildern, zumindest unter den Analytikern.

Im Vorfeld des Kongresses, noch wenige Wochen vor seinem Beginn, war Adam Limentani übrigens von der Sorge geplagt, gerade diese Ausstellung könne die DPV als zu zerrissen, zu unruhig darstellen, um als Gastgeber geeignet zu sein, und er drohte sogar mit einer Absage. Nach einer Reihe von spannungsreichen Gesprächen in seiner Londoner Praxis, zu denen Albrecht Kuchenbuch und ich geladen waren, stellte er seine Bedenken zurück.

Insgesamt kann festgehalten werden: Dieser Kongress stand unter dem Thema »Identification and its vicissitudes«. Aber der Tag über »Die Psychoanalyse des Nazismus« bildete das eigentliche Herzstück der gesamten Veranstaltung. Der Hamburger Kongress hatte die Psychoanalyse in Deutschland in der Öffentlichkeit sicht- und hörbarer gemacht, und er hat die Wiederaufnahme der deutschen Analytiker in die internationale psychoanalytische Gemeinschaft nachhaltig gefördert.

Schon 1984 hatte mich Clemens de Boor, als Nachfolger Alexander Mitscherlichs Direktor des Sigmund-Freud-Instituts (SFI) in Frankfurt, gefragt, ob ich mir vorstellen könne, seine Position zu übernehmen. De Boor wollte sich, wohl auch aus gesundheitlichen Gründen, in den Ruhestand zurückziehen.

Die Bedeutung des SFI als psychoanalytisches Forschungszentrum war klar. Es war von Mitscherlich 1960 mit der politischen Unterstützung des damaligen Hessischen Ministerpräsidenten Georg August Zinn gegründet worden, und zur Gründungsidee gehörte die Absicht, mit Hilfe der Psychoanalyse das demokratische Bewusstsein und die Verarbeitung der NS-Vergangenheit im Nachkriegsdeutschland zu fördern. Aus diesem Geiste entstanden in der Folge auch die berühmten Studien *Auf dem Weg zur vaterlosen Gesellschaft* (1963) und *Die Unfähigkeit zu trauern* (1967, gemeinsam mit Margarete Mitscherlich). Natürlich war ein solches

Institut auch stark auf die charismatische Person seines Gründers zugeschnitten.

Aber war ich für die Leitung der richtige Mann? Hatte ich das nötige »Rüstzeug« dazu? Gewiss, die Erfahrungen als DPV-Vorsitzender, internationale Kontakte, mein Verständnis der Psychoanalyse als kritischer Wissenschaft sprachen dafür. Ob es allerdings gelingen könne, als »von außen Dazugekommener«, als Nicht-Frankfurter in der Frankfurter psychoanalytischen Szene und bei den etwa 20 am Institut tätigen Analytikern Fuß zu fassen, war nicht nur Herausforderung, sondern Wagnis. Hier arbeiteten ja keineswegs nur jüngere Kollegen, sondern alterfahrene: Emma Moersch war einst in Freiburg meine neurologische »Lehrerin« gewesen, Horst Vogel hatte mich als Studenten unterrichtet, Rolf Klüwer war mir als gewichtiges älteres Mitglied der DPV bekannt.

Dazu kam die Besonderheit, dass das SFI direkt dem Hessischen Wissenschaftsministerium (formal als eine »Dienststelle«) zugeordnet war, also nicht die relative Unabhängigkeit einer Universität besaß. Das war zwar zu Zeiten des Gründers sogar von Vorteil gewesen, es bestand auch ein »direkter Draht« zu der Psychoanalyse wohlgesonnenen Ministerialbeamten, aber diese fördernde Haltung des Ministeriums hatte sich nach Mitscherlichs Emeritierung und Tod erheblich abgeschwächt. Sie war von der politischen Lage in Hessen abhängig.

Dass ich mich schließlich zur Bewerbung entschied, war auch dem Wunsch der Mehrzahl der Institutsmitglieder, insbesondere des leider bald nach meinem Amtsantritt früh verstorbenen Klaus Horn, so wie dem Zuraten verehrter Autoritäten wie Wolfgang Loch und Hermann Argelander zuzuschreiben. Ich folgte meiner Erwartung, dass ich in Frankfurt bessere, von den Mühen des universitären Alltags freiere, ausschließlich der psychoanalytischen Arbeit verpflichtete Bedingungen finden würde.

Bevor ich im Sommer 1985 den Posten übernahm, hatte ich zur Bedingung gemacht, meinen Kasseler Lehrstuhl – »dauerbeurlaubt« zur Leitung des SFI – zu behalten. Dies erschien mir wichtig, um die Verbindung zur universitären Forschung herzustellen; auch Mitscherlich hatte das so gehalten und an der Frankfurter Universität ein Ordinariat für Sozialpsychologie innegehabt.

Im Herbst 1985 feierte das SFI sein 25-jähriges Bestehen mit einer internationalen Tagung: Gäste wie Joseph Sandler, Janine Chasseguet-Smirgel, Béla Grunberger, Rafael Moses bezeugten mit ihren Beiträgen die wissenschaftliche und überregionale Bedeutung des Instituts. Im Titel der zu diesem Anlass herausgegebenen Fachschrift – *Forschen und Heilen. Auf dem Weg zu einer psychoanalytischen Hochschule* – wurde die Richtung des Instituts, die ich nach Kräften fördern wollte, bereits formuliert: eine postgraduale »Psychoanalytische Hochschule« zu sein, einschließlich möglichst des Promotions- und Habilitationsrechts, wie sie Freud bereits 1918/1919 (»Soll die Psychoanalyse an den Universitäten gelehrt werden?«), allerdings mit einiger Distanziertheit zum damals wie heute gängigen, psychoanalytisch-tiefenpsychologische Lehrinhalte vernachlässigenden oder bekämpfenden Universitätsbetrieb, erwogen hatte. Eine psychoanalytische Hochschule muss unabhängig und außerhalb der Universität bleiben. Freud entwarf dann 1926 explizit die Utopie einer psychoanalytischen Hochschule. Deren ungeminderte Aktualität und deren zunehmend notwendige Verwirklichung begründete ich in meiner Einführung zu dieser Tagung, die ja auch mein »Einstand« als neuer Institutsleiter war.

In den ersten Jahren meiner Amtszeit, durchaus unterstützt von der hessischen Wissenschaftspolitik – SPD-Wissenschaftsministerin war Vera Rüdiger, die jederzeit ein offenes Ohr für unsere Anliegen hatte –, entwickelte sich die Arbeit des Instituts sehr positiv. Es fanden Tagungen mit deutschen und internationalen Analytikern zu Themen wie dem persistierenden Antisemitismus in Deutschland, zur »Psychoanalyse als Methode«, zur deutschen Vereinigung 1989 und zur Aids-Problematik in ihren psychischen und sozialen Dimensionen statt. Über diese Tagungen und über laufende und geplante Forschungsprojekte wurde ständig in der Veröffentlichungsreihe »Materialien aus dem Sigmund-Freud-Institut« berichtet. Als Gastanalytiker am Institut konnten wir mit Unterstützung der Humboldt-Stiftung Janine Chasseguet-Smirgel und Béla Grunberger gewinnen, ebenso Eliezer Edelstein aus Jerusalem.

Zahlreiche Vortragsveranstaltungen im europäischen Ausland kamen hinzu, von denen mir »Deutschland nach der Wiedervereinigung aus psychoanalytischer Sicht« 1989 im Goethe-Institut Athen (in Verbindung mit der Griechischen Psychoanalytischen Vereinigung) – immerhin an der »Wiege der Demokratie« – sowie »Kritische Reflexionen zur Lage der Psychoanalyse in Deutschland« im Goethe-Institut Paris (unter der Schirmherrschaft der Pariser Psychoanalytischen Gesellschaft) besonders in Erinnerung sind.

Einen deutlichen Einschnitt erfuhr diese erfreuliche Entwicklung nach dem hessischen Regierungswechsel 1988: An die Stelle der sozialdemokratisch geführten Landesregierung trat eine CDU-FDP-Koalition, die dem SFI, das ja mit tatkräftiger Hilfe eines sozialdemokratischen Ministerpräsidenten, G. A. Zinn, gegründet worden und vonseiten der in Hessen besonders konservativen CDU nicht nur zu Zeiten der 68er-Studentenrevolte als »linke Kaderschmiede« geschmäht worden war, von nun an schleichend die politische und administrative Unterstützung entzog. Freiwerdende Stellen, insbesondere die Abteilungsleiterpositionen, wurden nicht oder doch nur »kommissarisch« für begrenzte Zeit wiederbesetzt, andere Stellen, wie wir nur »hintenherum«, also nicht auf dem offiziellen Dienstweg erfuhren, wurden mit einem »Kann wegfallen«-Vermerk versehen. Mit der Psychoanalyse kaum oder nicht vertraute Ministerialbeamte tauchten jetzt bei mir auf, die eine größere finanzielle »Eigenleistung« durch Verstärkung der Einnahmen aus der klinischen Institutsambulanz forderten und allen Ernstes zur Einführung nichtpsychoanalytischer Therapieverfahren (die Rede war vom »Neurolinguistischen Programmieren« und natürlich der Verhaltenstherapie) drängten, denn die Psychoanalyse sei doch mittlerweile »ergänzungs- und erneuerungsbedürftig« geworden. Ich glaube, ich bin in meinen Reaktionen auf solche Ansinnen nicht immer diplomatisch-zurückhaltend geblieben; der Ton zwischen dem zuständigen Wissenschaftsministerium und dem Institut wurde frostig. Einen Termin beim jetzt amtierenden FDP-Minister erhielt ich nicht mehr, das Gespräch mit einem Staatssekretär verlief im Sande. Dieser wollte sich von mir im Wesentlichen erklären lassen, was Psychoanalyse überhaupt sei. Schließlich forderte das Ministerium die Erstellung internationaler Gutachten an, die zu einer Entscheidung über die weitere Zukunft des Instituts führen sollten. Diese Gutachten über Arbeit und Stand des Instituts fielen insgesamt sehr positiv aus – Joseph Sandler, Otto Kernberg, Rafael Moses und auch Jürgen Habermas betonten seine nationale und internationale Bedeutung und sahen es auch im Forschungsbereich auf einem guten Weg. Das Ministerium ließ sie jedoch offenbar in der Schublade verschwinden, ohne dass wir etwas von einer Resonanz oder Reaktion erfuhren. Auf dringende Nachfrage hieß es dann: »Wir wünschen uns keine Gutachten von Ihren Freunden, sondern würden lieber die Meinung Ihrer Feinde hören.«

Jetzt erwies es sich also als ein gravierender Nachteil, dass ein wissenschaftliches Institut, und erst recht ein psychoanalytisches, in direkter administrativer Anbindung, ja Abhängigkeit von staatlichen Stellen stand – das funktioniert so lange gut, wie die hier betriebene Wissenschaft dem »politischen Willen« entspricht oder doch nicht widerspricht, sonst wird diese Konstellation zur Quelle nicht abreißender Kämpfe, die vor allem auf dem Feld der Stellenbewilligungen und des Finanzetats ausgetragen werden. Der permanente Versuch, in die Struktur und die Inhalte des Instituts hineinzuregieren, machte die Misere komplett.

Muss man sich gegen eine feindselige Außenwelt wehren, bedeutet dies für die betroffene Gruppe oder Organisation immer eine Probe ihres inneren Zusammenhalts. Unter den Kollegen und Kolleginnen wuchsen die

Sorgen und Befürchtungen um die Zukunft des Instituts stark an. Bei langjährigen Mitarbeitern erregte auch die ministerielle Forderung, die (genehmigten) Privatbehandlungen deutlich zu reduzieren und dafür die Einnahmen aus der öffentlichen Institutsambulanz zur Finanzierung des Instituts zu erhöhen, Unmut. Die Inhaber der nur befristet wiederbesetzten Stellen fürchteten ihre Nichtverlängerung und gerieten in beträchtliche Unruhe. Unter diesen Umständen begannen auch langfristig angelegte Forschungsvorhaben zu leiden. Auch Beratung und womöglich Einflussnahme auf diese schwierige Situation, die ich bei namhaften Kollegen außerhalb des Instituts suchte, fanden kein wirksames Echo. Schließlich konfrontierte das Ministerium mich mit Erwägungen, man könne doch die Institutsleitung auf drei bis vier Personen »erweitern«, eine diversifizierte Institutsleitung würde alles einfacher gestalten.

Ich gebe zu, dass mich die anwachsende Unruhe außerhalb und innerhalb des Instituts langsam zermürbte, und ich glaubte jetzt auch zu verstehen, warum mein Vorgänger seine Position vorzeitig aufgegeben hatte. So entschloss ich mich nach sieben Jahren – und nicht schon früher unter Protest und mit Aplomb, wie es wohl richtiger und wirkungsvoller gewesen wäre –, die Leitung niederzulegen und meine Arbeit am Kasseler Lehrstuhl wiederaufzunehmen.

Nach meinem Abschied aus Frankfurt ließ sich der in Gießen schon emeritierte Horst-Eberhard Richter bitten, die kommissarische Leitung des SFI zu übernehmen. Auch er konnte offensichtlich die Reduzierung der Mitarbeiterstellen nicht verhindern. Zusätzlich wurden die psychoanalytischen Ausbildungsaufgaben vom Institut abgekoppelt, und es gründete sich das Frankfurter Psychoanalytische Institut als private und damit unabhängige Institution. Erst nach fast zehnjähriger Interimszeit erhielt das Sigmund-Freud-Institut durch die Berufung Marianne Leuzinger-Bohlebers und des Sozialpsychologen und Gruppenanalytikers Rolf Haubl eine neue und dauerhafte Leitung, die es, wenn auch in personell reduzierter und stark auf Drittmitteleinwerbung angewiesener Form, wieder zu Selbstbewusstsein und Ansehen führte. Die unmittelbare Anbindung an das Wissenschaftsministerium war durch die Errichtung einer Stiftung des öffentlichen Rechts abgelöst worden, was auf jeden Fall eine günstige Wendung beförderte.

Gewiss hatte ich auch Fehler gemacht, und vielleicht hatte wiederum die »Krankheit der Idealität« den nüchternen Blick gelegentlich getrübt. Eine größere Nähe zu der immer noch einflussreichen Margarete Mitscherlich und ihrem Kreis, als ich sie herstellen konnte, wäre vielleicht hilfreich gewesen, auch eine stärkere Verbindung zur Universität Frankfurt. Es sind im

Nachhinein müßige Gedanken. Ich denke, ich habe mein Bestes versucht und, bei aller Niedergeschlagenheit angesichts des unerfreulichen Endes meiner Frankfurter Zeit, wichtige neue Erfahrungen im Umgang mit der Realität gemacht. Es freute mich, später von ehemaligen Mitarbeitern zu hören, diese Jahre am SFI seien trotz aller Widrigkeiten durchaus auch gute Jahre für die Institutsentwicklung gewesen; besonders an die Zusammenarbeit mit Ingrid Kerz-Rühling, Otto Goldschmidt und Tomas Plänkers denke ich dankbar zurück. Und doch muss ich mir auch die Frage stellen, ob ich genug politisches Geschick, genug »impresariohaften« Geist aufzubringen bereit war, um das Schiff länger durch schwere See zu steuern.

Meine Rückkehr nach Kassel empfand ich, nach den turbulenten sieben Frankfurter Jahren, persönlich als glückliche Wende. Ich hatte statt der von politisch-organisatorischen Querelen allzu befrachteten Arbeit nun klarer definierte universitäre Lehr- und Forschungsaufgaben vor mir, konnte intensiver psychoanalytisch arbeiten und meine Mitgliedschaft am Kasseler Alexander-Mitscherlich-Institut wiederaufnehmen. Auch die einsame Zeit in der Frankfurter Zweitwohnung war vorüber; ich war nicht mehr nur an den Wochenenden zu Hause. Meine Frau hatte ja ihre Kasseler Praxis weiterhin beibehalten; unser Familienwohnsitz war hier verblieben.

Dieser Wiedereinstieg war natürlich nicht nur leicht und erfreulich, wie es mir eine mildbesonnte Erinnerung zunächst beim Schreiben dieses Berichts vorgaukeln wollte. Ein »Heimkehrer« wird selten nur freundlich begrüßt. Er könnte stören, er ist mit den aktuellen Verhältnissen und Gefühlslagen nicht vertraut. So erlebte ich zunächst am Kasseler Institut auch aversive Reaktionen, die sich allerdings nach dem baldigen Weggang eines mir besonders ungünstig gesonnenen Mitglieds rasch auflösten.

Die Universität Kassel stimmte zu, dass mein Lehrstuhl jetzt die Bezeichnung »Psychoanalyse« erhielt. »Psychotherapie« schien mir zu unspezifisch, und ich hatte nicht vor, meine Lehre auf allerlei modische Therapieformen auszudehnen. So hatte ich jetzt weitgehend freie Hand und konnte, durchaus im Einklang mit den Kollegen anderer Fachgebiete, ein psychoanalytisches Lehrangebot für die Studierenden entwickeln. Es bestand aus einem sechssemestrigen Zyklus von Vorlesungen zur Einführung in die Psychoanalyse, der die theoretischen Grundlagen, die Krankheitslehre (einschließlich psychosomatischer und psychiatrischer Problemstellungen) sowie die kultur- und gesellschaftstheoretischen und -kritischen Erkenntnisse des Faches umfasste und den ich mehrfach mit wachsender studentischer Beteiligung wiederholte. Ergänzt wurde dieses Theorienangebot durch ein gruppenanalytisches Seminar für einen kleinen Kreis besonders Interessierter sowie durch Seminare zu psychoanalytischen Spezialthemen, wie etwa die mit einem soziologischen Kollegen gemeinsam veranstalteten Kolloquien zur Frage des Antisemitismus und des Nationalsozialismus. Ich wagte es sogar, den Studierenden (die ja keine Altphilologen waren!) Seminare zu einzelnen antiken Tragödien aus psychoanalytischer Sicht anzubieten, und siehe da: Sie kamen mit lebhaftem Interesse. Mein letztes Seminar vor der Emeritierung galt noch einmal der »Theorie und Deutung des Traums«, eine Rückkehr zu meinen frühen Anfängen.

Dies schreibend und aus heutiger Sicht bestätigt sich für mich, dass ich mich am richtigen Ort befand: ein Psychoanalytiker als Hochschullehrer. Die Studierenden waren psychoanalytischen Sichtweisen und Schlussfolgerungen gegenüber erstaunlich aufgeschlossen, ohne übrigens in mir einen »heimlichen Therapeuten« zu sehen oder zu suchen. Die Grenze zwischen der analytischen Unterrichtung und einer im Universitätsrahmen nicht möglichen Therapiesituation blieb stets gewahrt; darin liegt eine Voraussetzung für Freuds Vorschläge zum Thema »Soll die Psychoanalyse an den Universitäten gelehrt werden?«

Das Kasseler Alexander-Mitscherlich-Institut, dessen Unabhängigkeit und Nichtangliederung an die Universität wir von Anfang an sorgfältig gehütet hatten, entwickelte sich kontinuierlich und gewann große Ausstrahlung in die Region. Absolventen und Kandidaten unseres Instituts waren – und sind – in Kliniken und Instituten Kassels und seines Umfeldes tätig; durch öffentliche Symposien und Vortragsreihen versuchten wir, ein interessiertes Publikum für psychoanalytische Themen (wie Literatur- und Filmanalyse, psychosomatische Erkrankungen, analytische Zeitdiagnostik, Traumafolgen bei Geflüchteten etc.) zu gewinnen. Auch die »Binnenkultur« des Instituts, der Umgang der Mitglieder miteinander und die Arbeit in den Institutsgremien, erwies sich als durchaus respektvoll. Auch ohne euphorisch zu werden und der ja jederzeit möglichen Wechselfälle in Institutsstrukturen eingedenk, weiß ich doch, dass sich eine so eigenwillige und individualistische Schar, wie es Psychoanalytiker sind, nicht immer und überall so produktiv zusammenfindet.

Nach meiner Rückkehr aus Frankfurt nahm ich an mehreren »Tavistock-Konferenzen« in Leicester teil, analytisch orientierte Gruppenarbeit im institutionell-organisatorischen Bereich, veranstaltet vom Tavistock Institute of Human Relations (London). Für meine Frankfurter Aufgaben hätte ich die hier gewonnenen Wahrnehmungsweisen organisatorischer Prozesse und Konflikte sehr gut brauchen können. Jetzt war es die Gruppenarbeit vor allem mit Jonathan Gosling (dem Sohn meines früheren gruppenanalytischen Lehrers an der Tavistock Clinic), die mir auch bei der Verarbeitung schmerzlicher und von mir zunächst unverstandener Erfahrungen helfen konnte.

Weniger glücklich erlebte ich meine Teilnahme an der ersten israelisch-deutschen Analytikerkonferenz (nach dem Tavistock-Modell) in Nazareth 1994. An den langjährigen Vorbereitungen der »Nazareth-Konferenzen« war ich auf Einladung von Rafael Moses beteiligt gewesen. Diese Konferenzen gewannen exemplarische Bedeutung; für die deutschen Teilnehmer eröffneten sich Zugänge zur Erfahrung des verborgenen und verdrängten Antisemitismus, und hier wurde Martin Wanghs Mahnung und Forderung nach einer Durcharbeitung des abgewehrten Antisemitismus in Lehranalysen zum Ereignis. Es drängte mich, ich fühlte mich auch verpflichtet, an der Konferenz teilzunehmen – ohne zu bedenken, dass meine Teilnahme insofern ungünstig, ja eigentlich unmöglich war, als meine Frau im Konferenzstaff mitarbeitete. Auch irritierte mich ein scheinbar thematischer »Nebenschauplatz«, der jedoch Symptomcharakter hatte und – in meiner Wahrnehmung jedenfalls – breiten Raum einnahm: Die deutschen Teilnehmer, etwa je zur Hälfte zur DPV und zur DPG gehörig, entbrannten wiederholt in Hass und Schuldzuweisungen gegeneinander, erlebten sich wie agitiert-erregte, verfolgende und verfolgte Patienten, die von ihren jüdischen Kollegen »aufgefangen«, ja therapiert zu werden begehrten. Der Leitungsstaff, so erlebte ich es, reagierte darauf eher hilflos und fand zumindest zu Anfang keine Wege der Deutung und Klärung.

1998, schon zu Zeiten des beginnenden »Zeitschriftensterbens« in den wissenschaftlichen Bibliotheken, wagten wir – der Pädagoge und Organisationsanalytiker Ullrich Beumer, der Gruppenanalytiker Bernd Oberhoff, mein Freund Burkard Sievers, Professor für Organisationsanalyse in Wuppertal, und ich (später kam noch Rolf Haubl dazu) – die Gründung einer neuen Zeitschrift, die, in unseren kühnsten Gedanken, die Tradition der alten *Imago* wiederaufnehmen sollte: *Freie Assoziation – Zeitschrift für das Unbewusste in Organisation und Kultur*. Sie füllt eine thematische Lücke im Kreis der psychoanalytischen Zeitschriften, erschloss vor allem das für die Psychoanalyse eher neuartige Forschungsgebiet des Unbewussten in Organisationen. Sie erscheint nunmehr im 18. Jahrgang und hat inzwischen unter neuer Leitung die psychoanalytische Sozialpsychologie als einen neuen Schwerpunkt entwickelt. Die Zeitschrift war für mich auch ein Ort zahlreicher Publikationen zu psychoanalytisch-kulturtheoretischen Themen.

Hier schließe ich meine Notizen. Habe ich das »Wesentliche« erfasst, auch Schmerzliches und Peinliches nicht unterdrückt? Trotz aller Gedächtnisbemühungen ist die biographische Wahrheit am Ende nicht zu haben, die autobiographische schon gar nicht. Es gibt auch eine Art »biographischer Traurigkeit«. Die Rekonstruktion des Vergangenen verweist auch auf die kürzer und knapper bemessene Zukunft, die keine entscheidenden oder gar »himmelstürmenden« Optionen mehr bereithält.

Die großen Gipfel besteige ich nicht mehr, aber immer noch wandere ich auf den Höhenwegen und schaue zu den Bergen auf, grüße die vertrauten Wände und Grate freudig von unten, in alter Verbundenheit sozusagen.

Das Private gewinnt wieder an Raum. Der Kreis der Familie und der Freunde schließt sich enger; die Verbundenheit scheint mir intensiver. Unter meinen engen Freunden befinden sich übrigens kaum psychoanalytische Kollegen, wohl aber ein Bergführer aus Zermatt. Auch die gemeinsamen Wurzeln mit meinem Bruder sind wieder kräftiger durchsaftet; er war ja in den Fußstapfen unseres Vaters Hamburger Kaufmann geworden, und wir hatten uns lange eher wenig zu sagen gewusst.

Und die drei Kinder? Psychiaterin und Psychoonkologin die älteste Tochter, Neurologe und psychiatrischer Klinikchef der Sohn, Theaterwissenschaftlerin und Journalistin die Jüngste.

Obwohl im Psychoanalytischen wohlbewandert, ist aber keiner von ihnen Psychoanalytiker geworden. Sie gehen ihren je eigenen Weg. Sie sind nicht, mit Zufriedenheit sei es gesagt, in der Identifizierung mit den Eltern verhaftet geblieben. Aber sie haben sich auch nicht entfernt. Auch wenn ich die Praxistätigkeit nun aufgeben werde und die Lehre an der Universität längst hinter mir liegt – eines bleibt: Ich bin Psychoanalytiker. Das Psychoanalytikersein ist in der Person verankert, in sie eingeschrieben. Der Weg ist nicht beendet, wenn der Abschied von der täglichen Berufsausübung bevorsteht. Ich halte auch nichts vom »Verschwinden der alten Analytiker«, die – oft zu beobachten – sich selbst nicht mehr sehen und nicht mehr gesehen werden.

Meine Forschungsinteressen gelten verstärkt den Ursprüngen der Psychoanalyse, so, wie sie in frühesten europäischen Kulturzeugnissen aufzufinden sind, in den klassischen griechischen Dramen (und sollte dabei auch ein nachträglicher Gehorsam gegenüber meinem enttäuschten Lehrer Kay Hansen mitschwingen?). Prometheus, Ödipus, Teiresias, Heiler und Versehrte zugleich, verkörpern diese protopsychoanalytischen Ursprünge. Sie dokumentieren auch, dass die Psychoanalyse, weit über ihre Wurzeln in der Medizin und Psychiatrie hinaus, Bestandteil der europäischen Geistesentwicklung ab ovo ist. Deswegen bin ich auch frei von jeder Sorge um ihre Zukunft.

Auswahlbibliographie

Enke, H.; Ohlmeier, D. (1960): Formale Analyse psychotherapeutischer Bildserien zur Verlaufsdokumentation. *Praxis Psychotherapie*, 5, 99.

Ohlmeier, D. (Hrsg.) (1973): *Psychoanalytische Entwicklungspsychologie.* Freiburg: Rombach-Hochschul-Paperback. Darin u. a.: Die Psychoanalyse als Entwicklungspsychologie: 11–30.

Ohlmeier, D. (1976): Gruppeneigenschaften des psychischen Apparates. In: *Die Psychologie des 20. Jahrhunderts, Bd. II.* Zürich: Kindler.

Koechel, R.; Ohlmeier, D. (1985): *Psychiatrie-Plenum.* Berlin, New York: Springer.

Ohlmeier, D. (1985): Das psychoanalytische Interesse an literarischen Texten. In: Hörisch, J.; Tholen, G. C. (Hrsg.): *Eingebildete Texte.* München: UTB/Fink.

Ohlmeier, D. (1985): Gruppentherapie und Persönlichkeitsstruktur von Herzinfarktkranken. In: Langosch, W. (Hrsg.): *Psychische Bewältigung der chronischen Herzerkrankung.* Berlin: Springer.

Ohlmeier, D. (1989): Karl May: Psychoanalytische Bemerkungen über kollektive Phantasietätigkeit. In: Sudhoff, D.; Vollmer, H. (Hrsg.): *Karl Mays »Winnetou«.* Frankfurt a. M.: Suhrkamp.

Plänkers, T.; Bareuther, H.; Busch, H.-J.; Ohlmeier, D. (Hrsg.) (1989): *Forschen und Heilen. Auf dem Weg zu einer psychoanalytischen Hochschule.* Frankfurt a. M.: Suhrkamp.

Ohlmeier, D. (1989): Denial in Patients with Myocardial Infarction. In: Edelstein, E. L. et al. (Hrsg.): *Denial. A Clarification of Concepts and Research.* New York/London: Plenum.

Ohlmeier, D. (1990): Considérations critiques sur la situation de la psychanalyse en Allemagne. In: *Psychanalyse et Nazisme.* Montpellier: Université Montpellier.

Ohlmeier, D. (1990): Wie kann man bei Kandidaten die Fähigkeit zur Selbstanalyse entwickeln? *Bulletin 34 der Europ. Psychoanalytischen Föderation*: 19–28.

Ohlmeier, D. (1992): Unconscious Derivatives of the Nazi Language in the Children of the Nazi Generation. *Journal of Social Work and Policy in Israel*, 5/6: 61–69.

Ohlmeier, D. (1994): Die Wiederkehr des Verdrängten. Psychoanalytische Überlegungen zur deutschen Vereinigung. In: Scholz-Strasser, I. (Hrsg.): *Aggression und Krieg.* Wien: Turia + Kant.

Ohlmeier, D.; Dornes, M.; Beier, C. (Hrsg.) (1995): *Trauma Aids. Eine psychoanalytische Studie über die Auswirkungen der HIV-Infektion.* Opladen: Westdeutscher Verlag.

Ohlmeier, D. (1999): Psychoanalytische Intensivgruppen. Zur Theorie und Technik. In: Grossmann-Garger, B.; Parth, W. (Hrsg.): *Die leise Stimme der Psychoanalyse ist beharrlich.* Gießen: Psychosozial.

Ohlmeier, D. (2000): Indikation und Kontraindikation in der gruppenanalytischen Therapie. Ein Beitrag vom theoretischen und klinischen Standpunkt. *Gruppentherapie und Gruppendynamik*, 36: 3–19.

Ohlmeier, D. (2001): Psychoanalytische Reflexionen über die Orestie des Aischylos.In: Bier-Fleiter, C. (Hrsg.): *Familie und öffentliche Erziehung*. Opladen: Leske + Budrich.

Ohlmeier, D. (2003): Traum und Affekt. In: Zwiebel, R.; Leuzinger-Bohleber, M. (Hrsg.): *Träume, Spielräume*. Göttingen: Vandenhoeck & Ruprecht.

Sievers, B.; Oberhoff, B.; Ohlmeier, D.; Beumer, U. (Hrsg.) (2003): *Das Unbewusste in Organisationen*. Gießen: Psychosozial. Darin: Psychoanalyse jenseits der Therapie: 37–52.

Ohlmeier, D. (2009): O mio padre, quanto mi costi! Über Vater-Tochter-Konflikte im Opernwerk G. Verdis. In: Oberhoff, B.; Leikert, S. (Hrsg.): *Opernanalyse. Musikpsychoanalytische Beiträge*. Gießen: Psychosozial.

Barbara Vogt

Psychoanalyse findet dort statt, wo es einen Dialog gibt

Kindheit in Thüringen bis zum Abitur

Im Jahr 1933, als die Welt noch annähernd »in Ordnung« war, wurde ich in Milbitz, einem idyllischen 250-Einwohner-Dorf in Thüringen unweit von Erfurt geboren. Die Eltern waren noch jung, der Vater, Paul Heyder, ein evangelischer Pfarrer, galt in der Verwandtschaft als »Reiseonkel«, weil er gerne in Europa unterwegs war. Er liebte seine helle, weiße Kirche und sein Pfarrhaus, das auf einer Anhöhe lag, von wo aus man einen weiten Blick ins Land und auf das Dorf hatte. Seine Gemeinden waren ihm sehr wichtig, es bestand ein lebendiger Kontakt zu den Dorfbewohnern. Für drei Dörfer zuständig, war er meistens mit dem Fahrrad, im Winter manchmal auch mit den Skiern unterwegs. Wenn die Leute besondere Sorgen hatten – etwa schwere Krankheit oder einen Todesfall –, dann kamen sie häufig in das Pfarrhaus, in sein schönes helles Amtszimmer. Wenn sie ihn nicht antrafen, kümmerte sich unsere Mutter um die Ratsuchenden. Sie spielte in der Kirche auch die Orgel, wenn der Organist verhindert war, was nicht selten vorkam.

Das Pfarrhaus war von einem herrlichen Garten umgeben, den unsere Mutter mit ihrer Haushaltshilfe sorgfältig pflegte. Für uns Kinder waren Haus und Garten traumhaft und regten unsere Fantasie an. In den angehäufelten Spargelbeeten legten wir die Spargelköpfe frei und buddelten sie dann wieder ein, was gelegentlich dazu führte, dass auch mal ein Spargelkopf beschädigt wurde, ohne dass daraus ein Drama gemacht wurde.

Mit unserer Mutter, die gerne Klavier spielte, sangen wir oft, fast täglich. Und von der Oma mütterlicherseits, die in Berlin die Kunsthochschule besucht hatte, hingen wunderbare Zeichnungen und Gemälde in unserem Haus, die wir liebten und bewunderten. Da gab es einen Droschkenkutscher mit freundlichem Gesicht und einem warmen Hut auf dem Kopf, den ich besonders im Winter gerne ansah, sowie einige kleinere Bilder aus dem Elternhaus der Oma auf der Insel Rügen.

Im Sommer wurden in unserem großen Hof öfter Feste mit Musik, Tanz und Kuchen für die Dorfkinder veranstaltet, manchmal kamen auch Kinder aus den Nachbardörfern dazu. Meine zwei Jahre ältere Schwester und ich genossen diese Nachmittage sehr. Die Dorfschule war ein stattliches Gebäude, in dem sechs Klassen gleichzeitig unterrichtet wurden. Ich fand das sehr gut, meine Mutter hingegen weniger. Mit neun Jahren besuchte ich immer noch unsere »Zwergschule«, doch dann entschieden sich meine Eltern für einen Schulwechsel, um mir den Anschluss ans Gymnasium zu ermöglichen. So kam ich bald zu Bekannten meiner Mutter auf Schloss Stedten in Bischleben, das heute zu Erfurt gehört. In dem prächtigen barocken Anwesen, inmitten eines herrlichen Parks gelegen, gab es monumentale Gemälde, riesige Goldrandspiegel und ein weit ausladendes Treppenhaus. Auf der Rückseite des Schlosses befand sich eine große Terrasse, über die man in den Garten mit seinen schönen blühenden Sträuchern und Blumen gelangte. Zusammen mit der Nichte der Schlossherrin, der gleichaltrigen Gräfin Elisabeth, besuchte ich die nahe gelegene Schule in Bischleben.

Unser Lehrer hatte einen stechenden Blick und trug auf dem Revers das Parteiabzeichen. »Ihr könnt mir nichts verheimlichen«, sagte er oft, »ich entdecke alles!« Das machte mir große Angst. Denn welche Macht die NSDAP hatte und wie sie mit ihren Gegnern umging, hatte unsere Familie bereits einige Jahre zuvor erleben müssen: 1932 hatte der Berliner Pfarrer Joachim Hossenfelder die von der NS-Ideologie geprägte Kirchenbewegung »Deutsche Christen« gegründet, und 1934 entstand als Gegenströmung dazu die »Bekennende Kirche«, der sich mein Vater sogleich anschloss. Da in der Thüringer Kirchenleitung die »Deutschen Christen« dominierten, bekamen mein Vater und einige seiner Amtsbrüder große Schwierigkeiten, junge Theologen, die keine »Deutschen Christen« waren oder werden wollten, als Vikare auszubilden. Helmut Gollwitzer, der etwa der gleiche Jahrgang wie mein Vater war, lehnte es ab, von den »Deutschen Christen« als Pfarrer ordiniert zu werden. So stellte mein Vater für Gollwitzers Ordination seine Dorfkirche zur Verfügung. Darüber war die Kirchenleitung so empört, dass sie unverzüglich die Gehaltszahlungen an unseren Vater stoppte.

Ich beruhigte mich aber, zumal ich schon lange nichts mehr aufgeschrieben hatte, nachdem ich aus einem Gespräch meiner Eltern mitbekommen hatte, dass man nichts mehr notieren und öffentlich sagen solle, weil einem dann manches – wie bei anderen geschehen – leicht zum Verhängnis werden könne. So führte ich zu dieser Zeit kein Tagebuch mehr. Nur auf der letzten Seite eines kleinen Heftes stand: Floda Rettir, der verschlüsselte Name eines Jungen, der mir damals gut gefiel. Sein Name war Adolf Rit-

ter, ähnlich wie Adolf Hitler. Das störte mich zwar etwas, dennoch fand ich den Jungen sehr gut. Bevor ich ins Gymnasium kam, war ich drei bis vier Wochen in Friedrichroda bei Fräulein Fischer, einer sehr netten und fürsorglichen Frau, die viele Bücher besaß und auf deren Balkon herrliche Topfblumen blühten. Eines Tages sah ich auf dem Heimweg von der Schule in einer ausgehängten Zeitung in großen Lettern die Überschrift: »Des großen Feldherrn letzter Gang«. Ich war ganz erschrocken über die Fotos des Staatsbegräbnisses in Ulm. War unser »geliebter Wüstenfuchs« Erwin Rommel so plötzlich gestorben? Fräulein Fischer sagte dazu, das sei wohl alles nicht mit rechten Dingen zugegangen. Mit erhobenem Zeigefinger und strengem Unterton wies sie mich an: »Sprich mit niemandem darüber, sonst bringen die uns auch noch um!«

Das erschreckte mich sehr. Glaubte oder wusste sie vielleicht durch ausländische Sender, die man bei Androhung von Strafe nicht hören durfte, dass Rommel umgebracht wurde? Mir war bekannt, dass Rommel einen Sohn hatte, der damals noch jung war. Eines Tages, das hatte ich mir fest vorgenommen, würde ich den Sohn Manfred danach fragen. Er würde mir bestimmt die Wahrheit sagen. Tatsächlich traf ich Manfred Rommel nach dem Hamburger IPA-Kongress 1985 zusammen mit dem Psychoanalytiker Otto Kernberg auf einer Einladung im Gästehaus des Hamburger Senats.

Dass Fragen damals anscheinend recht gefährlich war, erlebte ich auch bei der Mutter meines Vaters in Göttingen. Da gab es einen Tag, an dem der Großvater, der bei der Zeitung arbeitete, für mich unerwartet zu Hause blieb und nicht mehr zur Arbeit ging. Und das war in den nächsten Tagen so, obwohl er nicht krank war. Das fand ich beunruhigend. Als ich fragte, was eigentlich passiert sei, wurde meine Großmutter ganz aufgeregt, und als ich wissen wollte, warum das nette Mädchen von der Wohnung unten nicht mehr da sei, wurde die Oma regelrecht böse und verbot mir strikt weiterzufragen. »Hör auf, das ist alles viel zu gefährlich, sonst bringen sie deinen Vater auch noch um.« Da dachte ich: »Die Erwachsenen in der Stadt sind ja noch verrückter als die bei uns im Dorf.« Als der Krieg vorbei war, berichtete die Großmutter, dass das Mädchen zusammen mit seinen Eltern abgeholt wurde, ins KZ kam und dort umgebracht wurde – nur weil sie Juden waren.

1943 – Internatszeit Neudietendorf

1943 begann meine einjährige Internatszeit in Neudietendorf, einem nahe Erfurt gelegenen thüringischen Städtchen. Es schien, als wolle es einfach nicht harmonieren und passen zwischen den Wupsen – so nannten wir die

Lehrerinnen – und mir. Als ich später eine Beurteilung fand, hieß es dort: »Barbara war nie richtig bereit, sich ganz den Lehrerinnen unterzuordnen. Das gestaltete den Umgang mit ihr oft mühsam. Mit den Gleichaltrigen jedoch gab es keine Schwierigkeiten, sie war immer hilfsbereit, neigte zu Kompromissen und kameradschaftlichem Einvernehmen.« Als ich jetzt nach Hause fuhr, war ich froh, das Internat hinter mir zu haben. Das einzig Positive war die angenehme Aufnahmeprüfung gewesen, in der jeder eine kleine Geschichte aus seinem Leben erzählen sollte. Ich hatte damals geschildert, wie ein weißer Hase plötzlich aus dem Stall in unserem Garten verschwand. Darüber war eine gute Diskussion mit den Prüfern entstanden. Hier konnte ich meine Erinnerungen und meine Fantasie einbringen. Fantasie und eigene Ideen spielten jedoch später im Unterricht an dieser Schule für mein Gefühl keine wichtige Rolle. Alles war festgelegt und lief nach strengen Regeln ab.

1944/45: Auf den Bahnhöfen gab es viele Flüchtlinge, Kinder mit Bündeln und Koffern, die Züge waren überfüllt, manche saßen draußen auf den Trittbrettern, junge und alte Menschen. Ich hatte einen warmen Mantel und, Gott sei Dank, eine gute Mütze. Wir fuhren von Neudietendorf Richtung Saalfeld bis nach Rottenbach, wo wir ausstiegen, da Milbitz keinen eigenen Bahnhof besaß. In Rottenbach angekommen (wo auch die Baracke unserer Zwangsarbeiter war), gingen wir zu unserer netten Schneiderin, sie wohnte ganz nah am Bahnhof. Wir kamen unangemeldet, da sie kein Telefon hatte (was man sich heute nicht mehr vorstellen kann), und ihr ältester Sohn Christoph brachte uns dann mit dem Fahrrad nach Milbitz. Die beiden schweren Koffer hatten wir im Bahnhof in die Aufbewahrung gegeben. Dort trafen wir den Bahnhofsvorsteher, der gelegentlich – im Notfall – den Zug fünf Minuten länger halten ließ, wenn mein Vater, durch die viele Arbeit in seinen drei Dorfgemeinden stark in Anspruch genommen, wieder mal in letzter Minute mit dem Fahrrad angebraust kam. Da auch der Pfarrer der Nachbargemeinde ausgefallen war, musste er ein enormes Arbeitspensum bewältigen.

Zusammen mit Christoph, dessen Vater im Vorjahr im Krieg gefallen war, kamen wir dann in der Abenddämmerung nach Hause. Zu dieser Zeit dachte ich immer noch an den im Erfurter Bahnhof ausgehängten Zeitungsartikel mit der riesigen Überschrift: »Der Führer ein wahres Gottesgeschenk unserer Zeit«. Mein Vater hätte über diesen Satz sicherlich den Kopf geschüttelt. Aber Kritik darüber durfte nicht laut geäußert werden, und so hatte ich es auch nicht gewagt, während der Zugfahrt mit meiner Schwester darüber zu sprechen, hatte ich doch in der Nähe des Erfurter Bahnhofs an einer Wand die Warnung gelesen: »Vorsicht bei Gesprächen!

Feind hört mit!« Auch nach dem Dritten Reich konnte man solche Hinweise noch an Häuserwänden lesen, zum Beispiel in Arnstadt.

Nachdem ganz Deutschland und halb Europa in Trümmern lagen und Millionen Menschen im Krieg und in KZs umgekommen waren, wirkte der Ausspruch »Der Führer ein wahres Gottesgeschenk unserer Zeit« auf mich wie ein Hohn. Selbst mit Gleichaltrigen konnte man nicht darüber sprechen. Ich erinnere mich an einen Hitlerjungen, der öfter mit uns im Zug von Rottenbach nach Königsee in die Schule fuhr und der wiederholt fragte: »Hand aufs Herz, glaubst du an den Endsieg?« Meine große Schwester hatte mich gewarnt: »Wenn du dich dazu kritisch äußerst, kannst du das mit dem Leben bezahlen. Also halt den Mund, sonst gilt das als Wehrzersetzung. Du musst dir endlich angewöhnen, über wichtige Dinge den Mund zu halten.«

Zwangsarbeiterin Tamara

Eines Abends klingelte es an der Haustür. Es war draußen schon dunkel, und eine Frau mittleren Alters sagte, sie komme von der Frauenschaft, also einer Einrichtung der Nazis, dachte ich. Sie schob ein junges Mädchen, bekleidet mit Steppjacke und Holzpantinen, in die geöffnete Tür: »Das ist eine Zwangsarbeiterin aus der Baracke in Rottenbach, die kann euch helfen, denn eure Mutter liegt ja im Krankenhaus.« Ich hatte den Eindruck, Tamara könnte vielleicht drei Jahre älter sein als ich und von den Ukrainern in Rottenbach, die in der deutschen Industrie arbeiteten, hatte ich schon gehört.

Ich sah ihr in die Augen, sie gefiel mir. Ich nahm sie mit nach oben in das Haus und suchte Kleidungsstücke für sie heraus: schöne Handschuhe, eine gefällige Mütze und ein Paar warme Hausschuhe. Gegen Morgen hörte ich aus dem Nebenzimmer, in dem Tamara schlief, heftiges Schluchzen. Sie hatte bestimmt die ganze Nacht geweint, und ich machte mir Sorgen, auch Vorwürfe. In ihrem Zimmer hing ein Bild an der Wand mit einem lustigen Zug, der durch die Gegend vorbei an Häusern und Bäumen fuhr. Wir Kinder, die wir so gerne mit unseren Eltern verreisten, liebten dieses Bild, doch bei Tamara weckte es, wie ich später verstand, schreckliche Erinnerungen. Sie war von den Deutschen in ihrer kleinen Heimatstadt verhaftet worden, nichts ahnend mit anderen jungen Ukrainern auf einen Lastwagen geladen und auf dem Bahnhof mit Gewalt in einen Güterzug verfrachtet worden – ohne ihre Eltern und Angehörigen noch einmal zu sehen. In einer mehrtägigen Fahrt wurden sie nach Deutschland transportiert. Die Deutschen waren auf die Zwangsarbeiter aus dem Osten angewiesen und hofften, mit Hilfe der ausländischen Arbeiter den Krieg doch noch zu gewinnen.

Tamara blieb bei uns bis zum Kriegsende, also fast ein halbes Jahr. Wir verstanden uns gut mit ihr. Oft haben wir zusammen in dem schönen Garten gearbeitet und Pflanzen und Blumen vom alten Winterlaub befreit. Wenn dann die schönen Blüten ans Tageslicht kamen, waren wir glücklich. Auch Strümpfe haben wir gestopft, und es gefiel ihr, wie die Löcher verschwanden. Tamara hatte eine wunderbare Stimme und konnte sehr gut singen. Von ihr habe ich die ersten russischen Lieder gelernt, und sie hat mich in die russische Sprache eingeführt. Während meiner Schulzeit in der DDR habe ich zusammen mit meiner Russischlehrerin russische Gedichte übersetzt, die wir dann gemeinsam vortrugen.

Ich habe immer wieder versucht, mir das Leben in Russland vorzustellen. Manchmal haben wir beide auch geweint. Über alldem hatte ich den Unterricht fast vergessen, aber mit elf Jahren musste ich natürlich noch in die Schule gehen, schließlich bestand Schulpflicht. In das Internat nach Neudietendorf brauchte ich Gott sei Dank nicht mehr gehen. Mit meiner Schwester Maria, die zwei Jahre älter war, fuhr ich mit dem Zug in die Schule nach Königsee. Um zum Bahnhof zu gelangen, mussten wir mit dem Fahrrad etwa zweieinhalb Kilometer zurücklegen, und da wir nur eins hatten, konnten wir es nur streckenweise benutzen. Es wurde an einen Baum gestellt, bis die andere herangekommen war und sich darauf schwang.

Waren wir in Rottenbach in den kleinen Vorortzug eingestiegen, gab es oft schon Voralarm und bei der Ankunft in Königsee Vollalarm. Gott sei Dank ist es uns damals gelungen, die Luftschutzkeller in Königsee zu meiden, und da wir unser Fahrrad dabei hatten, konnten wir über die Landstraße zurück nach Milbitz fahren. Auf diese Weise waren wir am Tag insgesamt sieben bis acht Stunden unterwegs. Vor gelegentlichen Tiefffliegern suchten wir Zuflucht in Straßengraben oder hinter Hecken. Es war aufregend. Wenn wir am späteren Nachmittag nach Hause kamen, waren wir sehr gut aufgelegt – wie nach einem überstandenen Abenteuer.

Tamara war froh, mich lebendig wiederzusehen. Leider hat uns unsere Mutter später diese Schul- und Abenteuerausflüge verboten. Eines Tages teilte uns Tamara mit, dass die Zwangsarbeiter in Rottenbach sehr wenig zu essen bekämen und hungern müssten. Da entschied meine Mutter, dass zwei bis drei von ihnen am verlängerten Wochenende zu uns kommen könnten, um sich mal ordentlich satt zu essen. Das fand ich eine gute Idee und hoffte, dass mein Vater im Krieg – erst in Litauen in einem Strafbataillon und dann in Deutschland – auch solche Möglichkeiten für sich finden könnte.

Ich kannte die Bauern – und deren Speisekammern – im Dorf sehr gut, da mich meine Mutter regelmäßig mit Blumen zu Besuch schickte, wenn jemand krank war und sie selbst keine Zeit hatte. In Absprache mit ihr ging ich zu den Bauersfrauen und dem Bäcker und bat sie um eine Spende. Sie packten mir in dieser entbehrungsreichen Zeit kurz vor Kriegsende nahrhafte Sachen in meinen kleinen Rucksack. Das hat mich riesig gefreut und den Zwangsarbeitern, die alle noch ziemlich jung waren, sehr gutgetan.

Als die Amerikaner in Mai 1945 in Thüringen einmarschierten, waren die Zwangsarbeiter sofort verschwunden, auch Tamara. Darüber war ich sehr traurig, gerne hätte ich mich von ihr verabschiedet und ihre Adresse erfahren. Geblieben ist meine Liebe zu den russischen Liedern und der Musik, auch von der Sprache bin ich nach wie vor fasziniert.

Seit den 1990er Jahren gibt es in Heidelberg einen Verein für ehemalige ukrainische Zwangsarbeiter, in dem wir mitarbeiten, regelmäßig spenden und einen lebendigen Austausch pflegen. Simferopol auf der Krim ist die Partnerstadt von Heidelberg. Dort gibt es ein Haus Heidelberg und den Freundeskreis Heidelberg–Simferopol e. V. Im Haus Heidelberg werden ehemalige Zwangsarbeiter und ihre Familien betreut, es werden Pakete geschickt und besondere Weihnachtsaktionen organisiert. Es ist eine Begegnungsstätte und ein Haus für menschlichen und kulturellen Austausch, das auch von Heidelbergern besucht wird. Ich selbst bin mit einem unserer Söhne auch schon nach Simferopol gereist.

1952 – Abitur

Im Sommer 1952 legte ich das Abitur ab. In der Schule waren auch die Delegierten des Kreisvorstandes der FDJ anwesend, die mir zum Teil schon bekannt waren, da sie mich öfter aus dem Unterricht geholt hatten, um mich eindringlich zu befragen, warum ich immer noch nicht Mitglied in der FDJ sei und nicht im Blauhemd die Schule käme. Unser Biologielehrer, ein nicht unbekannter Forscher, hatte mich dringend gebeten, entweder in die FDJ einzutreten oder seinem Unterricht fern zu bleiben, er könne es auf seine alten Tage nicht ertragen, wenn Menschen, wie damals von der Gestapo, einfach abgeführt würden. Dabei traten ihm Tränen in die Augen.

Da hatte ich das Gefühl, ich müsste mir eine Strategie überlegen. In der Parallelklasse gab es einen Jungen, der mich oft im Blauhemd begleitete, da wir zum Teil den gleichen Schulweg hatten. Er war sehr unterhaltsam und konnte viele Gedichte auswendig. Mit ihm vereinbarte ich, dass er mich rechtzeitig über die Agitationstermine der FDJ-Gruppe informierte.

So wusste ich meistens, an welchem Tag und zu welcher Uhrzeit die Agitatoren in der Schule auftauchten. Auch konnte ich jetzt meine Fehlstunden im Unterricht einplanen und mich zum Beispiel wegen »starker neuralgischer Schmerzen in der rechten Kopfhälfte« vorzeitig aus dem Unterricht zurückziehen. So hatten die Lehrer und vor allem ich selbst weniger Stress. Die bewusste »Flucht in die Krankheit« hat mich damals vor Manchem bewahrt, auch vor der Teilnahme an den Weltfestspielen der Schüler und Studenten 1951 in Berlin, wofür ich ein ärztliches Attest vorlegen musste.

Im mündlichen Abitur, bei dem der Rektor einer auswärtigen Schule den Beisitz hatte, kam, was kommen musste. Das mir gestellte Thema lautete: »Meine persönlichen Eindrücke von den Weltfestspielen 1951 in Berlin«. Da ich damit gerechnet hatte, war ich sehr gut vorbereitet. Ich referierte zunächst die Geschichte der Weltfestspiele und ganz zum Schluss meine Aktivitäten: Gedichtübersetzungen Russisch–Deutsch für Veranstaltungen im Rahmen der der Deutsch-Sowjetischen Freundschaft an der Schule und in der Stadt und erwähnte eine junge russische Lehrerin, mit der ich gelegentlich korrespondierte.

Flucht nach dem Westen

Wie ich später von meinem damaligen Deutschlehrer erfuhr, war der auswärtige Prüfer sehr angetan, während der Gegenwartskundelehrer und der Direktor ihrer Empörung Luft machten. Sie wollten mir noch, wie sie drohten, einen »Denkzettel« verpassen. In wenigen Tagen war der Entschluss gefasst, über West-Berlin in die BRD zu fliehen. Ich packte einen kleinen Beutel, das nicht besonders gute Abiturzeugnis mit der großen Überschrift »Nichtmitglied der FDJ« war schon in einem Wäschepaket an die Großeltern in Göttingen unterwegs. Beim Lösen der Fahrkarte traf ich am Schalter, oh Schreck, den Gegenwartskundelehrer. Er fragte mich: »Na, schon einen Platz an der Uni zum Medizinstudium?« Ich: »Noch nicht, aber man soll ja die Hoffnung nicht aufgeben.« Ihm war klar, dass ich als Nichtmitglied der FDJ keinen Studienplatz bekommen würde. »Wohin soll denn die Reise jetzt gehen?«, fragte er weiter. Kurz entschlossen sagte ich: »Nach Wittenberg«, und dachte: Das liegt immerhin auf dem Weg nach Berlin, wo ich dann die Anschlusskarte zum Flug Berlin – Hamburg lösen konnte.

In Hamburg angekommen, schrieb ich noch vom Flugplatz aus einen Brief an meine Eltern: »Bin jetzt doch in den Westen geflogen. Will auf jeden Fall Medizin studieren.« Wenige Tage später kamen der Direktor und der Gegenwartskundelehrer zu uns nach Hause. Mein Vater zeigte ihnen den Brief mit der Mitteilung: »Doch Medizinstudium.« Da sagten die beiden Herren: »Das hätte sie auch bei uns haben können.«

Anfang der 1950er Jahre – »Geschwister-Scholl-Haus« an der Universität Mainz

Ich war ohne Geld und mit ungültigem Abitur in den Westen geflohen, also musste ich zunächst das Abitur dort nachmachen. Mit mir in einer Gruppe waren noch andere Abiturienten aus der DDR, die den westdeutschen Lehrern auf die Frage, was sie in Ostdeutschland denn im Deutschunterricht behandelt hätten, etwas über den sozialistischen Realismus erzählten. Davon verstanden die Lehrer jedoch nichts und fragten dann nach Goethe, Schiller und Wieland, worüber die DDR-Abiturienten wiederum kaum etwas zu erzählen wussten. Ich hingegen kam in dieser Prüfung ganz gut durch, hatte deswegen jedoch auch ein schlechtes Gewissen. Allerdings hatte ich mich, was meine Bildung anging, schon immer so ausgerichtet, dass ich nicht ewig in der DDR bleiben würde.

Nachdem ich die Ergänzungsprüfung zum DDR-Abitur also bestanden hatte, begann ich in Mainz mit dem Medizinstudium. Unter den Studenten gab es damals sehr viele Franzosen und Perser und auch einige ehemalige deutsche Soldaten. Ich fand ein Zimmer in einem zugigen, feuchten Gartenhaus nahe der Universität. Nach einigen Bewerbungsgesprächen blieb eine Französin übrig, mit der ich ein Doppelzimmer teilte. Sie, die offenbar im Krieg durch die Deutschen viel Schlimmes erlebt hatte, studierte Germanistik, und wir verstanden uns gut. Das neue Wohnheim, genannt »Mainzer Kolleg«, hatte sehr viele Bewohner, auch aus Übersee. Ein Clubhaus für Veranstaltungen gab es auch. Meine finanzielle Lage war allerdings so angespannt, dass ich es mir nur selten leisten konnte, in der Mensa zu essen.

Ab 1953 begann ich in der Studentenzeitung *Nobis* aktiv mitzuarbeiten. Zum 10. Jahrestag des 20. Juli im Sommer 1954 ließen ein Kollege und ich ein Flugblatt mit dem Vorschlag, eines der Häuser vom Mainzer Kolleg »Geschwister-Scholl-Haus« zu nennen, drucken. Dieses Flugblatt verteilte ich an einem Morgen in der gesamten Universität. Die Ausländer und die jüngeren Studenten fanden den Vorschlag sehr gut, während die älteren, unter denen zum Teil frühere Soldaten und vielleicht auch ehemalige SS-Mitglieder waren, wie auch die meisten Professoren und Dozenten den Vorschlag als indiskutabel zurückwiesen. Wir beiden Initiatoren wurden in den Senat zur Anhörung geladen, aber eigentlich wollte uns gar keiner anhören. Man empfand unsere Aktion als proletarische Entgleisung und lehnte den Vorschlag rundweg ab.

Daraufhin berief der AStA eine studentische Vollversammlung ein, auf der es teilweise sehr laut und chaotisch zuging. Nach heftigen kontroversen Diskussionen sprach sich bei der Abstimmung die Mehrheit der Anwesenden für ein »Geschwister-Scholl-Haus« aus, obwohl der Senat und die Professoren bis zuletzt dagegen waren. Der Name ist bis heute erhalten geblieben.

1960er Jahre – Beginn der psychoanalytischen Ausbildung und Flug nach Berlin zum Vorkolloquium der DPV

Zunächst einmal musste man als Kandidat die Zulassungsgespräche mit den Lehranalytikern führen. Da sehen sich die erfahrenen Analytiker die Kandidaten an, ob diese für die Ausbildung geeignet erscheinen. Ich dachte mir, eigentlich habe ich als Kandidatin ebenso das Recht im Rahmen dieser Gespräche zu gucken, ob diese Analytiker auch für mich geeignet sind. Das dachte ich etwa bei Horst-Eberhard Richter. Obwohl Richter auch einige kritische Bemerkungen machte, verstand ich mich mit ihm sehr gut. Anschließend hatte ich noch Gespräche mit Alexander und Margarete Mitscherlich und vermerkte positiv, dass beide auch über eine kritische Haltung verfügten. Auch Helmut Thomä lernte ich kennen, ihn empfand ich als besonders aufrichtig, wenn auch ein bisschen verquer. Er wurde dann mein Lehranalytiker, da bin ich gut aufgehoben, dachte ich.

In den 1960er Jahren bin ich gelegentlich von Frankfurt nach West-Berlin zu DPV-Veranstaltungen geflogen, so auch zu meiner Vorprüfung im Rahmen der psychoanalytischen Ausbildung. Ich erinnere mich noch genau an diesen Tag. Außer mir flog noch eine Frankfurter Kollegin mit, die in Berlin ihr Abschlusskolloquium machen wollte. Sie war etwas beunruhigt, weil sie ihre Patientin, die offiziellerweise auf der Couch lag, über zwei Wochen im Sitzen behandelt hatte, was diese nach der Beerdigung ihrer Großmutter gewünscht hatte. Ich fand das nicht so schockierend.

Etwas Angst hatte ich auch, allerdings nicht so sehr wegen der Vorprüfung. Vielmehr malte ich mir aus, wie es wäre, wenn wir in der DDR, die wir gerade überflogen, notlanden müssten. Dann könnte bei einer Ausweiskontrolle herauskommen, dass ich aus der DDR stammte und kurz nach dem Abitur »abgehauen« war. Republikflucht war ein schlimmes Vergehen, wofür auch Frauen besonders bestraft wurden: mit der Einweisung in das berüchtigte Frauengefängnis Hoheneck. Mein Gegenwartskundelehrer hatte mir noch wenige Wochen vor dem Abitur drohend gesagt, dass er als Inoffizieller Mitarbeiter sehr gute Beziehungen zu einer speziellen Behörde in Berlin habe. Wenn ich seinen Unterricht weiterhin stören würde, könne er mich jederzeit dort melden. Die Störung hatte darin bestanden, dass ich mich über sein Zitatensammelsurium beschwert hatte. Ich hatte ihn darauf hingewiesen, dass wir die Ereignisse und Konflikte der Nazi-Zeit nicht bearbeiten könnten, wenn am laufenden Band Zitate von Marx, Lenin und Stalin vorgelesen würden. Der Lehrer war empört und schob mit dem Ellenbogen den ansehnlichen Bücherstapel vom Pult, sodass all die dicken Bände zu Boden fielen. Er selbst stürzte aus der Tür und lief im Eilschritt die schöne breite Treppe unseres Gymnasiums hinunter, das jetzt Theodor-Neubauer-Schule hieß und überall – innen und außen – mit Spruchbändern zugehängt war, auf denen Parolen standen wie: »Wir lehren, lernen und kämpfen für den Frieden«. Zusammen mit dem Direktor, einem »Verdienten Lehrer des Volkes«, kam er die Treppe wieder hoch, und während der Direktor den Mitschülern sein Bedauern über diesen Vorfall zum Ausdruck brachte, blieb der Gegenwartskundelehrer mit mir vor der Tür stehen und eröffnete mir seine Möglichkeiten, die er als IM der »Berliner Behörde« hatte. Zwar wolle er nicht gleich etwas gegen mich unternehmen, es sei vorerst nur eine Warnung: »Wir Leute von der SED sind ja nicht wie die Christen: Auge um Auge, Zahn um Zahn.« Seitdem habe ich es bis zum Verlassen der DDR einige Monate später nicht mehr gewagt zu provozieren. Auch in West-Berlin, wo ich das Vorkolloquium absolvierte, war ich immer vorsichtig und habe mich zum Beispiel nicht überreden lassen, das berühmte Pergamonmuseum im Osten der Stadt zu besuchen.

1963 – von der Handchirurgie zur psychoanalytischen Ausbildung

Nach anfänglich großem Interesse an der Psychotherapie und Psychiatrie erlebte ich in den 1950er Jahren in Heidelberg bei Professor Walter Ritter von Baeyer eine Enttäuschung. Er wirkte in den Vorlesungen ängstlich, bei der Vorstellung der Patienten und ihrer Krankheitsbilder nahezu zaghaft und ein wenig verklemmt, vor allem im Patientenkontakt. Über allem lag so etwas wie eine depressiv-gehemmte Stimmung und das Gefühl von Ausweglosigkeit. Den anderen Kommilitonen ging es ähnlich, auch sie waren voller Neugier in die Vorlesungen gekommen und sahen sich jetzt enttäuscht.

Als ich dann in Hamburg mein Medizinstudium fortsetzte, war es in den Vorlesungen zur Psychosomatik ähnlich enttäuschend. Professor Jores, der Klinikchef, wirkte befangen, und es kam selten vor, dass er zu uns Studenten ins Auditorium schaute, eher schweifte sein Blick zur Seite, in Richtung der Fenster. Ich empfand das als eine Zumutung für uns erwartungsvolle Zuhörer.

Damals wusste ich nicht, dass den beiden Professoren, von Baeyer und Jores, im Dritten Reich die Venia Legendi entzogen worden war. Professor von Baeyer wurde durch Einspruch der Nazi-Dozentenschaft die Habilitation verwehrt, und auch sein Vater, ein Ordinarius der Orthopädie in München, wurde der Universität verwiesen und musste sich als Facharzt niederlassen, weil er keinen lückenlosen Ariernachweis vorlegen konnte. Bei Jores war es fast noch schlimmer. Er war ein sehr religiöser Mensch, evangelisch, und ich denke, er hat die »Deutschen Christen« intensiv erlebt, wie sie die Hakenkreuzfahne auf den Kirchen gehisst haben und selbst auf den Kruzifixen hie und da ein Hakenkreuz angebracht haben. Daraufhin konvertierte er zum Katholizismus. Außerdem wurde Jores von den Nazis wegen seines regelmäßigen Briefwechsels mit seinem jüdischen Kollegen Leopold Lichtwitz bekämpft und verbrachte wegen »Wehrzersetzung« sogar sechs Monate in Untersuchungshaft, worunter er sehr gelitten hat. Nach dem Ende der Nazi-Herrschaft wurden von Baeyer und Jores rehabilitiert. Professor von Baeyer war von 1955 bis 1972 Chef der Heidelberger Psychiatrie. Zusammen mit Heinz Häfner und Karl Peter Kisker veröffentlichte er 1964 *Die Psychiatrie der Verfolgten*. Seit Beginn der 1960er Jahre hatte er seine Tätigkeit auf die Überlebenden der Nazi-Verfolgung konzentriert, und zwar im Rahmen von psychiatrischen Gutachten und Obergutachten gegen frühere Gutachter aus den Universitätskliniken im Nachkriegsdeutschland. An der Abfassung solcher Gutachten waren auch einige Assistenten der Psychiatrischen Klinik beteiligt.

Als ich in der Klinik von Professor Bürger-Prinz in Hamburg arbeitete, revidierte sich mein Vorurteil gegen von Baeyer etwas. Bürger-Prinz hatte etwas Draufgängerisches und hatte sich als Oberarzt in Leipzig stark für die Euthanasie eingesetzt. Und von Baeyer gehörte eigentlich im weiteren Sinne zu den Verfolgten. Während meiner Medizinalassistentenzeit in der Psychiatrie arbeitete ich mit dem sehr netten griechischen Stationsarzt Stavros Mentzos zusammen, der schon die psychoanalytische Ausbildung am Hamburger Institut machte. Dem half ich bei seinen Entschädigungsgutachten, da er manches rein sprachlich nicht verstanden hatte. Bei den Gutachten wurde mir ganz anders, die fand ich verheerend. Mit Mentzos freundete ich mich dann an. Er fuhr auch zusammen mit meinem Vater zu den klassischen Stätten nach Griechenland. Nach der Erfahrung mit den Entschädigungsgutachten glaubte ich, die Psychiatrie sei nichts für mich, dann könnte ich ja nachts nicht mehr in den Schlaf kommen. Die Folge war, dass ich mich mehr und mehr von der Psychotherapie und der Psychiatrie abwandte und meine Zukunft in der Chirurgie sah. Am Ende meiner Zeit als Medizinalassistentin war ich bei einem sehr geschickten Handchirurgen tätig, einem sehr differenzierten, klugen Mann. Ich hatte ihm öfter bei Operationen assistiert, und er empfahl mir die Handchirurgie als eine gute berufliche Tätigkeit.

Nachdem mich ein alter Kommilitone, der inzwischen bei von Baeyer in Heidelberg arbeitete, auf meine alten psychiatrischen Interessen angesprochen und sein Unverständnis für meine chirurgischen Neigungen ausgedrückt hatte, stellte er den Kontakt zu Helmut Kretz in Heidelberg her. Neben Alexander Mitscherlich und seiner psychosomatischen Klinik war das Buch *Die Psychiatrie der Verfolgten* von von Baeyer, Häfner und Kisker einer der Gründe, um letztlich doch von Hamburg nach Heidelberg zurückzukehren und die Handchirurgie aufzugeben. 1963 bewarb ich mich auf eine Assistentenstelle in der Psychiatrischen Klinik in Heidelberg. Beim Vorstellungsgespräch betrachtete mich von Baeyer von oben bis unten. Herr Kretz und ein anderer Kollege hatten mich als tüchtige Person empfohlen. Von Baeyer fragte mich dann: »Wenn ich Sie so ansehe, sagen Sie mal ganz ehrlich: Interessieren Sie sich wirklich für schwer gestörte Patienten? So wie Sie hier auftreten und die ganze Kleidung, das kann ich mir nicht vorstellen!« Ich war braungebrannt und damals sehr schlank in hochhackigen Schuhen, da war der ganz entsetzt. Da ich unbedingt an diese Klinik wollte, musste ich einen ganzen Nachmittag beim Oberarzt Professor Tellenbach verbringen, der mich nach meinem Verständnis von Kunst und Literatur und nach meiner Jugend fragte. Schließlich wurde ich doch eingestellt. Bei dem Gespräch machte mich Professor von Baeyer mit Nachdruck darauf aufmerksam, dass er eine psychoanalytische Ausbildung nicht für notwendig halte. Ich sagte dazu nichts, war aber damals schon fest entschlossen, die Ausbildung zu machen, zumal ich durch meinen früheren Hamburger Stationsarzt Stavros Mentzos aufschlussreiche Einblicke in die auf der Grundlage psychoanalytischen Verstehens geführten Patientengespräche gewonnen hatte.

In der Klinik gab es um Professor Tellenbach eine Gruppe von Kollegen, die sich für etwas Besseres hielten und sich mit Philosophie und Literatur beschäftigten. In der Konferenz saß Tellenbach links neben von Baeyer, rechts neben ihm der Oberarzt Professor Rauch. Mit Rauch, der als Überbleibsel aus der Nazi-Zeit betrachtet wurde, hatte ich natürlich ziemliche Auseinandersetzungen. Er behandelte mich unglaublich autoritär und versuchte mir klarzumachen, dass Neurosen keine Erkrankungen im psychiatrischen Sinne seien. Ich hatte einen auffälligen Jugendlichen für das Gericht zu begutachten, der noch nicht straffällig geworden war. Rauch wollte ihn unbedingt psychiatrisch unterbringen lassen, während ich ihm einen Platz in einer therapeutischen Einrichtung verschaffen wollte. Er hielt nichts von unserer analytischen Arbeit auf der Jugendlichenstation und meinte, ich hätte keine Ahnung von der Psychiatrie. Als ich ihm mein Gutachten zum Unterschreiben vorlegte, wo auch die therapeutische Einbeziehung der Familie des Jugendlichen empfohlen wurde, weigerte er sich und verlangte eine Überarbeitung und Wiedervorlage. Ich änderte nur ein bisschen an den Nebensätzen, was er empört zurückwies. Trotz kleiner zusätzlicher Veränderungen blieb ich in der Sache bei meiner Meinung und erinnerte mich daran, dass mein Vater früher immer gesagt hatte, man solle nichts unterschreiben, hinter dem man nicht stehe. Daran hielt ich mich. Am nächsten Tag war in Mannheim die Verhandlung. Ich rief den zuständigen Richter vorher an und trug ihm mein Anliegen vor: »Ich würde gerne ein Gutachten über einen Jugendlichen, der behandelt werden muss, vortragen. Ich habe ein Problem mit Professor Rauch, der das nicht unterschreiben will. Wir sollten das in der Verhandlung diskutieren.« Der Richter war von meinem Gutachten ganz angetan, und der Junge sollte in eine entsprechende therapeutische Einrichtung kommen. Als ich das Rauch erzählte, war er empört.

Einer meiner Oberärzte war Heinz Häfner, mit dem ich mich auch auseinandergesetzt habe, weil der die Jugendlichen auf die Couch gelegt hat. Da habe ich gedacht, der ist völlig verrückt, wir können doch nicht alles übernehmen, selbst wenn das aus Amerika kommt. Dann habe ich eine Arbeit geschrieben und auf dem Weltkongress für Psychotherapie vorgetragen, einen Vergleich der Ergebnisse der allgemein auf der Station betreuten Patienten mit den analytisch Behandelten. Daraufhin wurde Häfner wütend und warf mich aus seinem Zimmer. Aber wir haben das dann mit Professor von Zerssen vorgetragen und anschließend eine gemeinsame Publikation daraus gemacht. So etwas war mit Häfner möglich.

In der Zeit der Studentenbewegung bekam von Baeyer Angst vor den Studenten in der Vorlesung. Er bat mich dann, seine Vorlesung zu besuchen und mich in die erste Reihe zu setzen. Die Studenten hätten einfach kein Benehmen und würden ihn als Schreibtischtäter beschimpfen. Mich interessierte das, was die Studenten dachten. Ich erlebte dann mit, wie sie ihm vorwarfen, seine Patienten hinter Schloss und Riegel zu bringen und sie in chemische Zwangsjacken zu verpacken. Von Baeyer bekam Angst und fing an zu zittern. Ich lud die Studenten nach der Vorlesung auf meine Aufnahmestation ein, nach dem Motto: »Hören und sehen Sie selbst und bilden sich Ihr eigenes Urteil!« Zwei ganz nette Typen, ein Junge und ein Mädchen, kamen dann runter. Ich brachte sie zu einer ganz eleganten, gescheiten Frau, einer sehr enthemmten manischen Patientin. Zu dem Zeitpunkt war die Patientin noch nicht sediert. Nach einer halben Stunde kamen sie hilfesuchend aus dem Zimmer: »Mit dieser Frau können wir gar nichts machen. Die hätte uns fast tätlich angegriffen, obwohl sie so eine intelligente Frau ist. Es ist nicht auszuhalten. Haben Sie nicht mal ein paar Beruhigungstropfen?« Dann hörte das auf!

Tellenbach war später einer meiner Oberärzte. Er kam immer auf Station, setzte sich an den Schreibtisch und guckte, was da so herumlag. Ich habe ihm eines Tages einen Bierdeckel hingelegt mit der Aufschrift: »Bei Gefahr umdrehen!« Er hat ihn dann natürlich umgedreht und konnte dann lesen: »Nur bei Gefahr, du Trottel!« Er reagierte total empört: »Was haben Sie denn auf dem Schreibtisch liegen?« Da habe ich gesagt: »Das war ein Patientengeschenk!«

Zu dem hochgestochenen Kreis der Ärzte und Oberärzte um Tellenbach, Wiest und Kretz, wo über Heidegger und so weiter geredet wurde, gehörte ich nie. Ich hatte dafür keine Zeit, hatte ein kleines Kind und machte Entschädigungsgutachten. Mich interessierte, was die Psychiater, meist Analytiker, in Israel und den USA und Italien dazu geschrieben hatten. Ich wollte immer etwas dazulernen, auf Kongresse fahren und die Forscher treffen.

Das Sozialistische Patientenkollektiv Heidelberg (SPK)

Wolfgang Huber habe ich in den Konferenzen als jemanden erlebt, der zurückhaltend war, aber wenn es um Patienten ging, setzte er sich sehr für diese ein und verhielt sich nicht ungeschickt. Er war ein sehr engagierter Psychiater, das rechne ich ihm hoch an. Ich für meinen Teil habe immer gedacht, dass ich es versäumt habe, mich mehr um ihn zu kümmern, und hatte ein schlechtes Gewissen. Anfangs fand ich ihn bescheiden, angepasst und ein bisschen langweilig, ich hätte nie die Idee gehabt, ich muss mit dem Huber mal an einem Nachmittag Kaffeetrinken gehen. Als ich die Frauenaufnahme leitete, gab es in der Ambulanz von Huber viele Patientinnen, die dringend einen stationären Platz brauchten. Die Klinik hatte nicht sehr viele Betten, und für Huber war es ein Riesenproblem, dass wir ihm seine Patienten aus der Poliklinik nicht abnehmen konnten. Oft war er sehr gekränkt, wenn man keinen Platz hatte. Er sah sich dann als ausgegrenzt mit seinen psychiatrischen Patienten, die keiner haben wollte, zumal es für die nicht als attraktiv galt, in das Psychiatrische Landeskrankenhaus Wiesloch verlegt zu werden. Er hat die Patienten als zu kurz gekommen erlebt und sich mit ihnen und ihrem Unglück identifiziert und gedacht, mit meinen Patienten muss das jetzt erreicht werden, die Anerkennung im Leben, die Liebe und die Zuwendung. Von Baeyer kam einmal in der Woche in die Ambulanz und ließ sich von Huber die Patienten vorstellen. Davor bekam er zunehmend Angst und berichtete mir, dass er in der Ambulanz so schlecht behandelt würde. Als Huber dann eines Tages in der Assistentenkonferenz sagte, »wir müssen die Patienten als Waffe einsetzen«, habe ich ihm erwidert, »Sie sind wohl verrückt geworden«. Zu der Zeit war ein Amokläufer mit einem Flammenwerfer in eine Schule in Nordrhein-Westfalen eingedrungen, wobei die Lehrerin und einige Kinder umgekommen waren. Dann sagte ich zu Huber: »Ich habe Ihr Riesenengagement immer sehr geschätzt, aber wenn Sie so etwas sagen, muss ich Sie jetzt mal fragen, wollen Sie demnächst mit einem Flammenwerfer zu uns kommen? Da muss ich sagen, das ist rohe Gewalt und das ist Zerstörung. Das lehne ich total ab.« »Ja, Frau Vogt, Sie können so daherreden, Ihnen geht es ja auch viel besser als mir.« Er fühlte sich da als das Schlusslicht unter den Assistenten der Klinik. Es gab bei ihm eine große Enttäuschung, dass das nicht eingetreten war, worum er sich jahrelang bemüht hatte: dass die Patienten besser anerkannt wurden und er mit ihnen als ihr Retter. Huber war eine zeitlang zum Assistentensprecher gewählt worden, weil er so engagiert war und sich einsetzte. Später hatte er den Eindruck, wir seien ihm in den Rücken gefallen. Er wurde dann in seiner Funktion abgewählt.

Als ich bereits bei Professor Bräutigam in der Psychosomatischen Klinik arbeitete, lag im Stockwerk unter uns die Klinikverwaltung mit dem Verwaltungsdirektor Ernst. Eines Tages kam ich in die Klinik, da hing bei dem Ernst eine rote Fahne aus dem Fenster. Sofort dachte ich, um Gottes Willen, das kann doch nur der Huber mit dem Patientenkollektiv sein. Später rief mich der Jurist Pfaff, der Herausgeber der linken Juristenzeitschrift *Rote Robe*, im Auftrag des Rektors Rendtorff an, als dessen Rektorat vom SPK besetzt war. Ich würde den Huber doch kennen und möge doch kommen und mit ihm Kontakt aufnehmen. Nach einigem Zögern habe ich mich überreden lassen. Ich wurde dann hineingeschleust. Nachdem auch Rendtorff noch angerufen hatte, er könne sein Rektorat nicht mehr benutzen, die Sekretariate seien geschlossen, die Toiletten seien nicht mehr benutzbar, es sei das totale Chaos, bin ich hin. Ich habe dann mit den Patienten dort gesprochen, die zum Teil ihre Kinder dabei hatten, die ihre Nachttöpfchen mitgebracht hatten. Einige Patienten saßen auf dem Schreibtisch von Rendtorff und telefonierten mit dem linken Psychologie-Professor Peter Brückner – in Hannover. Dann habe ich das Gespräch mit den Patienten gesucht, von denen ich einige von der Station kannte. Als Herr Huber in den Raum kam, fragte er: »Was machen Sie denn hier, Frau Vogt? Sie fallen mir ja total in den Rücken. Das hätte ich ja nicht von Ihnen gedacht.« Er brachte das in einem aggressiven, drohenden Ton vor. Als später aus Karlsruhe Anrufe kamen, »wir können Ihnen auch eine Hundertschaft schicken und die Universität räumen«, dachte ich, »das ist einer Universität nicht würdig«. Dann fiel mir Horst-Eberhard Richter ein, den ich aus meinem Zulassungsinterview und aus Supervisionen kannte. Auch hatte ich mich bei ihm über die Familien der Anorexie-Patienten habilitieren wollen. Aber dann hätte ich nach Gießen umziehen müssen, weshalb ich davon wieder abgekommen war. Wir hatten uns oft über die Studentenunruhen unterhalten und das Autoritäre in den Universitäten. Dann habe ich bei ihm zu Hause angerufen und seiner Frau gesagt: »Das ist hier eine ganz schwierige Situation, wir brauchen hier einen Analytiker, der mit jugendlichen Gruppen umgehen kann, ob ich Ihren Mann sprechen könnte.« Dann habe ich mit Richter gesprochen und gesagt, dass ich in Gefahr sei, vielleicht auch in Lebensgefahr, und überfordert sei. »Ich habe mich an unsere guten Gespräche erinnert und mir ein Herz gefasst. Wir sind hier am Ende.« Herr Richter hatte am Nachmittag Zeit, und zwei Stunden später war er da, und das war wirklich ein Glück. Der war unkompliziert und setzte sich mit seinem Manchester-Anzug auf den völlig verpissten Teppich und fragte: »Leute, was ist hier eigentlich los?« Der kriegte einen ganz guten Kontakt zu den Leuten. Dann habe ich den Pfaff wieder angerufen, damit der Verwaltungsrat einberufen würde, um Verhandlungen mit den Besetzern aufzunehmen. Die Patienten wollten einen Raum haben, weil sie nicht mehr in die Poliklinik durften. Wir haben das dann gemeinsam erreicht, dass die Patienten in der Rohrbacherstraße einen Raum bekamen. Ich habe natürlich nicht geahnt, dass sie dann eines Tages Bomben basteln würden. Ich bekam übrigens einen Einschreibebrief von der Medizinischen Fakultät, dass das kein Dauerauftrag sei, dass ich das SPK im Rektorat betreue, das sollte höchstens eine Woche dauern. Ich ging jedenfalls immer wieder hin, um sie zur Räumung des Rektorats zu bewegen.

Ulrike Meinhof

Eines Tages fragte mich Victor Pfaff, der Ulrike Meinhof zusammen mit Hans Heinz Heldmann in Stammheim anwaltlich betreute, ob ich mit ihm zu ihr führe, die unbedingt mit mir sprechen wollte. Er hatte ihr von mir und dem SPK erzählt und meinte, ich könne ihr helfen. Dann kam mein Mann herein, und ich erzählte ihm, dass Herr Pfaff wollte, dass ich am nächsten Tag zu Frau Meinhof fahre, ich sei aber gesundheitlich angeschlagen. Ich wollte das nicht, weil ich das gefährlich fand. So nett der Pfaff auch war, ich will ihm nichts Böses nachsagen; die RAF-Leute haben ihre Rechtsanwälte ganz erheblich unter Druck gesetzt. Die Rechtsanwälte hatten ja auch für die Hafterleichterungen demonstriert. Da er wusste, dass ich so gerne Kaffee trinke, sagte er, »da können Sie sich auch einen Kaffee machen, die haben gar nicht so schlechte Bedingungen«. Er hätte es Ulrike Meinhof doch fast versprochen, dass ich mal mitkäme. Aber ich war sehr misstrauisch und dachte, die wollen sicher, dass ich ihr so einen Minirevolver mitbringe, damit sie sich, wenn es nicht mehr erträglich ist, umbringen kann. Das wollte ich nicht. Außerdem wurden unsere Kinder auf dem Schulweg auf der Brücke bedroht von komischen Typen, die bei uns auch anriefen und Briefe schickten. Darin forderten sie Geld, weil sie Kinder aus angesehenen Heidelberger Familien im Keller versteckt hätten, die sie ernähren müssten. Lauter verrücktes Zeug im Stil des SPK. Dann sagte ich meinen Besuch ab, und drei Tage später erhängte sich die Meinhof. Das fand ich natürlich furchtbar. Ich hatte mich mit der Meinhof vorher schon sehr befasst, wie man sich als Mutter von zwei Kindern plötzlich mit dem Baader zusammentun kann, um brandmarkend durch die Republik zu ziehen. Ich war interessiert daran, was für ein Mensch die eigentlich war. Sie war eine sehr differenzierte Frau, die mit ihrem Mann eine Riesenenttäuschung hatte und dann in die RAF abgedriftet ist.

Im Vorfeld des Hamburger IPA-Kongresses 1985

Auf dem Herbstkongress der DPV 1977 in Wiesbaden sprachen einige deutsche Analytiker davon, dass sie der IPA den Vorschlag gemacht hätten, den nächsten Kongress in Berlin abzuhalten. Vor allem die jüdischen Kollegen lehnten diesen Tagungsort kategorisch ab, und auch ich gab zu bedenken, dass dieser Vorschlag als Zumutung erlebt werden könnte, sei doch in Berlin im Rahmen der Wannsee-Konferenz die Auslöschung der europäischen Juden beschlossen worden. Ernst von Weizsäcker, der Vater des späteren Bundespräsidenten, setzte als Staatssekretär seine Paraphe unter die diesbezügliche Vortragsnotiz. Berlin war zudem die Zentrale der Gestapo zur Verfolgung von Juden und Nazi-Gegnern, die im Schnellverfahren abgeurteilt und ermordet wurden.

Im Programmkomitee zur Vorbereitung des Herbstkongress in Wiesbaden unterbreitete ich den Vorschlag, diesmal keine psychosomatischen Themen vorzustellen, sondern einen Schwerpunkt zum Thema »Die unbewussten Schuldgefühle in der deutschen Nachkriegsanalyse« anzubieten, was bei den Mitgliedern des Programmkomitees eine gewisse Verwunderung auslöste. Sie fragten sich und mich, ob so etwas sinnvoll und praktikabel sei. Nachdrücklich betonte ich die Notwendigkeit im Hinblick auf den IPA-Kongress, auf dem es sicher auch um Identifikationen gehen sollte. Dabei dachte ich an die Identifikationen bei uns in Deutschland mit der Nazi-Zeit.

Trotz ihres Zögerns einigte sich das Programmkomitee auf die von mir vorgeschlagene Arbeitsgruppe. Während des geselligen Abends auf dem Wiesbadener Kongress hörte ich, dass maßgebliche Kollegen der DPV die Befürchtung äußerten, »die Vogt wolle die DPV politisieren«. Ich fand das einigermaßen aufschlussreich und musste ein wenig lächeln. Ich beschloss, an zwei Mitglieder der IPA, Kurt Eissler und William G. Niederland, beide in New York ansässig und mir persönlich bekannt, das Protokoll dieser Arbeitsgruppe zu schicken. Wenige Tage später rief Niederland bei uns in Heidelberg an, ob eine solche Gruppe über die unbewussten Schuldgefühle der Deutschen auch auf dem IPA-Kongress in Hamburg angeboten werde. Wenn ja, wolle er sich bereits heute dafür anmelden, weil er dieses Thema für sehr wichtig und immer noch aktuell halte. Er berichtete dann, dass Kurt Eissler nicht nach Hamburg kommen werde, da sich seine Frau, eine Jüdin aus Hamburg, aus Altersgründen eine solche Reise nicht mehr zumuten könne. Wir einigten uns in dem Telefongespräch darauf, dass wir zu dem Thema gemeinsam eine Arbeitsgruppe ins Leben rufen wollten. Professor Niederland nahm Kontakt zu Frau Professor Janine Chasseguet-Smirgel in Paris auf, die das Programmkomitee des IPA-Kongresses leitete.

1985 – IPA-Kongress Hamburg

»Und niemand hört ihnen zu, wenn die Deutschen über Psychoanalyse sprechen.« Diese unüberhörbare Diskussionsbemerkung des Londoner Psychoanalytikers Herbert Rosenfeld auf der Herbsttagung der DPV 1984, die von uns allen widerspruchslos hingenommen wurde, ging mir durch den Kopf, als ich an jenem Julisonntag 1985 zum 34. IPA-Kongress nach Hamburg fuhr. Niemand hört ihnen zu ... Es beschlichen mich leise Zweifel, und ich wurde plötzlich etwas unsicher, als ich an die von William G. Niederland und mir angekündigte Gruppe über psychische Schäden und Spätschäden bei Opfern und Tätern der NS-Zeit und deren Nachkommen dachte. Ich fragte mich, ob ich mir damit zu viel vorgenommen, zu viel zugetraut, vielleicht auch zu viel angemaßt hatte. Konnte ich mich als deutsche Nachkriegsanalytikerin tatsächlich mit diesen belastenden, von Schrecken und Grauen belasteten Erlebnissen und Phantasien beschäftigen? Stand es mir zu, über die daraus entstandenen und nicht wieder gutzumachenden Folgen zu sprechen? Wäre es vielleicht nicht doch besser gewesen, darüber (weiter) zu schweigen?

Dann erinnerte ich mich, wie ich 20 Jahre zuvor – damals noch Ausbildungskandidatin und mit der Abfassung von sogenannten Entschädigungsgutachten befasst – oft entsetzt die Argumentationen und Beurteilungen deutscher Behörden in den gutachterlichen Stellungnahmen las. Denn nur wenige der deutschen Gutachter hatten die Situation der von ihnen zu Untersuchenden und zu Beurteilenden wirklich begriffen. Sehr viele begegneten den Überlebenden, die zu Bittstellern und Simulanten gemacht wurden, mit einer ausgeprägten Einfühlungsverweigerung, was in den abschließenden Beurteilungen zum Ausdruck kam.

So sah sich Kurt Eissler 1963 veranlasst, in einem *Psyche*-Artikel die makabre Frage zu stellen: »Die Ermordung von wie vielen seiner Kinder muss ein Mensch symptomfrei ertragen können, um eine normale Konstitution zu haben?«[1]

Damals und auch später noch konnte ich mir nicht vorstellen, dass eines Tages tatsächlich wieder ein internationaler psychoanalytischer Kongress bei uns stattfinden könnte. Aber nun war trotz allem der IPA-Kongress in Deutschland möglich geworden. Und als ich die Begrüßungsrede von Hamburgs Erstem Bürgermeister Klaus von Dohnanyi hörte, war ich froh, dass ich nach Hamburg gekommen war. Diese Rede erlebte ich als offen, klar, frei von jedem falschen Pathos, zu Herzen gehend, und ähnlich ging es vielen ausländischen Gästen, wie ich in den folgenden Tagen immer wieder hörte. Erleichtert, ja befreit fühlte ich mich, dass von Dohnanyi

---

[1] Trotz allem und trotz Niederlands Buch über das Survivor-Syndrom und *Die Psychiatrie der Verfolgten* aus der Heidelberger Psychiatrischen Universitätsklinik (1964) wurden in Deutschland weiterhin Gutachten angefertigt, die als uneinsichtig und uneinfühlsam bezeichnet werden müssen und Schwarz auf Weiß ein Stück deutscher Nachkriegsschuld darstellen.

weder auf Goethe, Schiller und Beethoven noch auf einen anderen großen Deutschen als Alibi zurückgreifen musste, was mir bei anderen deutschen Rednern – und auch bei sehr bemühten Psychoanalytikern – oft wie eine krampfhafte, höchst peinliche Ehrenrettung, ja am Ende wie ein Hohn für uns Deutsche erschien.[2]

Als im weiteren Verlauf des ersten Abends Janine Chasseguet-Smirgel ihre gewinnende Begrüßungsansprache auf Deutsch hielt, übertraf das alle meine Erwartungen. Ich war überrascht und zutiefst gerührt von dieser uns allen geltenden Geste, zumal sie selbst kein Deutsch sprach.

Dann fielen mir Alexander und Margarete Mitscherlich ein, denen es dank ihrer persönlichen Bemühungen und Fähigkeiten gelungen war, nach dem Kriege viele der noch Deutsch sprechenden jüdischen Psychoanalytiker zu Vorträgen und Fallseminaren zu uns nach Heidelberg (ich war damals noch Ausbildungskandidatin) und später nach Frankfurt einzuladen. Die Begegnungen mit den einst Vertriebenen waren für uns deutsche Nachkriegspsychoanalytiker von allergrößter Bedeutung. Umso mehr bedauerten wir es, dass Alexander Mitscherlich den ersten IPA-Kongress auf deutschem Boden nicht mehr miterleben konnte.

Auch andere fielen mir ein, die wir in Hamburg leider nicht mehr treffen konnten, so Kurt Eissler und vor allem Hillel Klein, der mir seit vielen Jahren durch seine Gutachten vertraut war und der damals schon schwer erkrankt und nicht mehr reisefähig war. Vor einigen Jahren war er nach Deutschland gekommen, hatte in Frankfurt zusammen mit Dori Laub ein psychoanalytisches Projekt geleitet, an dem auch andere Frankfurter Kollegen mitarbeiteten. Zudem hat Hillel Klein im Rahmen seiner Vorträge und Seminare über Schuld und Verantwortung viel für uns Deutsche getan, indem er sich immer sehr offen und hilfsbereit in Gesprächen und Diskussionen zur Verfügung stellte. Andererseits hat er oft mit Nachdruck darauf hingewiesen, wie retraumatisierend bestimmte Situationen in Deutschland (und mit Deutschen) für die Überlebenden der NS-Verfolgung sein können.

In den letzten Monaten habe ich mich oft gefragt: Ist es ihm mit uns hier in Deutschland möglicherweise am Ende auch so ergangen? Und Marga-

---

[2] Der KZ-Arzt Mengele war – wie man weiß – ein recht gebildeter Mann, der früher Gedichte und kleine Theaterstücke geschrieben hatte und klassische Musik liebte. Und trotzdem hat er in Auschwitz an der Rampe und bei den Selektionen die Entscheidung über Leben und Tod sich angemaßt oder in seiner sogenannten Krankenstation unter seinen feingliedrigen Händen durch seine grausamen Experimente die Medizin zur Unmenschlichkeit verkommen lassen. »Die Gleichsetzung von Bildung und Gesittung mit mehr Menschlichkeit ist eine Lüge so wie die Duschen in Auschwitz« (Karl Fruchtmann).

ret Mahler, die ich schon vor vielen Jahren während meiner Ausbildung in Heidelberg und Frankfurt erlebt hatte, die ihre Mutter, ihre Schwester, insgesamt 25 Mitglieder ihrer Familie, durch die NS-Verfolgung verloren hatte und inzwischen schon hochbetagt war und sich nicht mehr viel zumuten konnte – auch sie konnte nicht mehr nach Hamburg kommen.

Wichtig war mir vor allem der Kongresstag, der sich mit dem »Nazi-Phänomen«, also vor allem mit unseren Konflikten und Problemen, befasste. Und jetzt beschlich mich wieder die bange Frage, ob die ausländischen Kollegen uns Deutschen wirklich zuhören konnten. Doch zunächst berichteten zwei Kollegen aus Israel über psychoanalytische Behandlungen der Nachkommen von Nazi-Opfern. Sie gingen sehr behutsam mit dem Thema um. Es erschien bemerkenswert wenig Aggressives und Vorwurfsvolles in ihrer Gegenübertragung. Das irritierte mich etwas und machte mir fast Schuldgefühle. Danach trug ein deutscher Kollege eine Behandlung vor. Am Anfang hatte ich Schwierigkeiten, annähernd gelassen zuzuhören, weil ich all die feinsinnigen Hinweise vorwiegend auf unser deutsches Kulturgut gleich zu Beginn des Fallvortrages als eher unpassend und peinlich erlebte, wie ein vorweggenommenes Gegengewicht zu dem, was sich anschließen sollte.

Der Beschreibung der Patientin – Tochter eines Täters und deutlich mit ihrem Vater identifiziert – und des Behandlungsverlaufs konnte ich emotional gut folgen. Es war mir möglich, mich in die Situation des Kollegen mit der Patientin einzufühlen, nicht zuletzt aufgrund meiner eigenen Erfahrungen in Behandlungen und Supervisionen mit Kindern von Tätern. Mir war in diesem Moment ganz vertraut, wie einem zumute ist – also auch unserem deutschen Kollegen –, wenn diese mit ihren Nazi-Vätern und Nazi-Müttern identifizierten Patienten uns neben anderen neurotischen Konflikten und Symptomen mit ihrem Mangel an Spontaneität und Lebendigkeit konfrontieren. Hinter ihren Identitätsunsicherheiten, den Kontaktstörungen in Bezug auf ihre Partner und besonders ihre Kinder, mit denen sie zeitweise gnadenlos umgehen, zeigt sich – für den Psychoanalytiker oft schwer erträglich – eine Form von versteckter Menschenverachtung und phantasierter Vernichtung.

Und so entsteht in unserem Behandlungsraum etwas von dem, wodurch Auschwitz und all die Unmenschlichkeiten tatsächlich Wirklichkeit werden konnten. Es ging mir sehr nahe, als unser deutscher Kollege davon sprach, dass er sich durch die Phantasien und Berichte seiner Patientin zeitweise innerlich wie erstarrt gefühlt habe, wie ein Stein. Als Zuhörerin erlebte ich den Vorgang noch einmal mit, und ich hörte später, dass es vielen anderen ebenso ergangen war. Aber noch warteten wir im Auditorium darauf, dass wir miterleben konnten, wie sich die Patientin – mit Hilfe und in der bergenden Nähe ihres Analytikers – von der Nazi-Identifikation mit ihrem Vater zu lösen, ja zu trennen vermochte, um sich ihrem Kind einfühlsamer zuzuwenden.[3]

Ich fand es bedauerlich, dass in der vorgetragenen Falldarstellung die Trennung von den Nazi-Identifikationen für uns Zuhörer nicht miterlebbar wurde, sodass am Ende weiterhin eine gewisse Erstarrung über uns allen lag und kein Gefühl von Befreiung die angespannte Situation auflöste. Letztlich fiel es mir schwer, noch beteiligt zuzuhören. Es war mir ein Bedürfnis, in der anschließenden Diskussion etwas Belebendes und Ergänzendes zu dem Vortrag zu sagen, doch konnte meine schriftliche Wortmeldung nicht mehr berücksichtigt werden.

Als ich am Nachmittag desselben Tages in die gemeinsame Arbeitsgruppe mit William G. Niederland über psychische Schäden und Spätschäden bei Opfern und Tätern der NS-Zeit und deren Nachkommen ging, hatte ich wieder Rosenfelds Ausspruch im Ohr – wenn auch schon etwas abgeschwächt: Wenn die Deutschen über Psychoanalyse reden, hört ihnen niemand zu.

In unserer Diskussionsgruppe gab es nur wenige Deutsche, es überwogen die Kollegen, die direkt oder indirekt durch Verfolgung, Vertreibung oder Flucht aus Deutschland betroffen waren. Vielleicht hatten sie nahe Verwandte durch die Judenvernichtung verloren oder hatten selbst in der Fremde überlebt, kamen vielleicht erstmals nach Deutschland und waren voller Erwartungen oder auch Befürchtungen. Bei solchen Phantasien war mir trotz allem Engagement für das Thema etwas beklommen zumute. Vielleicht befanden sich in unserer Gruppe auch Überlebende, die als Kinder von ihren verzweifelten und verfolgten Müttern auf der Straße vorüberhastenden Passanten an die Hand gegeben wurden, um sie so vor der Vernichtung zu bewahren?

Als ich noch solchen Gedanken nachhing, begann William G. Niederland, der selbst 1932 aus Deutschland geflohen war, über die schauerlich-

---

[3] Aus eigenen Erfahrungen mit solchen Patienten weiß ich, wie ungeheuer schwer es besonders uns deutschen Analytikern fällt, diesen Patienten zu ermöglichen, die Nazi-Identifikation mit ihren Vätern aufzugeben, die ihnen eine vordergründige momentane Sicherheit gibt. Erst wenn es den Patienten im Laufe des psychoanalytischen Prozesses gelingt, die sublimen Identifikationen mit ihrem Nazi-Vater als nicht mehr ich-synton zu erleben, werden sie es schaffen, sich von ihnen in einem oft heftigen und äußerst schwierigen Übertragungs-Gegenübertragungs-Geschehen zu trennen. Es kann von dem Patienten so erlebt werden wie der Zusammenbruch des Dritten Reiches von seinem Nazi-Vater.

grotesken Formen des NS-Terrors zu sprechen, von denen die Überlebenden schwere gesundheitliche Schäden davongetragen hatten, und über die psychischen Beeinträchtigungen, die offenen und verborgenen, die sich noch auf die nächste Generation auswirkten, sowie über die Folgen des von Niederland erstmals beschriebenen Survivor-Syndroms mit der Überlebensschuld und den anderen weitreichenden Symptomen. Anhand von erschütternden Bildern und dem Selbstbildnis eines ehemaligen Auschwitz-Häftlings berichtete Niederland, der Hunderte von Überlebenden im Rahmen der sogenannten Wiedergutmachung untersucht hatte, auf sehr engagierte Weise über die psychischen Schäden und Spätfolgen.

Niederland war in seinem Vortrag und in der Art seiner Diskussionsführung sehr lebendig. In jener Zeit gab es noch keine drahtlosen Mikrofone, was er bei seinen Ausführungen, die er im Laufen machte, aufgrund seiner Erregung zu bedenken vergaß. Aufgeregt gestikulierten die Simultandolmetscherinnen oben an den Fenstern, weil sie nichts hörten. Da blieb mir nichts anderes übrig, als mit dem Mikrofon im Eilschritt hinter Niederland herzulaufen, damit überhaupt eine Übersetzung möglich war. Jeder spürte, dass dieses Thema ihn seit Langem ungeheuer beschäftigte. In der Gruppe gab es eine rege Beteiligung und anschließend weitere Gespräche, vor allem mit jüdischen Kollegen, die zum Teil nach Südamerika ausgewandert waren. Auch Judith Kestenberg und ihr Ehemann waren unter den Diskussionsteilnehmern. Sie sprach an den Abend noch oft davon, dass die Kinder der Täter in Deutschland unter großen Schuldgefühlen litten.

Im weiteren Verlauf der Veranstaltung referierte ich eine Vignette aus der Behandlung eines Patienten, der – wie sich später herausstellte – Sohn eines Täters war. Ich versuchte anhand dieser Darstellung vor allem etwas über die Gegenübertragungsprobleme mitzuteilen, die sich aufgrund der Identifikationen des Patienten mit seinem Nazi-Vater für mich ergeben hatten. Dies war für viele Gruppenteilnehmer – wie sie mir in den folgenden Tagen immer wieder versicherten – ein wichtiges Erlebnis. Denn es war ihnen, den ehemals aus Deutschland Vertriebenen, ein Anliegen, von uns zu erfahren, wie wir hier, in dem Land, das so reich an Kultur und doch so arm an Menschlichkeit gewesen war, nun mit unserer jüngsten Vergangenheit und unseren Nazi-Identifikationen in den Analysen wie den Lehranalysen umgingen. Einige waren seit über 40 Jahren zum ersten Mal wieder hierher in ihre frühere Heimat gekommen. Und ich spürte immer wieder die unausgesprochene Frage, wie wir uns jetzt mit ihnen auf dem Hamburger Kongress fühlten und wie nahe uns ihr Schicksal, das oft verharmlosend als Emigration bezeichnet wird, wirklich ging. So kamen wir bis zum Ende des Kongresses immer wieder miteinander ins Gespräch.

Ein ganz besonderer Dank sei all denen gesagt, die sich mit hohem Einsatz um das Gelingen des IPA-Kongresses bemühten, unter vielen anderen unserem Präsidenten Dieter Ohlmeier und unserem Sekretär Albrecht Kuchenbuch. Die Hamburger Tage waren für uns Deutsche ein wichtiger Schritt auf dem Weg unserer schwierigen, mühsamen Vergangenheitsbewältigung, die noch keineswegs abgeschlossen ist.

Professor William Niederland (1904–1993)

Niederland wurde in Ostpreußen als Sohn eines Rabbiners geboren, die Schul- und Studienzeit verbrachte er in Würzburg, wo er 1929 sein Medizinstudium abschloss. 1933 erhielt er den Preis der deutschen Ärztegesellschaft, damit hatte er auch die Vorbedingungen für eine erfolgreiche Karriere in der Medizin in Deutschland geschaffen. Wegen des fortschreitenden Antisemitismus in Nazi-Deutschland emigrierte er nach Italien, wo er 1934 das medizinische Staatsexamen zum zweiten Mal ablegte. Er gründete eine Praxis in Mailand, die er 1939 wegen der Achse Berlin – Rom, die die Nazis in Europa etabliert hatten, wieder aufgeben musste. Danach war er auf einem englischen Frachter als Schiffsarzt unterwegs, bis er 1940 in den USA eintraf. Hier sah er sich gezwungen, zum dritten Mal sein Examen abzulegen, das es ihm gestattete, sich 1942 als Psychiater in New York niederzulassen.

Anschließend absolvierte er eine psychoanalytische Ausbildung und wurde Mitglied des New Yorker Psychoanalytischen Instituts, dessen Leitung er später für einige Jahre übernahm. In den frühen 1950er Jahren wurde er zum Vertrauensarzt des Deutschen Generalkonsulats ernannt. Er wurde als Gutachter mit den Anträgen und Symptomen der Überlebenden der deutschen KZs konfrontiert, die an Extremtraumatisierungen litten. Diese Spätfolgen der Überlebenden wurden anfangs von vielen Gutachtern, auch amerikanischen Psychiatern, nicht ausreichend verstanden, sodass es bei der Anerkennung der Schäden zum Teil beträchtlichen Widerstand gab. 1964 machte Niederland, als Erster auf das Überlebensschuld-Syndrom aufmerksam, das er als »Seelenmord« bezeichnete. Auch die oft quälenden Schuldgefühle der Überlebenden beschrieb er.

Er wies darauf hin, dass bei diesen Überlebenden sehr oft die Grundlagen für einen schöpferischen Neubeginn zerstört schienen bzw. tatsächlich verloren waren. Bis zu seinem Tod 1993 in seinem 88. Lebensjahr war er mit hohem Engagement für seine Patienten tätig, unter anderem als engagierter Gutachter. In den letzten beiden Jahrzehnten seines Lebens beschäftigte er sich vor allem mit den Quellen für besondere schöpferische Leistungen, so setzte er sich unter anderem auch mit dem Archäologen Heinrich Schliemann und dessen Biografie auseinander. In seinem letzten Lebensjahr erschien sein Buch *Trauma und Kreativität* mit der Aussage: »Kreativität ist die Anstrengung, dem Tod zu wehren.«

Nach dem Tod seiner geliebten Ehefrau Jackie, die ein Jahr vor ihm starb, sprach er oft davon, wie wichtig sie, die immer wieder versucht hatte, ihm seine verlorene Heimat zu ersetzen, ihm gewesen war. Am liebsten wäre es ihm gewesen, er hätte die letzten Monate seines Lebens in Deutschland verbringen können. In den Gesprächen mit ihm teilte sich das uns mit. Doch sahen wir dazu in Deutschland keine Möglichkeit, auch hätte es nach dem Tod seiner Frau zu einer erneuten Entwurzelung führen können.

So versuchten wir bis zuletzt mit Briefen und Büchern, auch mit Zeichnungen aus der Zeit seiner Kindheit, ihm etwas von seinem Heimatland Deutschland in die USA zu senden. Besonders erfreute ihn ein kleines illustriertes Liederbuch, aus dem er öfter abends im Garten die deutschen Lieder sang, wie seine Betreuerin mir am Telefon berichtete. Eines seiner liebsten Lieder war »Der Mond ist aufgegangen«. Nun ist sein Stern von dieser Welt verschwunden. Aber für manchen von uns Deutschen leuchtet er immer noch.

Meine Anliegen

Von zentraler Wichtigkeit ist für mich immer der Dialog gewesen. Nachdem ich mit einigen Psychoanalytikern, vor allem mit Horst-Eberhard Richter, gesprochen hatte, vermittelte sich mir der Eindruck, dass diese zum Teil sehr dialogfähige Leute sind. Und ich muss als Analytiker in mich hineinhorchen, wo ich einen Dialog finden kann, den ich schon immer suchte. Das war für mich sehr, sehr wichtig. Auch außerhalb der klassischen Psychoanalyse war mir der Dialog immer das Wichtigste, in der Medizin, der Jugendlichentherapie, der Familientherapie und der Paartherapie. Auch in der Psychosomatik (zum Beispiel Anorexie) geht es um den Dialog, der Patient soll ja in einen guten Dialog mit seinem Körper kommen.

Außerdem lag mir die Ausbildung stets sehr am Herzen. Ich hatte vor allem bei den älteren Lehranalytikern das Gefühl, dass diese zum Teil ziemlich verklemmt und häufig auch etwas unaufrichtig waren. Einige sprachen immer wieder von ihren »jüdischen Freunden«, als ob das ein Anhängsel sei, das jeder Mensch braucht. Diese Kollegen fühlten sich offenbar dazu verpflichtet, im Nachkriegsdeutschland aufzuzeigen, dass sie auch jüdische

Freunde haben. Später merkte ich dann, dass das häufig gar nicht stimmte. Zu diesen angeblich freundschaftlichen Beziehungen zu Juden passte auch gar nicht, wie sie sich manchmal den Juden, auch jüdischen Ausbildungskandidaten gegenüber verhalten haben, da war ich oft ziemlich empört. Ich habe mich dann oft gefragt, was an den anderen psychoanalytischen Instituten wohl noch so alles passiert sein mag. Wir wissen das gar nicht, wie sehr der Antisemitismus im Nachkriegsdeutschland dort noch gehaust hat.

Psychoanalyse sehe ich als eine Möglichkeit, sich selbst und die Welt besser zu verstehen. Auch der Dialog mit Juden und Deutschen über die NS-Vergangenheit und ihre Traumen lag mir stets am Herzen. Wichtig sind in diesem Zusammenhang auch die Entschädigungsgutachten für NS-Opfer, die zum Teil zu einer Neuauflage der Verfolgung gerieten (Kongress in Hamburg 1965).

Auch der Kontakt mit Kollegen aus der ehemaligen DDR war mir wichtig. In diesem Kontext ist der Film *Das Leben der Anderen* zu nennen, den ich 2007 auf eigene Initiative (nachdem das Programm schon geschlossen war) während des Berliner IPA-Kongresses im Kino *Arsenal* des Sony-Centers gezeigt habe.

Bibliographie

Häfner, H.; Vogt-Heyder, B.; von Zerssen, D. (1965): Erfahrungen mit Schizophrenen in einem gleitenden klinischen Behandlungs- und Nachsorgesystem. *Zeitschrift für Psychotherapie und medizinische Psychologie*, 15: 97–116.

Vogt, R.; Vogt-Heyder, B. (1979): Tiefenpsychologisch fundierte Psychotherapie. In: Hahn, P. (Hrsg.): *Die Psychologie des 20. Jahrhunderts, Bd. IX*. München: Kindler: 322–343.

Vogt-Heyder, B. (1979): Jugendlichentherapie. In: Hahn, P. (Hrsg.): *Die Psychologie des 20. Jahrhunderts, Bd. IX*. München: Kindler: 364–375.

Vogt-Heyder, B. (1983): Die magersüchtige Patientin: Teil I – Einfluß der Familie auf Körperbild und Objektbeziehungen der Symptomträgerin. *Sexualmedizin*, 12: 408–410.

Vogt-Heyder, B. (1983): Die magersüchtige Patientin: Teil II – Identitätssuche über Umwege. *Sexualmedizin*, 12: 463–466.

Vogt-Heyder, B. (1984): Die magersüchtige Patientin: Teil III – Mutter und Vater behindern die Entwicklung zu einer autonomen Sexualität. *Sexualmedizin*, 13: 17–21.

Vogt-Heyder, B. (1985): Aggressiv-narzißtische Konflikte in der deutschen Nachkriegspsychoanalyse. In: Luft, H.; Maass, G. (Hrsg.): *Narzissmus und Aggression*. Arbeitstagung der DPV in Wiesbaden vom 21.–24.November 1984. Hofheim/Wiesbaden: 183.

Vogt-Heyder, B. (1985): Uneins mit dem eigenen Körper: Familien-Matrix als bestimmender Faktor für Leibfeindlichkeit. *Sexualmedizin*, 14: 388–394.

Vogt-Heyder, B. (1986): »Und niemand hört ihnen zu, wenn die Deutschen über Psychoanalyse sprechen«. (Stimmen zum Hamburger IPA-Kongress). *Psyche – Z Psychoanal.*, 40: 890–896.

Vogt-Heyder, B. (1987): Ehe am Ende?: Partnerschaft zwischen Sicherheit und Frustration. *Sexualmedizin*, 16: 212–216.

Vogt-Heyder, B. (1987): Ist die Ehe überholt? In: Brede, K.; Fehlhaber, H.; Lohmann, H.-M.; Michaelis, D.; Zeul, M. (Hrsg.): *Befreiung zum Widerstand: Aufsätze über Feminismus, Psychoanalyse und Politik: Margarete Mitscherlich zum 70. Geburtstag*. Frankfurt a. M.: Fischer Taschenbuch: 259–268.

Vogt-Heyder, B. (1988): Methodologische Probleme und Dilemmata in der psychoanalytischen Forschung. Der Konflikt zwischen Experten heute: eine bestimmende Realität für alle Psychoanalytiker morgen? (Mit Diskussionsprotokoll der Arbeitsgruppe von B. Vogt-Heyder u. G. Fischer). In: Luft, H.; Maass, G. (Hrsg.): *Psychoanalyse des Konflikts – Konflikte der Psychoanalyse*. Arbeitstagung der DPV in Wiesbaden vom 18.–21.11.1987. Hofheim/Wiesbaden: 159–173.

Vogt-Heyder, B. (1990): Woran die Sexualität der Magersüchtigen leidet. *Sexualmedizin*, 19: 172–176.

Vogt-Heyder, B. (1990): Einige Gedanken zur deutschen Wiedergutmachung. In: Juelich, D. (Hrsg.): *Geschichte als Trauma. Festschrift für Hans Keilson zu seinem 80. Geburtstag*. Frankfurt a. M.: Nexus: 59–67.

Vogt, B. (1992): Paneldiskussion über aktuelle Fragen der psychoanalytischen Ausbildung. In: Luft, H.; Maass, G. (Hrsg.): *Kurative Faktoren in der Psychoanalyse*. Arbeitstagung der DPV in Wiesbaden vom 20.–23.11.1991. Hofheim/Wiesbaden: 11–12.

Vogt, B. (1993): Paneldiskussion zur psychoanalytischen Ausbildung. »Die Psychoanalyse entläßt ihre Kinder« 2. Teil. In: Behrens, I.; Berger, F.; Plänkers, T. (Hrsg.): *Fremdenhass, Antisemitismus und Gewalt. Die Gegenwart des Vergangenen*. Herbsttagung der DPV in Frankfurt vom 17.–20. November 1993. Frankfurt a. M.: 9–10.

Vogt, B. (1995): Diskussion des Films: »Ruhelos – Lebensborn e. V.« In: Holm-Hadulla, R. (Hrsg.): *Vom Gebrauch der Psychoanalyse heute und morgen*. Frühjahrstagung der DPV in Heidelberg 24.–27. Mai 1995. Frankfurt a. M.: 259–260.

Vogt, R.; Vogt, B. (1997): Goldhagen und die Deutschen. Psychoanalytische Reflexionen über die Resonanz auf ein Buch und seinen Autor in der deutschen Öffentlichkeit. *Psyche – Z Psychoanal.*, 51: 494–567.

Personenregister

Aicher, Otl 171
Amitai, Jonathan 46
Amitai, Menachem 8f., 11–59
Amitai, Nurith 46, 51
Argelander, Hermann 183
Astor, James 139
Auchter, Wolfgang 45, 170f.
Awerbuch, Joseph 66
Baader, Andreas 212
Bach, Johann Sebastian 122
Bair, Deirdre 139
Balint, Michael 165, 167, 179
Barag, Gerda 20–22, 29, 32, 46, 51, 57f.
Barag, Gershon 20
Baynes, Helton Godwin 111
Beland, Hermann 8, 90, 98
Bender, Hans 160
Berg, Paul 119
Bernhard, Ernst 115
Beumer, Ullrich 189
Bill, Max 171
Binding, Karl 169
Biner, Richard 178
Bion, Wilfred R. 75, 88, 137, 165, 167
Bister, Wolfgang 169–171
Blatt, Sidney 83, 87
Bolognini, Stefano 95
Bou-Young Rhi 135
Bowlby, John 166
Bräutigam, Walter 210
Brahms, Johannes 105, 122
Brecht, Bertolt 156, 159
Brecht, Karen 181
Brenman, Margaret 76
Brückner, Peter 211
Buber, Martin 77, 109
Büchner, Georg 157

Bührmann, Vera 134
Bürger-Prinz, Hans 206
Burroughs, William S. 41
Busch, Ernst 156
Cambray, Joe 139
Cater, Nancy 142f.
Chang, Jenny 140f.
Chang, Steve 140f.
Chasseguet-Smirgel, Janine 181, 183f., 213, 215
Chiang Kai-shek 140
Clauser, Günter 160f.
Cohen, Donald 83
Cremerius, Johannes 38, 43–45, 58
David, Julian 134
de Boor, Clemens 182
de Hartog, Jan 157
de Mijolla, Alain 136
Dickhaut, Hans Hugo 40–42, 44
Dicks, Henry 166
Dieckmann, Hannes 119f., 128f.
Dieckmann, Marianne 119
Dieckmann, Ute 120
Dong Hyuk Suh 135
Dräger, Käthe 30
Ebinger, Caroline 9
Edelson, Marshall 75
Edelstein, Eliezer 184
Egli, Ursula 8
Ehebald, Ulrich 46, 48, 58, 165
Eicke, Dieter 175
Eissing, Christoph 8
Eissler, Kurt 213–215
Eitingon, Max 86, 92, 95
Eizirik, Claudio 95
Engel, Werner 113
Enke, Helmut 160, 162f.
Erben, Dietrich 7

223

Erikson, Erik 75f.
Erlich, Anita 73f.
Erlich, Chaya 62
Erlich, Chune 68, 101
Erlich, Fanny 62
Erlich, Hila 84, 99
Erlich, Kalman 68, 101
Erlich, Oren 82, 84, 99
Erlich, Shmuel 8f., 61–104
Erlich, Tsafi 73, 99
Erlich, Sara 62, 81
Erlich, Tamar 80, 99
Erlich, Wolf 62
Erlich-Ginor, Mira 8, 87, 89, 98f., 101
Fairbairn, William R. D. 75
Falzeder, Ernst 139
Farber, Leslie 77, 82
Fauser, Jörg 41
Faust, Clemens 168
Feldmann, Nelson 41
Ferenczi, Sándor 139
Fischer, Max-Heinrich 160
Fordham, Michael 109, 111
Frank, Klaus 178
Frank, Magdalena 9
Freedman, Daniel 125
Freud, Sigmund 11. 28f., 38, 46, 52, 75, 85, 86, 97, 98, 105, 138, 144, 161, 178f., 184, 188
Freud, Yitzchak 11
Frey, Liliane 117
Friedrich, Volker 181
Fromm, Erich 72, 19
Fromm-Reichmann, Frieda 79
Frydman, Abraham 23f.
Frydman, Rosa 24
Ghotbi, Shirin 131
Gill, Merton 75
Ginat, Yigal 87
Ginor, Omer 84
Ginor, Yair 84
Goldschmidt, Otto 170, 187
Gollwitzer, Helmut 194
Göppert, Hans 160, 169

Gosling, Jonathan 188
Gosling, Robert 165, 167, 188
Graf-Nold, Angela 8
Groddeck, Georg 161, 163
Grotstein, James 137, 139
Grunberger, Béla 183f.
Gumbel, Erich 82
Guntrip, Harry 75
Habermas, Jürgen 185
Häfner, Heinz 206–208
Halperin, Ephraim 11
Handler, Harry 116
Hanley, Charles 95
Hansen, Kay 155, 157f., 190
Harding, Esther 113
Hasenknopf, Odrun 40
Hasenknopf, Peter 40
Haubl, Rolf 186, 189
Haydn, Joseph 122
Hayne, Michael 178
Heidegger, Martin 209
Heilmeyer, Ludwig 160
Heimann, Paula 179
Heinitz, Ernst 159
Heising, Gerd 140, 170
Heiß, Robert 160f.
Heldmann, Hans Heinz 212
Henderson, Joseph 125f., 133
Henley, Eugene 123f.
Henseler, Heinz 172
Hermanns, Ludger 61, 147, 181
Heschel, Abraham Joshua 100
Heyder, Paul 193
Heyong Shen 134, 136, 140
Hillman, James 127f.
Hirsch, Samson Raphael 65
Hitler, Adolf 12, 105, 110, 147, 181, 197
Hoche, Alfred 169
Hölderlin, Friedrich 157
Holt, Robert 72, 74, 97
Horn, Klaus 183
Hossenfelder, Joachim 194
Houben, Antoon 162

Huber, Gerd 173
Huber, Wolfgang 209–211
Huch, Ricarda 159
Ilan, Eliezer 82
Janáček, Leoš 162
Jelzin, Boris Nikolajewitsch 134
Jores, Arthur 206
Joyce, James 156
Juelich, Dierk 181
Jung, Andreas 139
Jung, Carl Gustav 106, 109f., 121f., 127, 140–142
Jung, Vreni 139
Junker, Helmut 175
Kächele, Horst 89
Kafka, Franz 126, 156
Kaminer, Isidor 181
Kast, Verena 136
Kernberg, Otto 185, 197
Kerz-Rühling, Ingrid 187
Kestenberg, Judith 218
Kiesinger, Kurt Georg 37
Kilian, Hans 176
Kirsch, Andrea 125
Kirsch, David 125
Kirsch, Hildegard 127
Kirsch, Isabel 125
Kirsch, Jakob 125
Kirsch, James 106, 109–113, 115–118, 120–121, 123f., 129, 141f., 147
Kirsch, Jasper 127
Kirsch, Jean 8, 120, 127, 131, 133, 135, 137, 140f., 143, 146
Kirsch, Michael 110, 112
Kirsch, Ruth Gabriel 110
Kirsch, Susannah 127, 130f.
Kirsch, Thomas 8f., 105–148
Kirschstein, Walter (Welti) 119
Kirsch, Hildegard Klara, geb. Kirschstein 105
Kisker, Karl Peter 206f.
Klauber, John 179
Klein, George 72, 74
Klein, Hillel 80, 85, 215

Klein, Melanie 97
Klein, Ze'ev 80
Klüwer, Rolf 183
Kluge, Alexander 171
Knight, Robert 74
Kornhuber, Hans Helmut 173
Kortendieck-Rasche, Beate 8, 120f.
Kreisler, Barbara 54
Kreisler, Georg 50f., 54
Krejci, Erika 169
Kretschmer, Ernst 28f.
Kretz, Helmut 207, 209
Krill, Manfred 170
Kuchenbuch, Albrecht 181f., 219
Künzler, Erhard 172f.
Lammers, Ann 142
Langer, Marie 57
Laub, Dori 215
Laufer, Moses 180f.
Lenin, Wladimir Iljitsch 205
Leuzinger-Bohleber, Marianne 186
Lichtwitz, Leopold 206
Limentani, Adam 180, 182
Loch, Wolfgang 183
Lockot, Regine 8, 181
Lorenzer, Alfred 172
Löwenmeyer, Eva 110
Lubowitz, Orna 57
Lüders, Karin 90
Lüscher, Max 31, 52
Maass, Günter 162
MacMurray, Fred 114
Mahler, Eugen 175f.
Mahler, Margaret 215f.
Mahler-Bungers, Annegret 176
Mann, Thomas 26, 37
Marx, Karl 205
Mathews, Mel 143
McDougall, Joyce 58
Meier, C. A. 117f., 123
Meinhof, Ulrike 212
Meng, Heinrich 174
Mengele, Josef 215
Mentzos, Stavros 206f.

Mielke, Fred 159
Miller, Eric 88, 90f.
Mitscherlich, Alexander 29–31, 38, 159, 164f., 167, 182f., 204, 207, 215
Mitscherlich, Margarete 31, 38, 58, 165, 182 186, 204, 215
Mommsen, Theodor 155
Moersch, Emma 169, 183
Moses, Rafael 87, 89–91, 183, 185, 189
Moses-Hrushovski, Rena 87, 178
Mozart, Wolfgang Amadeus 122
Müller-Braunschweig, Hans 58
Münzlaff, Rosemarie 169
Nasser, Gamal Abdel 34
Niederland, Jaqueline 220
Niederland, William G. 213f., 217–220
Niekisch, Ernst 174
Nutkevitch, Avi 87
O'Brien, Margaret 114
Oberhoff, Bernd 189
Ohlmeier, Dieter 8f., 149–192, 219
Ohlmeier, Dora 149
Ohlmeier, Rose-Marie 160, 162, 168, 176
Padel, John 166
Parker, Tom 127
Parson, Talcott 75
Petry, Wolfgang 29
Pfaff, Victor 210–212
Pfähler, Gustav 29, 31
Phillipson, Herbert 164
Picasso, Pablo 133
Plänkers, Tomas 187
Platon 158
Pohlen, Manfred 170
Pross, Christian 9
Radebold, Hartmut 172, 175
Rapaport, David 75
Rasche, Jörg 8, 120f.
Ravitz, Liza 141
Rechtman, David 24
Reich, Wilhelm 38

Remarque, Erich Maria 37
Rendtorff, Rolf 201f.
Richter, Horst-Eberhard 29f., 32, 36, 38, 58, 186, 204, 211, 220
Ritter, Adolf 194
Rittmeister, John 181
Ritter von Baeyer, Walter 205
Ritvo, Sam 83
Rommel, Erwin 197
Rommel, Manfred 197
Rosenfeld, Herbert 213, 217
Rosenfeld, Jona 87, 90
Rosenkötter, Lutz 172f.
Ross, Betsy 114
Rotas, Panagiotis 162f.
Rothschild, Baron 11
Rovina, Hanna 19
Rüdiger, Vera 184
Ruffin, Hanns 168f.
Samuels, Andrew 137–139
Sandler, Joseph 86f., 183, 185
San Roque, Craig 137
Schacht, Lore 173
Schafer, Roy 75
Scheunert, Gerhart 165, 181f.
Schiller, Friedrich 203, 215
Schilling, Raimar 169
Schliemann, Heinrich 220
Schneider, Kurt 169
Schnitzler, Arthur 178
Schraml, Walter 160, 171
Schubert, Franz 73, 122
Schumann, Robert 122
Schwarzer, Alice 38
Scott, John Paul 79
Shaked, Josef 178
Shamai, Orna 57
Shamdasani, Sonu 139, 146
Shamir, Frau 114
Shaw, George Bernard 19, 168
Shiuya Sara Liuh 141
Sievers, Burkard 189
Silber, Gerhard Walter 106
Silber, Hermann 106

Silber, James Rudolph 106
Simon, Bennett 87
Simon, Ernst 109
Sirtawy, Issam 18
Solnit, Albert 83, 87
Sophokles 157f.
Srinivas, Sandy 143
Staewen, Gertrud 159
Stalin, Josef 205
Stanislawski, Konstantin Sergejewitsch 19
Stein, Marguerite 124f.
Stein, Murray 134
Stephanos, Samir 43
Strasburger, Christian 121
Streich, Hildemarie 120
Sullivan, Harry S. 79
Sussmann, Toni 109
Sutherland, John D. 164f., 167
Szigeti, Joseph 115
Tellenbach, Hubertus 207–209
Thomä, Helmut 167, 171–174, 204
Tuckett, David 94
Turquet, Pierre 166
van Beethoven, Ludwig 50, 115, 122, 215
van der Post, Laurens 134
Villar, Manuel 130
Vogel, Horst 164, 183
Vogt, Barbara 8f., 193–222
Vogt, Mario-Felix 9
Vogt, Rolf 9
von Dohnányi, Klaus 181, 214f.
von Gierke, Christoph 41
von Goethe, Johann Wolfgang 156, 203, 215
von Herrath, Ernst 160
von Hofmannsthal, Hugo 178
von Platen, Alice 178
von Tippelskirch-Eissing, Dorothee C. 8
von Weizsäcker, Ernst-Ulrich 175, 213
von Zerssen, Detlev 208
Wangh, Martin 86, 179, 189
Wassermann, Jakob 178
Weaver, Rix 131
Weidlich, Sigrid 172
Weigel, Helene 159
Weisenborn, Günther 159
Weiss, Nomi 82
Weiss, Regina 32
Wen-Yu Cheng 141
Werner, Marie Louise 30
Wewetzer, Karl-Hermann 31
Wheelwright, Joseph 125, 127f.
White, Victor 142
Widlöcher, Daniel 95
Wiest, Wolf Dieter 209
Wilhelm, Richard 133, 145
Will, Otto 77, 79
Williams, Tennessee 26
Wilshire, Mary 113
Winkler, Abraham 11
Winnicott, D. W. 97
Witte, Wilhelm 29
Wolff, Toni 109, 117
Zelensky, Valery 132
Zinn, Georg August 182, 184
Zulliger, Hans 160

Brandes & Apsel

Ludger M. Hermanns (Hrsg.)

Psychoanalyse in Selbstdarstellungen

Band X

*Beiträge von
Anita Eckstaedt,
Paul Lambert Janssen,
Peter J. Loewenberg,
Hildegard Munzinger-
Bornhuse,
Anne-Marie Sandler*

*296 S., Paperback Großoktav
€ 29,90, ISBN 978-3-95558-070-4*

»Die Beiträge erzählen in meist sehr offener Weise von einem Leben, dessen Bruchlinie, wie nicht anders in diesen Jahrgängen zu erwarten, Nazizeit und Krieg darstellen. Hochinteressant gerade für den psychoanalytisch interessierten Leser ist es, in diesen Selbstdarstellungen den Blick nach innen mitverfolgen zu können.« *(Klaus Loebell, Jahrbuch für Literatur & Psychoanalyse)*

»Die Reihe wird zum einen zu einem bedeutenden Ort der Reflexion, zugleich ist sie Wissensspeicher für spätere wissenschaftshistorische Forschung. Wir können gespannt auf den nächsten Band blicken.« *(Florian Steger, Dt. Ärzteblatt)*

»Selbstdarstellungen, die sich so fesselnd lesen wie gelungene Romane« *(C. Neubaur, Süddeutsche Zeitung)*

Band IX: Beitr. v. Peter Dettmering, Tilo Held, Hans Müller-Braunschweig, Evelyne A. Schwaber • 260 S., Pb., € 24,90, ISBN 978-3-86099-900-4

Band VIII: Beitr. v. Yecheskiel Cohen, Karl König, Peter Kutter, Marion M. Oliner 252 S., Pb., € 24,90, ISBN 978-3-86099-609-6

Band VII: Beitr. v. André Haynal, Lore Reich Rubin, Lutz Rosenkötter, Kaspar Weber • 188 S., Pb., € 19,90, ISBN 978-3-86099-874-8

Band VI: Beitr. v. Hermann Beland, Anna Ornstein, Paul H. Ornstein, Léon Wurmser 208 S., Pb., € 19,90, ISBN 978-3-86099-866-3

Band V: Beitr. v. Wolfgang Bister, Judith Dupont, Klaus Fink, Eugen Mahler • 208 S., Pb., € 19,90, ISBN 978-3-86099-862-5